资助单位：

南京大学长江三角洲经济社会发展研究中心

中国特色社会主义经济建设协同创新中心

江苏高校协同创新中心（区域经济转型与管理变革）

南京大学长江三角洲经济社会发展研究中心年度自选项目（项目批准号：2017-NDCSJ-01-01）

Data Report on Economic and Social Development
in the Yangtze River Delta
General Situation

长江三角洲经济社会发展数据报告

综合

姜 宁 陈 敏 王思彤 等 / 著

科学出版社

北 京

内 容 简 介

经济增长是在一定的要素约束下进行的，社会资源的积累是经济持续增长的内生动力。长江三角洲地区能够实现持续的经济高速增长具有内在的必然性、要素结构的合理性和增长的可持续性。本报告依托长江三角洲经济社会发展数据库，从空间和时间两个维度，审视长江三角洲核心区的经济运行状况、增长驱动因素，以及近20年时间维度上的要素变迁。

本报告对于各类经济主体的决策判断、职能部门的政策制定、经济运行学术研究，能够起到积极的作用，可供政府行政部门人员制定宏观经济政策时阅读，也可作为致力于经济研究的学者和企业家把握整体经济运营状况的参考用书。

图书在版编目（CIP）数据

长江三角洲经济社会发展数据报告·综合/姜宁等著. —北京：科学出版社，2019.3

ISBN 978-7-03-060291-6

Ⅰ.①长… Ⅱ.①姜… Ⅲ.①长江三角洲-区域经济发展-研究报告②长江三角洲-社会发展-研究报告 Ⅳ.①F127.5

中国版本图书馆 CIP 数据核字（2018）第 297303 号

责任编辑：杨婵娟 吴春花/责任校对：高辰雷
责任印制：徐晓晨/封面设计：有道文化

科 学 出 版 社 出版
北京东黄城根北街 16 号
邮政编码：100717
http://www.sciencep.com

北京建宏印刷有限公司 印刷
科学出版社发行 各地新华书店经销
*

2019 年 3 月第 一 版 开本：720×1000 B5
2020 年 3 月第二次印刷 印张：20
字数：403 000

定价：158.00 元

（如有印装质量问题，我社负责调换）

前　言

　　南京大学长江三角洲经济社会发展研究中心成立于2001年,系教育部人文社会科学重点研究基地。中心的定位是以长江三角洲（简称长三角）地区为研究对象,致力于建设成为中国区域经济与社会发展研究的顶级学术机构。同时,中心还将努力建设成为服务于科研、社会及区域经济发展的综合性智库类咨询机构,《长江三角洲经济社会发展数据报告》（系列）即是我们在此方面的努力实践。

一

　　改革开放以来,中国经济经历了四十年的高速发展,经济社会进步有目共睹。但进入21世纪,经济社会发展的新情况、新问题不断涌现。在此背景下,一方面,需要专业性学术机构的深入研究;另一方面,需要专门类咨询机构的积极响应。同时,有以下两个新的社会形象不容忽视。

　　（1）由于经济的发展和社会的进步,经济及社会活动的决策主体越来越分散化、多元化,并且决策过程中的自主分析能力显著增强。各类企业的市场交易与投资决策,家庭经济活动的消费与投资决策,以及各类经济与社会管理职能的部门决策,都需要自主思考和分析。

　　（2）由于互联网和人工智能技术的发展,大数据运用成为现实,技术进步为我们带来了无限的想象空间。现实中,大数据报告对决策者分析决策产生了巨大的影响力。但在大数据报告为我们带来诸多积极效应的同时,也产生了一些误区和盲区。一是,大数据的即时性、横向性特点,使得其有效性主要在于面上的横向比较,而缺少时间序列的纵向比较;二是,大数据采集的广博性特点,使得其缺少数据指标的内在联系,虽然数据量巨大，但无法产生有效结论，甚至可能产生错误的结论。

基于上述两个社会现象，南京大学长江三角洲经济社会发展研究中心依托长江三角洲经济社会发展数据库，组织专门工作团队，撰写《长江三角洲经济社会发展数据报告》（系列）。其目的是，为多元、分散的各类决策主体提供一份简洁充分、方便有效的基础数据报告，为具体决策分析提供一份不带有结论性导向的基础性分析资料。

《长江三角洲经济社会发展数据报告》（系列）包括一个综合报告及若干专题报告，计划并实施中的专题报告有"人口与劳动力""农业（宽口径）""医疗卫生与养老""对外经济""文化及产业""制造业与高新技术""房地产业"等。

二

掌握经济社会发展现状，预测经济社会运行趋势，在现实工作中，不仅非常必要，而且具有技术上的可行性。

经济增长是在一定的资源约束下进行的，社会要素的积累是经济持续增长的内生动力。从社会经济发展的历史数据中，可以探寻经济发展的要素特征与驱动因素，从而进行经济预测。长三角地区能够实现持续的经济高速增长具有内在的必然性、要素结构的合理性和增长的可持续性，且能够通过历史数据呈现出来。

掌握宏观经济运行状况，进行经济增长趋势预测，首先需要回答三个问题：发展的模式是否可持续？是否具备了内生的合理性？要素积累是否能够对经济持续增长起支撑作用？统计年鉴中的统计数据能够回答上述问题。统计年鉴是国家统计局编印的、全面反映国家及各省（自治区、直辖市）的经济和社会发展情况的、最全面、最规范、最具权威性的数据资料。但统计年鉴的编排方式，以行政区划（省、自治区、直辖市）为单位，在时间、空间上的关联性较弱，大大降低了各类年鉴的可读性，从而降低了它的使用价值。

本报告依托长江三角洲经济社会发展数据库（其基础数据来源为统计部门数据，部分城市部分年份数据缺失，但不影响结论），从整体运行态势、速度、构成、结构关联等视角来反映长三角核心区 16 个城市的经济要素特征与变迁，能够较好地审视长三角地区经济要素特征、增长驱动因素等，有助于提升各类决策者分析判断的有效性和精准性。

本报告从长三角核心区的空间维度（16 个城市）和时间维度（2000～2016 年）展开，从整体运行态势、速度、构成、结构关联等视角，探寻城市、区域间经济要素特征。针对统计年鉴的不足，进行了更加系统化、专业化的编排，从经济要素、专题等不同视角，在空间和时间两个维度，审视长三角核心区的经济运行状况，呈现区域间的经济关联，以及近 20 年时间维度上的要素变迁。既从空间维度上展开了长三角核心区城市的区域关联，也从时间维度上反映了经济要素的消长变化。

本报告对于各类经济主体的决策判断，相关职能部门的政策讨论与制定，以及各类专业研究报告的数据参考比照等，能够起到重要的辅助作用。

三

本报告是我们对长江三角洲经济社会发展数据库的数据再开发，是首部全面、系统地反映长三角城市群经济社会运行状况的基础数据分析资料，也是我们努力服务于社会的实践见证。

本报告其他撰写人员还有：沈斌、高萍萍、张文君、卢路、胡丹丹、林凤叶、王宁、吴兰德。

本报告的出版，还要特别感谢科学出版社的鼎力支持及责任编辑杨婵娟的辛勤努力。

作　者
2018 年 8 月

目　录

1 数字长三角

长江三角洲城市群（简称长三角城市群）位于长江入海之前的冲积平原，是我国经济最具活力、开放程度最高、创新能力最强、吸纳外来人口最多的区域之一，是"一带一路"与长江经济带的重要交汇地带，在国家现代化建设大局和全方位开放格局中具有举足轻重的战略地位。

根据 2016 年 5 月国务院批准的《长江三角洲城市群发展规划》，长三角城市群在上海市、江苏省、浙江省、安徽省范围内，由以上海市为核心、联系紧密的多个城市组成，主要分布于国家"两横三纵"城市化格局的优化开发和重点开发区域。规划范围包括上海市，江苏省的南京市、无锡市、常州市、苏州市、南通市、盐城市、扬州市、镇江市、泰州市，浙江省的杭州市、宁波市、嘉兴市、湖州市、绍兴市、金华市、舟山市、台州市，安徽省的合肥市、芜湖市、马鞍山市、铜陵市、安庆市、滁州市、池州市、宣城市 26 个城市。区域面积为 21.17 万平方千米，2014 年地区生产总值为 12.67 万亿元，总人口为 1.5 亿人，分别约占全国的 2.2%、18.5%、11.0%。

长三角城市群是一个历史的概念，虽然在 2016 年的《长江三角洲城市群发展规划》中，长三角城市群扩大到上述"三省一市"的范围，但在 2016 年之前通常提及的长三角城市群仅包括上海市，江苏省的南京市、无锡市、常州市、苏州市、南通市、扬州市、镇江市、泰州市，浙江省的杭州市、宁波市、嘉兴市、湖州市、绍兴市、舟山市、台州市 16 个城市，这 16 个城市被称为长三角核心区。考虑到统计数据的历史沿革，本报告的统计数据范围仅针对长三角核心区。

1.1 地区生产总值

国内生产总值（gross domestic product，GDP）指按市场价格计算的一个国家所有常住单位在一定时期内生产活动的最终成果。GDP 有三种表现形态，即价值形态、收入形态和产品形态。从价值形态看，它是所有常住单位在一定时期内生产的全部货物和服务价值与同期投入的全部非固定资产货物和服务价值的差额，即所有常住单位的增加值之和；从收入形态看，它是所有常住单位在一定时期内创造并分配给常住单位和非常住单位的初次收入之和；从产品形态看，它是所有常住单位在一定时期内最终使用的货物和服务价值与货物和服务净出口价值之和。在实际核算中，GDP 有三种计算方法，即生产法、收入法和支出法。三种方法分别从不同方面反映 GDP 及其构成。对于一个地区来说，称为地区生产总值。

1.1.1 从数字看形势

2016 年长三角核心区地区生产总值为 124 369.5 亿元，比上年增长 7.8%，高于全国平均水平 1.1 个百分点，区域经济总量占全国的比重达 16.7%。其中，上海市为 28 178.7 亿元，占比为 22.66%；江苏地区为 60 115.2 亿元，占比为 48.34%；浙江地区为 36 075.6 亿元，占比为 29.01%，如表 1-1 所示。16 个城市中，上海市以 28 178.7 亿元列第一

表 1-1　长三角核心区 16 个城市地区生产总值及增长情况

城市	2016 年地区生产总值		2016 年比 2000 年增长倍数（倍）	2000~2016 年年均增长率（%）
	总额（亿元）	占比（%）		
上海市	28 178.7	22.66	4.91	11.74
南京市	10 503.0	8.45	8.78	15.32
无锡市	9 210.0	7.41	6.67	13.58
常州市	5 773.9	4.64	8.61	15.19
苏州市	15 475.1	12.44	9.04	15.51
南通市	6 768.2	5.44	8.19	14.87
扬州市	4 449.4	3.58	8.42	15.05
镇江市	3 833.8	3.08	8.06	14.77
泰州市	4 101.8	3.30	9.28	15.68
杭州市	11 313.7	9.10	7.18	14.04
宁波市	8 686.5	6.98	6.59	13.50
嘉兴市	3 862.1	3.11	6.37	13.30
湖州市	2 284.4	1.84	6.02	12.96
绍兴市	4 789.0	3.85	5.58	12.60
舟山市	1 241.2	1.00	9.21	15.63
台州市	3 898.7	3.13	5.36	12.25
上海市	28 178.7	22.66	4.91	11.74
江苏地区	60 115.2	48.34	8.33	14.98
浙江地区	36 075.6	29.01	6.47	13.39
总计	124 369.5	100.00	6.75	13.65

位，舟山市以 1241.2 亿元列最后一位。江苏地区 8 个城市的地区生产总值占长三角核心区近一半，苏州市地区生产总值最大。

从产业构成来看，2016 年长三角核心区第一产业增加值为 3336.4 亿元，第二产业增加值为 52 288.7 亿元，第三产业增加值为 68 744.4 亿元。产业结构继续优化，三次产业比重为 2.68∶42.04∶55.27。第三产业增加值占比高于全国第三产业平均水平约 4.0 个百分点，增速高于全国平均水平 2.1 个百分点。分三个区域来看，上海市三次产业比重为 0.39∶29.83∶69.78，江苏地区为 2.94∶45.90∶51.16，浙江地区为 4.04∶45.16∶50.80，上海市第三产业比重明显高于江苏地区和浙江地区，江苏地区和浙江地区的产业结构比较相近。

图 1-1 显示了长三角核心区 16 个城市 2000 年、2010 年、2016 年地区生产总值情况。图中显示，各城市的地区生产总值均处于增长态势，未出现规模萎缩的城市。2016 年，上海市、苏州市、杭州市、南京市、无锡市、宁波市列前六位。

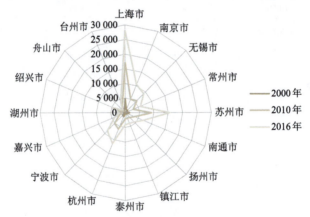

图 1-1　2000 年、2010 年和 2016 年长三角核心区 16 个城市地区生产总值情况

图内数字表示地区生产总值，单位为亿元

2016 年，长三角核心区 16 个城市平均地区生产总值为 7773.1 亿元。其中，上海市、江苏地区的苏州市、南京市、无锡市和浙江地区的杭州市、宁波市 6 个城市高于平均水平，其余 10 个城市低于平均水平，如图 1-2 所示。高于平均水平的 6 个城市的地区生产总值为 83 367.0 亿元，占长三角核心区地区生产总值总额的 67.03%。2016 年长三角核心区地区生产总值万亿级城市达到 4 个，分别为上海市（28 178.7 亿元）、苏州市（15 475.1 亿元）、杭州市（11 313.7 亿元）和南京市（10 503.0 亿元）。

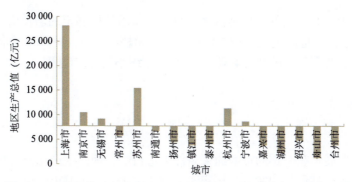

图 1-2　2016 年长三角核心区 16 个城市地区生产总值与平均值比较

1.1.2　从增速看发展

进入 2000 年，长三角核心区的地区生产总值保持着较快的增长势头，总额由 2000 年的 16 045.2 亿元增长到 2016 年的 124 369.5 亿元，按当年价格计算，增长了 6.75 倍，年均增长率为 13.65%。其中，上海市增长了 4.91 倍，年均增长率为 11.74%；江苏地区增长了 8.33 倍，年均增长率为 14.98%；浙江地区增长了 6.47 倍，年均增长率为 13.39%。江苏地区的增长较显著，如图 1-3 所示。苏州市、泰州市、舟山市的增长都在 9 倍以上，其中苏州市地区生产总值总额、增长都较大，江苏地区除无锡市以外，其他 7 个城市的增长都在 8 倍以上。而地区生产总值总额最高的上海市，自 2000 年以来增长了 4.91 倍，增长速度为长三角核心区最低。浙江地区除舟山市增长 9.21 倍，杭州市增长 7.18 倍之外，其余各市基本维持在 5～7 倍左右的增长水平，如表 1-1 所示。

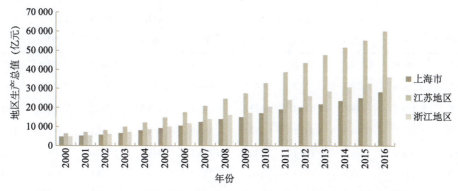

图 1-3　2000～2016 年上海市、江苏地区、浙江地区地区生产总值变化情况

2000 年以来，长三角核心区地区生产总值保持着比较稳定的增长格局，江苏地区增长速度最快。江苏地区地区生产总值稳居长三角核心区首位。2000 年名列首位的上海市是位列最后的舟山市的 39.24 倍，至 2016 年缩小为 22.70 倍。

1.1.3 从构成看特征

经济社会发展是在一定的资源约束条件下进行的，地区生产总值反映了区域的经济发展状况。数据显示，2000～2016 年长三角核心区 16 个城市的地区生产总值存在一定差异，但单纯的总量衡量往往不能全面地反映区域的实际情况，如表 1-2 所示。因此，通过人均 GDP，从构成的角度来审视地区生产总值状况。表 1-3 表明，2016 年长三角核心区 16 个城市人均 GDP 存在一定的差异。上海市地区生产总值列第一位，但人均 GDP 列第二位。人均 GDP 前三名为苏州市、上海市、无锡市。

表 1-2 2000～2016 年长三角核心区 16 个城市地区生产总值情况（单位：亿元）

城市	2000 年	2001 年	2002 年	2003 年	2004 年	2005 年	2006 年	2007 年	2008 年
上海市	4 771.2	5 210.1	5 408.8	6 694.2	8 072.8	9 247.7	10 572.2	12 494.0	14 069.9
南京市	1 073.5	1 218.5	1 385.1	1 690.8	2 067.2	2 451.9	2 773.8	3 283.7	3 814.6
无锡市	1 200.2	1 360.1	1 580.7	1 901.2	2 350.0	2 808.8	3 310.9	3 879.7	4 460.6
常州市	600.7	672.9	760.6	901.4	1 102.2	1 308.2	1 585.1	1 913.5	2 266.3
苏州市	1 540.7	1 760.3	2 080.4	2 801.6	3 450.0	4 138.2	4 900.6	5 850.1	7 078.1
南通市	736.4	809.3	887.3	1 006.7	1 226.1	1 472.1	1 758.3	2 111.9	2 593.1
扬州市	472.1	500.3	544.3	631.8	760.3	982.2	1 125.2	1 357.2	1 645.9
镇江市	423.3	466.8	513.5	587.7	781.2	881.9	1 044.8	1 206.7	1 491.8
泰州市	399.1	443.9	498.7	574.1	699.2	861.6	1 037.1	1 222.3	1 446.3
杭州市	1 382.6	1 568.0	1 781.8	2 099.8	2 543.2	2 943.8	3 443.5	4 104.0	4 789.0
宁波市	1 144.6	1 278.8	1 453.3	1 749.3	2 109.5	2 447.3	2 874.4	3 418.6	3 946.5
嘉兴市	524.0	586.7	677.7	823.5	1 002.4	1 158.4	1 345.2	1 586.0	1 819.6
湖州市	325.2	362.9	397.1	459.5	550.5	639.4	753.0	883.3	1 022.9
绍兴市	716.8	788.0	886.1	1 035.2	1 245.0	1 449.8	1 682.0	1 978.7	2 230.2
舟山市	121.6	134.4	157.3	186.6	231.3	282.3	340.6	418.8	509.0
台州市	613.3	680.8	782.9	908.9	1 076.5	1 249.4	1 458.5	1 715.1	1 946.2

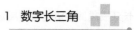

续表

城市	2010 年	2011 年	2012 年	2013 年	2014 年	2015 年	2016 年
上海市	17 166.0	19 195.7	20 181.7	21 602.1	23 567.7	25 643.5	28 178.7
南京市	5 012.6	6 145.5	7 201.6	8 011.8	8 820.8	9 720.8	10 503.0
无锡市	5 793.3	6 880.2	7 568.2	7 770.2	8 205.3	8 518.3	9 210.0
常州市	3 044.9	3 581.0	3 969.9	4 360.9	4 901.9	5 273.2	5 773.9
苏州市	9 228.9	10 717.0	12 011.7	13 015.7	13 760.9	14 504.1	15 475.1
南通市	3 465.7	4 080.2	4 558.7	5 038.9	5 652.7	6 148.4	6 768.2
扬州市	2 229.5	2 630.3	2 933.2	3 252.0	3 697.9	4 016.8	4 449.4
镇江市	1 987.6	2 311.5	2 630.4	2 927.3	3 252.4	3 502.5	3 833.8
泰州市	2 048.7	2 422.6	2 701.7	3 006.9	3 370.9	3 687.9	4 101.8
杭州市	5 965.7	7 037.3	7 833.6	8 398.6	9 206.2	10 050.2	11 313.7
宁波市	5 125.8	6 010.5	6 582.2	7 128.9	7 610.3	8 003.6	8 686.5
嘉兴市	2 297.7	2 677.1	2 890.6	3 147.7	3 352.6	3 517.8	3 862.1
湖州市	1 301.6	1 520.0	1 664.4	1 812.9	1 956.0	2 084.3	2 284.4
绍兴市	2 785.3	3 332.0	3 654.0	3 967.3	4 265.9	4 466.0	4 789.0
舟山市	633.5	772.8	853.2	930.8	1 015.3	1 092.8	1 241.2
台州市	2 418.4	2 754.4	2 911.3	3 153.3	3 387.4	3 553.9	3 898.7

表 1-3　2016 年长三角核心区 16 个城市人均 GDP

城市	地区生产总值（亿元）	总人口（万人）	人均 GDP（万元）
上海市	28 178.7	1 450.0	19.43
南京市	10 503.0	662.8	15.85
无锡市	9 210.0	486.2	18.94
常州市	5 773.9	374.9	15.40
苏州市	15 475.1	678.2	22.82
南通市	6 768.2	766.7	8.83

续表

城市	地区生产总值（亿元）	总人口（万人）	人均GDP（万元）
扬州市	4 449.4	461.7	9.64
镇江市	3 833.8	272.0	14.10
泰州市	4 101.8	508.2	8.07
杭州市	11 313.7	736.0	15.37
宁波市	8 686.5	591.0	14.70
嘉兴市	3 862.1	352.1	10.97
湖州市	2 284.4	264.8	8.63
绍兴市	4 789.0	444.5	10.77
舟山市	1 241.2	97.3	12.75
台州市	3 898.7	600.2	6.50

1.2　第一产业增加值

三次产业的划分是世界上较为常用的产业结构分类，但各国的划分不尽一致。根据国家统计局《三次产业划分规定（2012）》和《国民经济行业分类》（GB/T 4754—2017），我国的三次产业划分中，第一产业是指农、林、牧、渔业（不含农、林、牧、渔专业及辅助性活动业）。第一产业增加值就是第一产业的常住单位生产过程创造的新增价值和固定资产的转移价值之和。

1.2.1　从数字看形势

2016年长三角核心区累计完成第一产业增加值 3336.4 亿元。其中，上海市为109.5 亿元，占比为 3.28%；江苏地区为 1767.8 亿元，占比为 52.99%；浙江地区为1459.1 亿元，占比为 43.73%，如表 1-4 所示。16 个城市中，南通市以 366.1 亿元列第一位，舟山市以 126.7 亿元列最后一位。江苏地区 8 个城市的第一产业增加值占长三角核心区的一半以上。

表1-4　2016年长三角核心区16个城市第一产业增加值及增长情况

城市	2016年第一产业增加值		2016年比2000年增长倍数（倍）	2000～2016年年均增长率（%）
	总额（亿元）	占比（%）		
上海市	109.5	3.28	0.43	2.25
南京市	252.5	7.57	3.39	9.68
无锡市	135.2	4.05	1.81	6.67
常州市	152.7	4.58	2.38	7.91
苏州市	232.1	6.96	1.55	6.03
南通市	366.1	10.97	1.82	6.70
扬州市	251.4	7.53	2.93	8.94
镇江市	137.8	4.13	3.12	9.25
泰州市	240.0	7.19	2.63	8.39
杭州市	304.2	9.12	1.93	6.94
宁波市	302.1	9.05	2.21	7.56
嘉兴市	136.9	4.10	1.27	5.27
湖州市	127.4	3.82	1.85	6.78
绍兴市	207.7	6.22	1.78	6.60
舟山市	126.7	3.80	2.91	8.90
台州市	254.1	7.62	2.00	7.12
上海市	109.5	3.28	0.43	2.25
江苏地区	1767.8	52.99	2.30	7.76
浙江地区	1459.1	43.73	1.95	6.99
总计	3336.4	100.00	2.02	7.14

　　图1-4显示了长三角核心区16个城市2000年、2010年、2016年第一产业增加值情况。图中显示，各城市的第一产业增加值都处于增长态势，未出现规模萎缩的城市。2016年，南通市、杭州市、宁波市、南京市、台州市、扬州市列前六位。

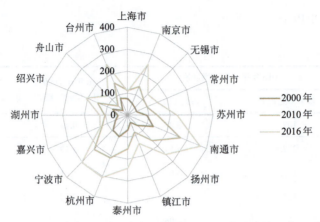

图 1-4　2000 年、2010 年和 2016 年长三角核心区 16 个城市第一产业增加值情况

图内数字表示第一产业增加值，单位为亿元

2016 年，长三角核心区 16 个城市平均第一产业增加值为 208.5 亿元。其中，江苏地区的南京市、苏州市、南通市、扬州市、泰州市和浙江地区的杭州市、宁波市、台州市 8 个城市高于平均水平，其余 8 个城市低于平均水平，如图 1-5 所示。高于平均水平的 8 个城市的第一产业增加值占长三角核心区第一产业增加值总额的 66.02%。

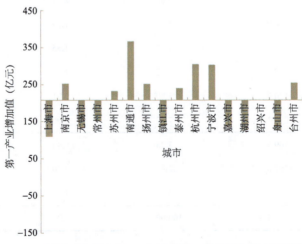

图 1-5　2016 年长三角核心区 16 个城市第一产业增加值与平均值比较

1.2.2 从增速看发展

进入 2000 年，长三角核心区的第一产业增加值保持着较快的增长势头，总额由 2000 年的 1106.4 亿元增长到 2016 年的 3336.4 亿元，按当年价格计算，增长了 2.02 倍，年均增长率为 7.14%，低于同期地区生产总值的增长速度。其中，上海市增长了 0.43 倍，年均增长率为 2.25%；江苏地区增长了 2.3 倍，年均增长率为 7.76%；浙江地区增长了 1.95 倍，年均增长率为 6.99%，如表 1-4 所示。江苏地区和浙江地区增长较显著，如图 1-6 所示。

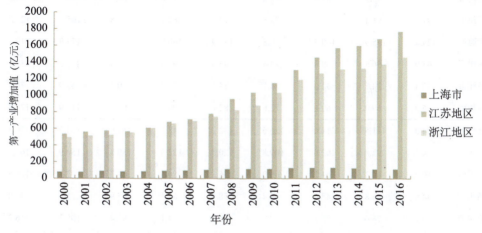

图 1-6　2000～2016 年上海市、江苏地区、浙江地区第一产业增加值变化情况

2000 年以来，江苏地区和浙江地区第一产业增加值保持着比较稳定的增长格局，上海市自 2013 年以来呈下降态势。江苏地区第一产业增加值总量稳居长三角核心区首位。2000 年名列首位的南通市是位列最后的舟山市的 4.01 倍，至 2016 年缩小为 2.89 倍。

1.2.3 从构成看特征

长三角核心区 16 个城市的第一产业增加值存在一定差异，但单纯的总量衡量往往不能全面地反映区域的实际情况，如表 1-5 所示。因此，通过第一产业增加值占地区生产总值比重和人均第一产业增加值，从构成的角度来审视第一产业增加值状况。表 1-6 表明，2016 年长三角核心区 16 个城市第一产业增加值占地区生产总值比重和人均第一产业增加值存在明显的差异。舟山市人均第一产业增加值占地区生产总值比重和人均第一产业增加值均列第一位。

表 1-5　2000～2016 年长三角核心区 16 个城市第一产业增加值情况　（单位：亿元）

城市	2000 年	2001 年	2002 年	2003 年	2004 年	2005 年	2006 年	2007 年	2008 年
上海市	76.7	78.0	88.2	81.0	83.5	90.3	93.8	101.8	111.8
南京市	57.6	61.9	65.7	69.5	75.3	102.0	82.0	86.4	119.4
无锡市	48.1	54.4	56.9	54.0	51.8	52.1	60.0	69.6	86.8
常州市	45.1	47.1	48.8	47.2	54.2	59.6	66.1	74.3	84.5
苏州市	91.0	91.4	91.7	75.8	77.0	82.1	94.8	105.3	121.2
南通市	129.8	135.6	140.9	138.8	148.9	160.0	168.1	173.9	219.3
扬州市	63.9	66.8	69.3	73.3	83.5	94.8	101.0	111.5	134.1
镇江市	33.4	34.7	32.5	34.1	34.1	38.7	40.2	45.9	70.3
泰州市	66.2	69.0	69.4	72.6	82.8	94.9	102.0	112.9	123.8
杭州市	104.0	111.5	114.6	126.6	132.2	148.2	154.9	163.5	179.8
宁波市	94.2	98.5	103.6	109.8	120.5	132.3	139.3	150.9	166.9
嘉兴市	60.2	63.3	61.2	66.0	76.8	84.5	88.2	97.1	105.5
湖州市	44.6	46.8	47.2	50.4	58.5	63.1	65.9	71.1	84.8
绍兴市	74.7	76.6	75.8	77.7	86.4	93.1	97.4	105.2	116.2
舟山市	32.4	32.4	32.1	32.0	37.0	39.8	41.9	44.9	49.7
台州市	84.6	87.0	89.2	90.7	94.2	102.6	106.0	113.5	123.0

城市	2009 年	2010 年	2011 年	2012 年	2013 年	2014 年	2015 年	2016 年
上海市	113.8	114.2	124.9	127.8	129.3	124.3	109.8	109.5
南京市	129.2	142.3	164.3	185.1	204.6	214.3	232.4	252.5
无锡市	93.6	104.9	123.0	137.2	130.4	138.1	137.7	135.2
常州市	91.8	99.8	111.8	126.4	138.1	138.5	146.6	152.7
苏州市	129.0	140.8	161.0	176.5	193.3	204.0	215.7	232.1
南通市	236.5	266.2	287.2	319.1	345.4	339.6	354.9	366.1
扬州市	144.9	161.4	184.5	205.2	224.5	227.4	241.9	251.4
镇江市	75.1	81.5	100.8	115.8	129.0	121.5	132.9	137.8
泰州市	133.7	151.7	175.1	191.8	205.9	217.1	218.9	240.0

续表

城市	2009 年	2010 年	2011 年	2012 年	2013 年	2014 年	2015 年	2016 年
杭州市	190.5	208.4	236.8	255.1	261.6	274.4	288.0	304.2
宁波市	183.9	218.4	255.8	268.5	276.4	275.7	284.7	302.1
嘉兴市	107.0	127.0	142.8	151.4	155.6	144.8	139.1	136.9
湖州市	89.7	104.6	116.2	122.7	119.8	120.3	122.6	127.4
绍兴市	124.5	149.7	172.1	184.8	193.3	194.3	198.9	207.7
舟山市	51.4	62.4	76.0	83.1	95.7	100.9	111.0	126.7
台州市	131.9	160.4	189.3	200.9	213.3	215.6	229.8	254.1

表 1-6　2016 年长三角核心区 16 个城市第一产业增加值占地区生产总值比重和人均第一产业增加值

城市	第一产业增加值（亿元）	地区生产总值（亿元）	第一产业增加值占地区生产总值比重（%）	总人口（万人）	人均第一产业增加值（万元）
上海市	109.5	28 178.7	0.39	1 450.0	0.08
南京市	252.5	10 503.0	2.40	662.8	0.38
无锡市	135.2	9 210.0	1.47	486.2	0.28
常州市	152.7	5 773.9	2.64	374.9	0.41
苏州市	232.1	15 475.1	1.50	678.2	0.34
南通市	366.1	6 768.2	5.41	766.7	0.48
扬州市	251.4	4 449.4	5.65	461.7	0.54
镇江市	137.8	3 833.8	3.59	272.0	0.51
泰州市	240.0	4 101.8	5.85	508.2	0.47
杭州市	304.2	11 313.7	2.69	736.0	0.41
宁波市	302.1	8 686.5	3.48	591.0	0.51
嘉兴市	136.9	3 862.1	3.54	352.1	0.39
湖州市	127.4	2 284.4	5.58	264.8	0.48
绍兴市	207.7	4 789.0	4.34	444.5	0.47
舟山市	126.7	1 241.2	10.21	97.3	1.30
台州市	254.1	3 898.7	6.52	600.2	0.42

1.3 第二产业增加值

根据国家统计局《三次产业划分规定（2012）》和《国民经济行业分类》（GB/T 4754—2017），我国的三次产业划分中，第二产业是指采矿业（不含开采专业及辅助性活动），制造业（不含金属制品、机械和设备修理业），电力、热力、燃气及水生产和供应业，建筑业。第二产业增加值就是第二产业的常住单位生产过程创造的新增价值和固定资产的转移价值之和。

1.3.1 从数字看形势

2016 年长三角核心区累计完成第二产业增加值 52 288.7 亿元。其中，上海市为 8406.3 亿元，占比为 16.08%；江苏地区为 27 592.1 亿元，占比为 52.77%；浙江地区为 16 290.3 亿元，占比为 31.15%，如表 1-7 所示。16 个城市中，上海市以 8406.3 亿元列第一位，舟山市以 510.0 亿元列最后一位。2016 年，江苏地区 8 个城市的第二产业增加值占长三角核心区一半以上，苏州市第二产业增加值最大。

表 1-7 2016 年长三角核心区 16 个城市第二产业增加值及增长情况

城市	2016 年第二产业增加值		2016 年比 2000 年增长倍数（倍）	2000～2016 年年均增长率（%）
	总额（亿元）	占比（%）		
上海市	8 406.3	16.08	2.81	8.72
南京市	4 117.3	7.87	7.37	14.20
无锡市	4 346.8	8.31	5.36	12.26
常州市	2 682.5	5.13	6.97	13.85
苏州市	7 273.3	13.91	7.36	14.19
南通市	3 170.3	6.06	7.95	14.68
扬州市	2 197.6	4.20	7.78	14.55
镇江市	1 870.4	3.58	6.81	13.71
泰州市	1 933.9	3.70	8.80	15.33
杭州市	4 120.9	7.88	4.81	11.62

续表

城市	2016 年第二产业增加值		2016 年比 2000 年增长倍数（倍）	2000～2016 年年均增长率（%）
	总额（亿元）	占比（%）		
宁波市	4 455.3	8.52	6.01	12.94
嘉兴市	2 010.5	3.84	6.08	13.02
湖州市	1 099.5	2.10	5.27	12.15
绍兴市	2 398.3	4.59	4.70	11.49
舟山市	510.0	0.98	13.16	18.02
台州市	1 695.8	3.24	4.26	10.93
上海市	8 406.3	16.08	2.81	8.72
江苏地区	27 592.1	52.77	7.06	13.93
浙江地区	16 290.3	31.15	5.31	12.20
总计	52 288.7	100.00	5.37	12.26

　　图 1-7 显示了长三角核心区 16 个城市 2000 年、2010 年、2016 年第二产业增加值情况。图中显示，各城市的第二产业增加值都处于增长态势，未出现规模萎缩的城市。2016 年，上海市、苏州市、宁波市、无锡市、杭州市、南京市列前六位。

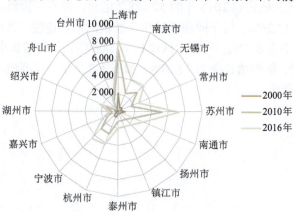

图 1-7　2000 年、2010 年、2016 年长三角核心区 16 个城市第二产业增加值情况
图内数字表示第二产业增加值，单位为亿元

　　2016 年，长三角核心区 16 个城市平均第二产业增加值为 3268.0 亿元。其中，上海市，江苏地区的南京市、无锡市、苏州市和浙江地区的杭州市、宁波市 6 个城市高于平均水平，其余 10 个城市低于平均水平，如图 1-8 所示。高于平均水平的 6 个城市

的第二产业增加值占长三角核心区第二产业增加值总额的 62.58%。

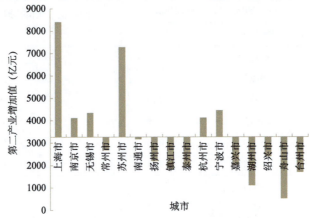

图 1-8　2016 年长三角核心区 16 个城市第二产业增加值与平均值比较

1.3.2　从增速看发展

进入 2000 年，长三角核心区的第二产业增加值保持着较快的增长势头，总额由 2000 年的 8213.8 亿元增长到 2016 年的 52 288.7 亿元，按当年价格计算，增长了 5.37 倍，年均增长率为 12.26%，低于同期地区生产总值的增长速度。其中，上海市增长了 2.81 倍，年均增长率为 8.72%；江苏地区增长了 7.06 倍，年均增长率为 13.93%；浙江地区增长了 5.31 倍，年均增长率为 12.20%，如表 1-7 所示。江苏地区和浙江地区增长较显著，如图 1-9 所示。

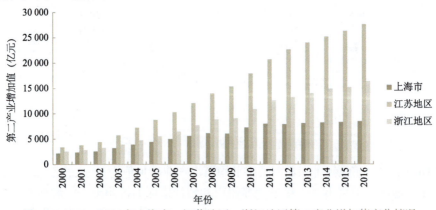

图 1-9　2000～2016 年上海市、江苏地区、浙江地区第二产业增加值变化情况

2000 年以来，江苏地区和浙江地区第二产业增加值保持着比较稳定的增长格局，上海市自 2010 年以来呈平稳态势。江苏地区第二产业增加值总量稳居长三角核心区首位。2000 年名列首位的上海市是位列最后的舟山市的 61.32 倍，至 2016 年缩小为 16.48 倍。

1.3.3　从构成看特征

长三角核心区 16 个城市的第二产业增加值存在一定差异，但单纯的总量衡量往往不能全面地反映区域的实际情况，如表 1-8 所示。因此，通过第二产业增加值占地区生产总值比重和人均第二产业增加值，从构成的角度来审视第二产业增加值状况。表 1-9 表明，2016 年长三角核心区 16 个城市第二产业增加值占地区生产总值比重和人均第二产业增加值存在明显的差异。嘉兴市第二产业增加值占地区生产总值比重列第一位，苏州市人均第二产业增加值列第一位。

表 1-8　2000～2016 年长三角核心区 16 个城市第二产业增加值情况　（单位：亿元）

城市	2000 年	2001 年	2002 年	2003 年	2004 年	2005 年	2006 年	2007 年	2008 年
上海市	2207.6	2403.2	2564.7	3209.0	3892.1	4381.2	4970.0	5571.1	6085.8
南京市	491.9	544.7	610.7	802.2	1004.0	1199.5	1359.9	1607.2	1771.3
无锡市	683.2	751.1	868.0	1093.0	1353.5	1701.0	1980.5	2276.6	2576.5
常州市	336.7	380.8	431.5	520.3	661.9	799.1	954.5	1135.1	1317.1
苏州市	870.1	999.9	1211.5	1771.9	2268.0	2681.5	3152.0	3632.0	4257.9
南通市	354.1	392.9	438.6	517.8	664.2	825.9	985.0	1197.0	1451.6
扬州市	250.2	263.2	286.0	347.2	431.2	543.6	629.8	764.9	924.7
镇江市	239.4	264.3	296.7	346.4	460.6	533.6	631.5	721.7	879.0
泰州市	197.3	223.5	262.0	313.6	398.9	477.9	585.6	694.0	828.3
杭州市	709.3	793.6	901.8	1075.8	1318.2	1494.4	1728.4	2045.9	2372.6
宁波市	635.8	690.8	793.0	954.0	1167.4	1341.9	1580.7	1894.1	2190.8
嘉兴市	283.8	315.6	379.8	474.9	588.2	681.3	805.8	947.1	1081.2
湖州市	175.5	196.7	215.5	245.4	301.7	349.8	428.5	501.8	582.4
绍兴市	420.7	457.2	513.8	611.8	743.2	869.8	1008.5	1185.0	1310.8

续表

城市	2000 年	2001 年	2002 年	2003 年	2004 年	2005 年	2006 年	2007 年	2008 年
舟山市	36.0	42.1	51.8	69.0	88.3	112.1	141.6	182.8	233.3
台州市	322.4	355.3	403.3	473.0	560.3	658.9	783.8	930.4	1041.9

城市	2009 年	2010 年	2011 年	2012 年	2013 年	2014 年	2015 年	2016 年
上海市	6001.8	7218.3	7927.9	7854.8	8027.8	8167.7	8259.0	8406.3
南京市	1930.7	2327.9	2760.8	3170.8	3450.6	3623.5	3916.8	4117.3
无锡市	2836.4	3208.8	3728.1	4012.0	4044.9	4095.9	4197.4	4346.8
常州市	1429.7	1683.7	1950.8	2100.8	2250.8	2408.1	2516.0	2682.5
苏州市	4547.1	5253.8	5957.7	6502.3	6757.8	6893.0	7045.1	7273.3
南通市	1607.5	1908.6	2221.5	2414.1	2623.5	2812.3	2977.5	3170.3
扬州市	1042.0	1229.3	1427.9	1554.5	1693.7	1885.8	2012.1	2197.6
镇江市	973.1	1120.6	1272.4	1419.5	1549.4	1631.1	1727.0	1870.4
泰州市	943.1	1125.9	1308.2	1434.5	1574.1	1728.6	1811.0	1933.9
杭州市	2387.1	2819.8	3280.5	3500.1	3574.3	3845.6	3909.0	4120.9
宁波市	2247.8	2848.2	3335.4	3516.8	3741.7	3980.4	4098.2	4455.3
嘉兴市	1111.7	1338.1	1537.3	1603.1	1726.7	1813.7	1850.7	2010.5
湖州市	617.8	714.6	817.7	883.8	934.6	999.1	1021.1	1099.5
绍兴市	1379.5	1566.6	1834.3	1962.4	2102.9	2213.5	2252.9	2398.3
舟山市	248.3	288.6	349.2	382.9	411.6	425.3	449.6	510.0
台州市	1039.0	1254.3	1390.7	1419.5	1515.6	1578.9	1567.7	1695.8

表1-9　2016年长三角核心区16个城市第二产业增加值占地区生产总值比重和人均第二产业增加值

城市	第二产业增加值（亿元）	地区生产总值（亿元）	第二产业增加值占地区生产总值比重（%）	总人口（万人）	人均第二产业增加值（万元）
上海市	8406.3	28 178.7	29.83	1 450.0	5.80
南京市	4117.3	10 503.0	39.20	662.8	6.21
无锡市	4346.8	9 210.0	47.20	486.2	8.94
常州市	2682.5	5 773.9	46.46	374.9	7.16

续表

城市	第二产业增加值（亿元）	地区生产总值（亿元）	第二产业增加值占地区生产总值比重（%）	总人口（万人）	人均第二产业增加值（万元）
苏州市	7 273.3	15 475.1	47.00	678.2	10.72
南通市	3 170.3	6 768.2	46.84	766.7	4.13
扬州市	2 197.6	4 449.4	49.39	461.7	4.76
镇江市	1 870.4	3 833.8	48.79	272.0	6.88
泰州市	1 933.9	4 101.8	47.15	508.2	3.81
杭州市	4 120.9	11 313.7	36.42	736.0	5.60
宁波市	4 455.3	8 686.5	51.29	591.0	7.54
嘉兴市	2 010.5	3 862.1	52.06	352.1	5.71
湖州市	1 099.5	2 284.4	48.13	264.8	4.15
绍兴市	2 398.3	4 789.0	50.08	444.5	5.40
舟山市	510.0	1 241.2	41.09	97.3	5.24
台州市	1 695.8	3 898.7	43.50	600.2	2.83

1.4 第三产业增加值

根据国家统计局《三次产业划分规定（2012）》和《国民经济行业分类》（GB/T 4754—2017），我国的三次产业划分中，第三产业即服务业，是指除第一、第二产业以外的其他行业。第三产业增加值就是第三产业的常住单位生产过程创造的新增价值和固定资产的转移价值之和。

1.4.1 从数字看形势

2016 年长三角核心区累计完成第三产业增加值 68 744.4 亿元。其中，上海市为 19 662.9 亿元，占比为 28.60%；江苏地区为 30 755.3 亿元，占比为 44.74%；浙江地区为 18 326.2 亿元,占比为 26.66%,如表 1-10 所示。16 个城市中,上海市以 19 662.9 亿元列第一位,舟山市以 604.5 亿元列最后一位。江苏地区 8 个城市的第三产业增加值占长三角核心区比重接近一半,苏州市第三产业增加值最大。

表 1-10　2016 年长三角核心区 16 个城市第三产业增加值及增长情况

城市	2016 年第三产业增加值		2016 年比 2000 年增长倍数（倍）	2000～2016 年年均增长率（%）
	总额（亿元）	占比（%）		
上海市	19 662.9	28.60	6.91	13.80
南京市	6 133.2	8.92	10.70	16.62
无锡市	4 728.1	6.88	9.08	15.54
常州市	2 938.7	4.27	12.43	17.63
苏州市	7 969.7	11.59	12.75	17.80
南通市	3 231.8	4.70	11.79	17.27
扬州市	2 000.4	2.91	11.66	17.19
镇江市	1 825.7	2.66	11.13	16.88
泰州市	1 927.9	2.80	13.22	18.05
杭州市	6 888.6	10.02	11.10	16.86
宁波市	3 929.1	5.72	8.48	15.09
嘉兴市	1 714.7	2.49	8.53	15.13
湖州市	1 057.5	1.54	9.06	15.52
绍兴市	2 183.1	3.18	8.86	15.37
舟山市	604.5	0.88	10.37	16.41
台州市	1 948.7	2.83	8.44	15.07
上海市	19 662.9	28.60	6.91	13.80
江苏地区	30 755.3	44.74	11.36	17.02
浙江地区	18 326.2	26.66	9.47	15.81
总计	68 744.4	100.00	9.22	15.64

图 1-10 显示了长三角核心区 16 个城市 2000 年、2010 年、2016 年第三产业

增加值情况。图中显示，各城市的第三产业增加值都处于增长态势，未出现规模萎缩的城市。2016 年，上海市、苏州市、杭州市、南京市、无锡市、宁波市列前六位。

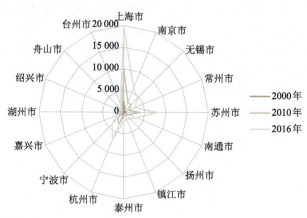

图 1-10 2000 年、2010 年、2016 年长三角核心区 16 个城市第三产业增加值情况

图内数字表示第三产业增加值，单位为亿元

2016 年，长三角核心区 16 个城市平均第三产业增加值为 4296.5 亿元。其中，上海市，江苏地区的南京市、无锡市、苏州市和浙江地区的杭州市 5 个城市高于平均水平，其余 11 个城市低于平均水平，如图 1-11 所示。高于平均水平的 5 个城市的第三产业增加值占长三角核心区第三产业增加值总额的 66.02%。

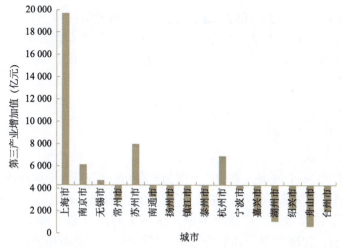

图 1-11 2016 年长三角核心区 16 个城市第三产业增加值与平均值比较

1.4.2　从增速看发展

进入 2000 年，长三角核心区的第三产业增加值保持着较快的增长势头，总额由 2000 年的 6724.9 亿元增长到 2016 年的 68 744.4 亿元，按当年价格计算，增长了 9.22 倍，年均增长率为 15.64%，高于同期地区生产总值的增长速度。其中，上海市增长了 6.91 倍，年均增长率为 13.80%；江苏地区增长了 11.36 倍，年均增长率为 17.02%；浙江地区增长了 9.47 倍，年均增长率为 15.81%，如表 1-10 所示。江苏地区和浙江地区增长较显著，如图 1-12 所示。

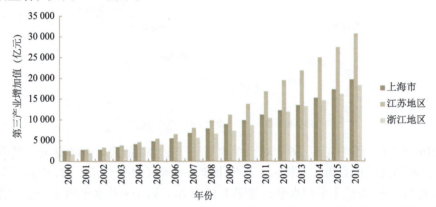

图 1-12　2000～2016 年上海市、江苏地区、浙江地区第三产业增加值变化情况

2000 年以来，江苏地区和浙江地区第三产业增加值保持着比较稳定的增长格局，上海市自 2010 年以来呈平稳态势。江苏地区第三产业增加值总量稳居长三角核心区首位。2000 年名列首位的上海市是位列最后的舟山市的 46.75 倍，至 2016 年缩小为 32.53 倍。

1.4.3　从构成看特征

长三角核心区 16 个城市的第三产业增加值存在一定差异，但单纯的总量衡量往往不能全面地反映区域的实际情况，如表 1-11 所示。因此，通过第三产业增加值占地区生产总值比重和人均第三产业增加值，从构成的角度来审视第三产业增加值状况。表 1-12 表明，2016 年长三角核心区 16 个城市第三产业增加值占地区生产总值比重和人均第三产业增加值存在明显的差异。上海市第三产业增加值占地区生产总值比重和人均第三产业增加值均列第一位。

表 1-11　2000～2016 年长三角核心区 16 个城市第三产业增加值情况　（单位：亿元）

城市	2000 年	2001 年	2002 年	2003 年	2004 年	2005 年	2006 年	2007 年	2008 年
上海市	2 486.9	2 728.9	2 755.8	3 404.2	4 097.3	4 776.2	5 508.5	6 821.1	7 872.2
南京市	524.1	611.9	708.8	819.0	987.9	1 150.5	1 331.8	1 590.1	1 923.9
无锡市	468.9	554.6	655.7	754.2	944.7	1 055.7	1 270.4	1 533.5	1 797.3
常州市	218.8	245.0	280.3	334.0	386.1	449.5	564.6	704.1	864.8
苏州市	579.6	669.0	777.1	954.0	1 105.0	1 374.6	1 653.8	2 112.8	2 699.0
南通市	252.6	280.8	307.8	350.1	413.0	486.2	605.2	741.0	922.2
扬州市	158.0	170.3	189.0	211.3	245.6	343.8	394.4	480.8	587.1
镇江市	150.5	167.9	184.3	207.2	286.5	309.6	373.1	439.1	542.6
泰州市	135.6	151.4	166.3	187.9	217.5	288.8	349.5	415.4	494.2
杭州市	569.3	663.0	765.4	897.4	1 092.7	1 301.3	1 560.3	1 894.7	2 236.6
宁波市	414.5	489.4	556.7	685.5	821.5	973.2	1 154.4	1 373.5	1 588.9
嘉兴市	180.0	207.8	236.6	282.6	337.4	392.6	451.3	541.9	633.1
湖州市	105.1	119.5	134.3	163.7	190.3	226.5	258.7	310.4	355.7
绍兴市	221.5	254.2	296.5	345.8	415.5	487.0	576.2	688.5	803.2
舟山市	53.2	59.9	73.4	85.7	106.1	130.3	157.1	191.1	226.0
台州市	206.3	238.5	290.4	345.2	422.0	487.9	568.7	671.3	781.4

城市	2009 年	2010 年	2011 年	2012 年	2013 年	2014 年	2015 年	2016 年
上海市	8 930.9	9 833.5	11 142.9	12 199.2	13 445.1	15 275.7	17 274.6	19 662.9
南京市	2 170.4	2 542.5	3 220.4	3 845.7	4 356.6	4 983.0	5 571.6	6 133.2
无锡市	2 061.7	2 479.6	3 029.1	3 418.9	3 594.9	3 971.3	4 183.1	4 728.1
常州市	998.5	1 261.4	1 518.4	1 742.7	1 972.0	2 355.3	2 610.6	2 938.7
苏州市	3 064.1	3 834.3	4 598.2	5 332.9	6 064.6	6 663.9	7 243.2	7 969.7
南通市	1 028.8	1 290.9	1 571.5	1 825.5	2 070.0	2 500.8	2 816.0	3 231.8
扬州市	669.5	838.8	1 017.9	1 173.6	1 333.9	1 584.8	1 762.9	2 000.4
镇江市	624.0	785.5	938.3	1 095.1	1 248.9	1 499.9	1 642.6	1 825.7
泰州市	584.2	771.2	939.3	1 075.4	1 227.0	1 425.2	1 657.9	1 927.9

续表

城市	2009 年	2010 年	2011 年	2012 年	2013 年	2014 年	2015 年	2016 年
杭州市	2 509.9	2 937.5	3 520.0	4 078.4	4 562.7	5 086.2	5 853.3	6 888.6
宁波市	1 783.0	2 059.2	2 419.4	2 796.9	3 110.8	3 354.2	3 620.7	3 929.1
嘉兴市	699.21	832.6	997.0	1 136.1	1 265.3	1 394.2	1 528.0	1 714.7
湖州市	404.0	482.3	586.1	658.0	758.6	836.6	940.6	1 057.5
绍兴市	871.5	1 069.0	1 325.6	1 506.8	1 671.1	1 858.1	2 014.2	2 183.1
舟山市	233.6	282.5	347.6	387.2	423.6	489.1	532.2	604.5
台州市	854.6	1 003.7	1 174.5	1 290.9	1 424.5	1 592.9	1 756.5	1 948.7

表 1-12　2016 年长三角核心区 16 个城市第三产业增加值
占地区生产总值比重和人均第三产业增加值

城市	第三产业增加值（亿元）	地区生产总值（亿元）	第三产业增加值占地区生产总值比重（%）	总人口（万人）	人均第三产业增加值（万元）
上海市	19 662.9	28 178.7	69.78	1 450.0	13.56
南京市	6 133.2	10 503.0	58.39	662.8	9.25
无锡市	4 728.1	9 210.0	51.34	486.2	9.72
常州市	2 938.7	5 773.9	50.90	374.9	7.84
苏州市	7 969.7	15 475.1	51.50	678.2	11.75
南通市	3 231.8	6 768.2	47.75	766.7	4.22
扬州市	2 000.4	4 449.4	44.96	461.7	4.33
镇江市	1 825.7	3 833.8	47.62	272.0	6.71
泰州市	1 927.9	4 101.8	47.00	508.2	3.79
杭州市	6 888.6	11 313.7	60.89	736.0	9.36
宁波市	3 929.1	8 686.5	45.23	591.0	6.65
嘉兴市	1 714.7	3 862.1	44.40	352.1	4.87
湖州市	1 057.5	2 284.4	46.29	264.8	3.99
绍兴市	2 183.1	4 789.0	45.59	444.5	4.91
舟山市	604.5	1 241.2	48.70	97.3	6.21
台州市	1 948.7	3 898.5	49.98	600.2	3.25

1.5　人均 GDP[①]

人均 GDP 是人们了解和把握一个国家或地区的宏观经济运行状况的有效工具，常作为发展经济学中衡量经济发展状况的指标，是最重要的宏观经济指标之一。将一个国家或地区核算期内（通常是一年）实现的 GDP 或地区生产总值与这个国家或地区的常住人口（或户籍人口）相比进行计算，得到人均 GDP。

1.5.1　从数字看形势

2015 年长三角核心区 15 个城市的人均 GDP 在 70 893～136 702 元。其中，上海市为 103 795 元，江苏地区在 79 479～136 702 元，浙江地区在 70 893～112 230 元，如表 1-13 所示。15 个城市中，苏州市以 136 702 元列第一位，湖州市以 70 893 元列最后一位。

表 1-13　2015 年长三角核心区 15 个城市人均 GDP 及增长情况

城市	2015 年人均 GDP（元）	2015 年比 2006 年增长倍数（倍）	2006～2015 年年均增长率（%）
上海市	103 795	0.89	7.34
南京市	118 171	1.95	12.77
无锡市	130 938	1.26	9.49
常州市	112 221	1.97	12.85
苏州市	136 702	1.19	9.08
南通市	84 236	2.43	14.68
扬州市	89 647	2.57	15.19
镇江市	110 351	2.15	13.58
泰州市	79 479	2.70	15.63
杭州市	112 230	1.54	10.93
宁波市	102 374	1.42	10.32

① 因台州市缺失按常住人口计算的人均 GDP，故未列入本节分析。

续表

城市	2015 年人均 GDP（元）	2015 年比 2006 年增长倍数（倍）	2006～2015 年年均增长率（%）
嘉兴市	76 850	1.31	9.76
湖州市	70 893	1.62	11.27
绍兴市	90 003	1.48	10.61
舟山市	95 113	1.89	12.51
上海市	103 795	0.89	7.34
江苏地区	107 718	1.83	12.25
浙江地区	91 244	1.53	10.88
总计	100 867	1.63	11.34

图 1-13 显示了长三角核心区 15 个城市 2006 年、2010 年、2015 年人均 GDP 情况。图中显示，各城市的人均 GDP 都处于增长态势，未出现规模萎缩的城市。2015 年，苏州市、无锡市、南京市、杭州市、常州市、镇江市列前六位。

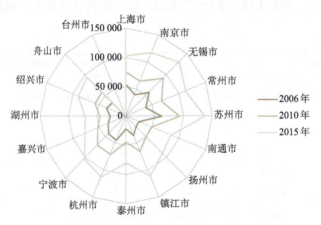

图 1-13　2006 年、2010 年、2015 年长三角核心区 15 个城市人均 GDP 情况
图内数字表示人均 GDP，单位为元

2015 年，长三角核心区 15 个城市平均人均 GDP 为 100 867 元。其中，上海市、江苏地区的苏州市、南京市、无锡市、常州市、镇江市和浙江地区的杭州市、宁波市 8 个城市高于平均水平，其余 7 个城市低于平均水平，如图 1-14 所示。

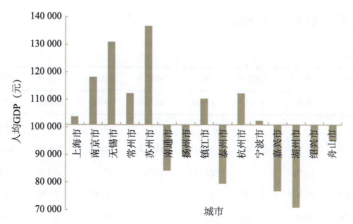

图 1-14　2015 年长三角核心区 15 个城市人均 GDP 与平均值比较

1.5.2 从增速看发展

　　进入 2006 年，长三角核心区 15 个城市的人均 GDP 保持着较快的增长势头，由 2006 年的 38 362 元增长到 2015 年的 100 867 元，按当年价格计算，增长了 1.63 倍，年均增长率为 11.34%，低于同期地区生产总值的增长速度。其中，上海市增长了 0.89 倍，年均增长率为 7.34%；江苏地区增长了 1.83 倍，年均增长率为 12.25%；浙江地区增长了 1.53 倍，年均增长率为 10.88%，如表 1-13 所示。江苏地区增长较显著，如图 1-15 所示。

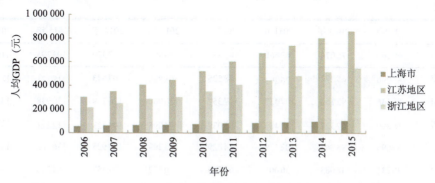

图 1-15　2006～2015 年上海市、江苏地区、浙江地区人均 GDP 变化情况

　　2006 年以来，长三角核心区 15 个城市人均 GDP 保持着比较稳定的增长格局，泰州市增长速度最快。2006 年名列首位的苏州市是位列最后的泰州市的 2.91 倍，至 2015

年缩小为 1.72 倍，如表 1-14 所示。

表 1-14　2000～2016 年长三角核心区 16 个城市人均 GDP 情况　　（单位：元）

城市	2000年	2001年	2002年	2003年	2004年	2005年	2006年	2007年	2008年
上海市	30047	31799	33958	38486	44839	49648	54858	62040	66932
南京市						36112	40072	45473	50855
无锡市	27109	30526	35087	41616	50592	51034	57899	65570	73733
常州市	17635	19704	22215	26149	31665	32116	37809	44452	51746
苏州市	26692	30384	35733	47693	57992	55667	62526	69151	78875
南通市	9176	10078	11073	12584	15415	20138	24545	29991	36199
扬州市	10515	11091	12044	13949	16747	21719	25102	30435	36859
镇江市	15887	17509	19241	21997	26645	29880	35076	41848	49235
泰州市	8340	9279	10468	12102	14777	18309	21509	26085	30259
杭州市						38542	44128	51416	58862
宁波市						36824	42299	49142	55616
嘉兴市						33243	38247	43081	
湖州市		13520	14714	16920	20113	23197	27109	31536	36266
绍兴市		17903	19974	23110	27477	31666	36329	42226	47105
舟山市		13384	15590	18386	22640	27456	32929	40136	48250
台州市									

城市	2009年	2010年	2011年	2012年	2013年	2014年	2015年	2016年
上海市	69165	76074	82560	85373	90993	97370	103795	116562
南京市	55290	65272	76263	88525	98848	107545	118171	127264
无锡市	81146	92166	107437	117357	120007	126389	130938	141258
常州市	56890	67327	77485	85039	94895	104423	112221	122721
苏州市	83696	93043	102129	114029	123209	129925	136702	145556
南通市	40231	48083	56005	62506	70572	77457	84236	92702
扬州市	41406	49786	58950	65692	74297	82654	89647	99150
镇江市	54732	64281	73983	83650	94144	102652	110351	120603
泰州市	35711	44118	52395	58378	64917	72706	79479	88330

续表

城市	2009 年	2010 年	2011 年	2012 年	2013 年	2014 年	2015 年	2016 年
杭州市	61821	70024	80689	89323	95190	103813	112230	124286
宁波市	60070	69610	79730	86477	93641	98362	102374	110656
嘉兴市	44842	52489	59850	64229	69502	73458	76850	
湖州市	38783	45321	52476	57355	62290	66917	70893	
绍兴市	49779	57687	67759	74120	80613	86136	90003	
舟山市	49963	58449	68526	75140	81817	88746	95113	
台州市								

1.6　三次产业结构

产业结构是指第一产业增加值、第二产业增加值和第三产业增加值在地区生产总值中所占的比重。产业结构比例是观察经济构成特征的重要指标。

1.6.1　长三角核心区产业结构特征

2016 年长三角核心区实现地区生产总值 124 369.5 亿元。其中，第一产业增加值、第二产业增加值和第三产业增加值分别为 3336.4 亿元、52 288.7 亿元和 68 744.4 亿元，三次产业增加值比重为 2.7∶42.0∶55.3，第三产业占比最大，呈现出三二一的明显特征。如表 1-15 所示，上海市第三产业占比最大，达 69.8%，三次产业增加值比重为 0.4∶29.8∶69.8；嘉兴市第三产业占比最小，仅为 44.4%，三次产业增加值比重为 3.5∶52.1∶44.4；第三产业占比超过长三角核心区平均水平的还有杭州市（63.6%）、南京市（58.4%），其中上海市占比较大，拉动明显。无锡市第二产业占比最大，达 53.0%，三次产业增加值比重为 1.8∶53.0∶45.2；上海市第二产业占比最小，仅为 29.8%；第二产业占比超过长三角核心区平均水平的还有嘉兴市（52.1%）、宁波市（51.3%）、绍兴市（50.1%）、扬州市（49.4%）、镇江市（48.8%）、湖州市（48.1%）、泰州市（47.1%）、苏州市（47.0%）、南通市（46.8%）、常州市（46.5%）、台州市（43.5%）

11 个城市。舟山市第一产业占比最大，达 10.2%，三次产业增加值比重为 10.2∶41.1∶48.7；上海市第一产业占比最小，仅为 0.4%，是 16 个城市中唯一低于 1% 的；第一产业占比低于长三角核心区平均水平的还有常州市（2.6%）、南京市（2.4%）、无锡市（1.8%）、杭州市（1.7%）、苏州市（1.5%）5 个城市。

表 1-15　2016 年长三角核心区 16 个城市三次产业比重情况

城市	比重
上海市	0.4∶29.8∶69.8
南京市	2.4∶39.2∶58.4
无锡市	1.8∶53.0∶45.2
常州市	2.6∶46.5∶50.9
苏州市	1.5∶47.0∶51.5
南通市	5.4∶46.8∶47.8
扬州市	5.6∶49.4∶45.0
镇江市	3.6∶48.8∶47.6
泰州市	5.9∶47.1∶47.0
杭州市	1.7∶34.6∶63.6
宁波市	3.5∶51.3∶45.2
嘉兴市	3.5∶52.1∶44.4
湖州市	5.6∶48.1∶46.3
绍兴市	4.3∶50.1∶45.6
舟山市	10.2∶41.1∶48.7
台州市	6.5∶43.5∶50.0

1.6.2　从演变看发展

2000 年起，长三角核心区的产业结构长期保持在二三一的状态，直到 2013 年才调整为三二一，并一直保持到 2016 年。

2000 年，长三角核心区实现地区生产总值 16 045.2 亿元。其中，第一产业增加值、第二产业增加值和第三产业增加值分别为 1106.4 亿元、8213.8 亿元和 6724.9 亿元，三次产业增加值比重为 6.9∶51.2∶41.9，第二产业占比最大，超过一半。2013 年，长三角核心区实现地区生产总值 97 525.4 亿元。其中，第一产业、第二产业和第三产业增加值分别为 3016.2 亿元、45 979.9 亿元和 48 529.4 亿元，第三产业增加值首次超过第二产业增加值，三次产业增加值比重调整为 3.1∶47.1∶49.8，第三产业占比接近一半。

如图 1-16 所示，2000 年，除上海市、南京市、舟山市的第三产业比重已经超过第二产业外，其他 13 个城市的第三产业比重均小于第二产业。其中，除泰州市（49.4%）外，其他 12 个城市的第二产业比重均在 50% 以上。16 个城市的第一产业比重均小于第二产业比重、第三产业比重。其中，南通市、扬州市、泰州市、嘉兴市、湖州市、绍兴市、舟山市、台州市的第一产业比重均在 10% 以上，舟山市更高达 26.7%。

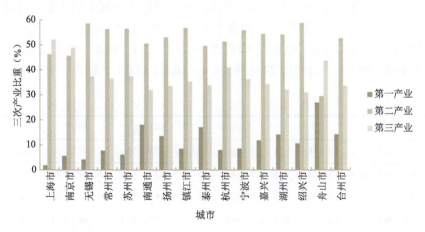

图 1-16　2000 年长三角核心区 16 个城市三次产业比重情况

如图 1-17 所示，2016 年，16 个城市的第一产业比重进一步缩小，并均小于第二产业比重、第三产业比重。除舟山市（10.2%）外，其他 15 个城市的第一产业占比均低于 10%。第三产业比重进一步扩大，上海市、南京市、常州市、苏州市、南通市、杭州市、舟山市、台州市 8 个城市的第三产业比重均已超过第二产业比重，其中上海市、南京市、常州市、苏州市、杭州市 5 个城市的第三产业比重均在 50% 以上。第二产业比重在 50% 以上的只有无锡市、宁波市、嘉兴市、绍兴市 4 个城市。

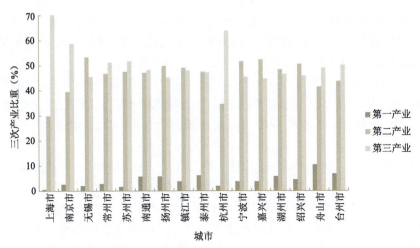

图 1-17　2016 年长三角核心区 16 个城市三次产业比重情况

　　分城市来看，除上海市、南京市、舟山市外，其他 5 个城市的产业结构由二三一调整为三二一的时间节点分别为：常州市 2015 年（2.8：47.7：49.5，当年比重，下同）、苏州市 2015 年（1.5：48.6：49.9）、南通市 2016 年（5.4：46.8：47.8）、杭州市 2009 年（3.7：46.3：50.0）、台州市 2014 年（6.4：46.6：47.0），如表 1-16 所示。

表 1-16　2000～2016 年长三角核心区 16 个城市三次产业增加值比重情况

城市	2000 年	2001 年	2002 年	2003 年	2004 年	2005 年
上海市	1.6：46.3：52.1	1.5：46.1：52.4	1.4：45.7：52.9	1.2：47.9：50.9	1.0：48.2：50.8	1.0：47.4：51.6
南京市	5.4：45.8：48.8	5.1：44.7：50.2	4.7：44.1：51.2	4.1：47.4：48.4	3.6：48.6：47.8	4.2：48.9：46.9
无锡市	3.9：58.7：37.4	3.9：57.1：39.0	3.5：57.1：39.4	2.8：60.3：36.9	2.0：61.2：36.8	1.9：60.5：37.6
常州市	7.5：56.1：36.4	7.0：56.6：36.4	6.4：56.8：36.8	5.2：57.7：37.1	4.9：60.1：35.0	4.6：61.0：34.4
苏州市	5.9：56.5：37.6	5.2：56.8：38.0	4.4：58.2：37.4	2.7：63.2：34.1	2.2：65.7：32.1	2.0：64.8：33.2
南通市	17.9：50.1：32.0	17.2：50.6：32.2	16.3：51.6：32.1	15.0：53.0：32.0	12.9：56.0：31.1	11.0：55.9：33.1
扬州市	13.5：53.0：33.5	13.4：52.6：34.0	12.7：52.6：34.7	11.6：55.0：33.4	11.0：56.7：32.3	9.7：55.3：35.0
镇江市	7.9：56.6：35.5	7.4：56.6：36.0	6.3：57.8：35.9	5.8：58.9：35.3	5.2：60.9：33.8	4.4：60.5：35.1
泰州市	16.6：49.4：34.0	15.5：50.4：34.1	13.9：52.5：33.4	12.6：54.6：32.7	11.8：57.0：31.1	11.0：55.5：33.5
杭州市	7.5：51.3：41.2	7.1：50.6：42.3	6.4：50.6：43.0	6.0：51.2：42.7	5.2：51.8：43.0	5.0：50.8：44.2
宁波市	8.2：55.6：36.2	7.7：54.0：38.3	7.1：54.6：38.3	6.3：54.5：39.2	5.7：55.3：39.0	5.4：54.8：39.8

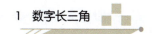

续表

城市	2000 年	2001 年	2002 年	2003 年	2004 年	2005 年
嘉兴市	11.5 : 54.1 : 34.4	10.8 : 53.8 : 35.4	9.0 : 56.1 : 34.9	8.0 : 57.7 : 34.3	7.6 : 58.7 : 33.7	7.3 : 58.8 : 33.9
湖州市	13.7 : 54.0 : 32.3	12.9 : 54.2 : 32.9	11.9 : 54.3 : 33.8	11.0 : 53.4 : 35.6	10.6 : 54.8 : 34.6	9.9 : 54.7 : 35.4
绍兴市	10.4 : 58.7 : 30.9	9.7 : 58.0 : 32.3	8.5 : 58.0 : 33.5	7.5 : 59.1 : 33.4	6.9 : 59.7 : 33.4	6.4 : 60.0 : 33.6
舟山市	26.7 : 29.6 : 43.7	24.1 : 31.3 : 44.6	20.4 : 32.9 : 46.7	17.1 : 36.9 : 46.0	16.0 : 38.2 : 45.8	14.1 : 39.7 : 46.2
台州市	13.8 : 52.6 : 33.6	12.8 : 52.2 : 35.0	11.4 : 51.5 : 37.1	10.0 : 52.0 : 38.0	8.8 : 52.1 : 39.2	8.2 : 52.7 : 39.1

城市	2006 年	2007 年	2008 年	2009 年	2010 年	2011 年
上海市	0.9 : 47.0 : 52.1	0.8 : 44.6 : 54.6	0.8 : 43.2 : 56.0	0.7 : 39.9 : 59.4	0.7 : 42.0 : 57.3	0.7 : 41.3 : 58.0
南京市	3.9 : 48.2 : 47.9	3.5 : 48.1 : 48.4	3.1 : 46.4 : 50.4	3.1 : 45.6 : 51.3	2.8 : 45.4 : 51.9	2.7 : 44.9 : 52.4
无锡市	1.8 : 59.8 : 38.4	1.8 : 58.7 : 39.5	1.9 : 57.8 : 40.3	1.9 : 56.8 : 41.3	1.8 : 55.4 : 42.8	1.8 : 54.2 : 44.0
常州市	4.2 : 60.2 : 35.6	3.9 : 59.3 : 36.8	3.7 : 58.1 : 38.2	3.6 : 56.8 : 39.6	3.3 : 55.3 : 41.4	3.1 : 54.5 : 42.4
苏州市	1.9 : 64.3 : 33.8	1.8 : 62.1 : 36.1	1.7 : 60.2 : 38.1	1.7 : 58.7 : 39.6	1.5 : 56.9 : 41.6	1.5 : 55.6 : 42.9
南通市	9.8 : 55.5 : 34.7	8.6 : 55.9 : 35.5	8.4 : 56.0 : 35.6	8.2 : 56.0 : 35.8	7.7 : 55.1 : 37.2	7.0 : 54.5 : 38.5
扬州市	9.0 : 56.0 : 35.1	8.2 : 56.4 : 35.4	8.2 : 56.2 : 35.7	7.8 : 56.1 : 36.1	7.2 : 55.1 : 37.6	7.0 : 54.3 : 38.7
镇江市	3.9 : 60.4 : 35.7	4.1 : 59.1 : 36.8	4.7 : 58.9 : 36.4	4.5 : 58.2 : 37.3	4.1 : 56.4 : 39.5	4.4 : 55.1 : 40.6
泰州市	9.8 : 56.5 : 33.7	9.2 : 56.8 : 34.0	8.6 : 57.3 : 34.2	8.0 : 56.8 : 35.2	7.4 : 55.0 : 37.6	7.2 : 54.0 : 38.8
杭州市	4.5 : 50.2 : 45.3	4.0 : 49.9 : 46.2	3.8 : 49.5 : 46.7	3.7 : 46.3 : 50.0	3.5 : 47.3 : 49.2	3.4 : 46.6 : 50.0
宁波市	4.9 : 55.0 : 40.2	4.4 : 55.4 : 40.2	4.2 : 55.5 : 40.3	4.2 : 54.4 : 41.4	4.2 : 55.1 : 40.6	4.2 : 54.6 : 41.2
嘉兴市	6.6 : 59.9 : 33.5	6.1 : 59.7 : 34.2	5.8 : 59.4 : 34.8	5.6 : 57.8 : 36.6	5.5 : 57.7 : 36.8	5.3 : 56.7 : 38.0
湖州市	8.8 : 56.9 : 34.3	8.1 : 56.8 : 35.1	8.3 : 56.9 : 34.8	8.2 : 55.0 : 36.8	8.0 : 55.0 : 37.0	7.6 : 53.8 : 38.5
绍兴市	5.7 : 60.0 : 34.3	5.3 : 59.9 : 34.8	5.2 : 58.8 : 36.0	5.2 : 57.3 : 37.5	5.3 : 56.1 : 38.6	5.1 : 55.0 : 39.9
舟山市	12.3 : 41.6 : 46.1	10.7 : 43.7 : 45.6	9.8 : 45.8 : 44.4	9.7 : 45.0 : 45.3	9.6 : 45.3 : 45.1	9.8 : 45.0 : 45.2
台州市	7.3 : 53.7 : 39.0	6.6 : 54.2 : 39.1	6.3 : 53.5 : 40.2	6.5 : 51.8 : 41.8	6.6 : 51.4 : 42.0	6.8 : 50.1 : 43.1

城市	2012 年	2013 年	2014 年	2015 年	2016 年
上海市	0.6 : 36.2 : 63.2	0.6 : 36.2 : 63.2	0.5 : 34.7 : 64.8	0.4 : 31.8 : 67.8	0.4 : 29.8 : 69.8
南京市	2.6 : 44.0 : 53.4	2.4 : 42.9 : 54.7	2.4 : 41.1 : 56.5	2.4 : 40.3 : 57.3	2.4 : 39.2 : 58.4
无锡市	1.8 : 53.0 : 45.2	1.7 : 52.1 : 46.3	1.7 : 49.9 : 48.4	1.6 : 49.3 : 49.1	1.8 : 53.0 : 45.2
常州市	3.2 : 52.9 : 43.9	2.9 : 51.1 : 46.0	2.8 : 49.2 : 48.0	2.8 : 47.7 : 49.5	2.6 : 46.5 : 50.9

续表

城市	2012 年	2013 年	2014 年	2015 年	2016 年
苏州市	1.5：54.1：44.4	1.5：51.9：46.6	1.5：50.1：48.4	1.5：48.6：49.9	1.5：47.0：51.5
南通市	7.0：53.0：40.0	6.3：51.6：42.1	6.0：49.8：44.2	5.8：48.4：45.8	5.4：46.8：47.8
扬州市	7.0：53.0：40.0	6.5：50.9：42.6	6.1：51.0：42.9	6.0：50.1：43.9	5.7：49.4：45.0
镇江市	4.4：54.0：41.6	3.7：52.3：44.0	3.7：50.2：46.1	3.8：49.3：46.9	3.6：48.8：47.6
泰州市	7.1：53.1：39.8	6.8：52.4：40.8	6.4：51.3：42.3	5.9：49.1：45.0	5.9：47.1：47.0
杭州市	3.3：44.7：52.1	3.1：42.6：54.3	3.0：41.8：55.2	2.9：38.9：58.2	1.7：34.6：63.6
宁波市	4.1：52.6：43.3	3.8：51.4：44.8	3.6：52.3：44.1	3.6：51.2：45.2	3.5：51.3：45.2
嘉兴市	5.2：54.8：40.0	4.7：54.0：41.3	4.3：54.1：41.6	4.0：52.6：43.4	3.5：52.1：44.4
湖州市	7.4：53.1：39.5	6.6：51.6：41.8	6.2：51.1：42.8	5.9：49.0：45.1	5.6：48.1：46.3
绍兴市	5.1：53.6：41.3	4.8：52.6：42.6	4.5：51.9：43.6	4.5：50.4：45.1	4.3：50.1：45.6
舟山市	9.7：44.5：45.8	10.2：41.7：48.1	9.9：41.9：48.2	10.2：41.1：48.7	10.2：41.1：48.7
台州市	6.9：48.4：44.8	6.7：47.2：46.1	6.4：46.6：47.0	6.5：44.1：49.4	6.5：43.5：50.0

2 人口、就业、人民生活

2.1 总 人 口

人口数是指一定时点、一定地区范围内的有生命的个人的总和。年度统计的年末人口数指每年 12 月 31 日 24 时的人口数。人口的出生、死亡、婚配，处于家庭关系、民族关系、经济关系、政治关系及社会关系之中，一切社会活动、社会关系、社会现象和社会问题都与人口发展过程相关。

2.1.1 从数字看形势

2016 年长三角核心区总人口为 8746.6 万人。其中，上海市为 1450.0 万人，占比为 16.58%；江苏地区为 4210.7 万人，占比为 48.14%；浙江地区为 3085.9 万人，占比为 35.28%，如表 2-1 所示。16 个城市中，上海市以 1450.0 万人列第一位，舟山市仅有 97.3 万人，列最后一位。江苏地区 8 个城市的总人口占长三角核心区接近半数，南通市总人口最多。

表 2-1 2016 年长三角核心区 16 个城市总人口数及增长情况

城市	2016 年总人口		2016 年比 2000 年增长倍数（倍）	2000～2016 年年均增长率（%）
	总数（万人）	占比（%）		
上海市	1450.0	16.58	0.10	0.58
南京市	662.8	7.58	0.22	1.23
无锡市	486.2	5.56	0.12	0.70
常州市	374.9	4.29	0.10	0.59
苏州市	678.2	7.75	0.17	1.00
南通市	766.7	8.77	−0.02	−0.14
扬州市	461.7	5.28	0.02	0.15
镇江市	272.0	3.11	0.02	0.12
泰州市	508.2	5.81	0.01	0.09
杭州市	736.0	8.41	0.18	1.06
宁波市	591.0	6.76	0.09	0.55

续表

城市	2016 年总人口		2016 年比 2000 年增长倍数（倍）	2000～2016 年年均增长率（%）
	总数（万人）	占比（%）		
嘉兴市	352.1	4.03	0.06	0.38
湖州市	264.8	3.03	0.04	0.22
绍兴市	444.5	5.08	0.03	0.17
舟山市	97.3	1.11	−0.01	−0.07
台州市	600.2	6.86	0.10	0.59
上海市	1450.0	16.58	0.10	0.58
江苏地区	4210.7	48.14	0.08	0.48
浙江地区	3085.9	35.28	0.09	0.55
总计	8746.6	100.00	0.09	0.52

图 2-1 显示了长三角核心区 16 个城市 2000 年、2010 年、2016 年总人口情况。图中显示，各城市的总人口都处于平稳态势。2016 年，上海市、南通市、杭州市、苏州市、南京市、台州市列前六位。

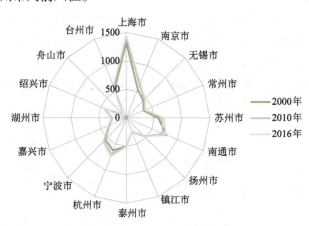

图 2-1　2000 年、2010 年、2016 年长三角核心区 16 个城市总人口情况
图内数字表示总人口，单位为万人

2016 年，长三角核心区 16 个城市平均总人口为 546.7 万人。其中，上海市，江苏地区的南通市、苏州市、南京市和浙江地区的杭州市、台州市、宁波市 7 个城市总人口高于平均水平，如图 2-2 所示。高于平均水平的 7 个城市的总人口为 5484.8 万人，

占长三角核心区总人口的 62.71%。

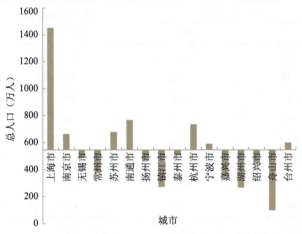

图 2-2　2016 年长三角核心区 16 个城市总人口与平均值比较

2.1.2　从增速看发展

进入 2000 年,长三角核心区的总人口一直保持平稳态势,总数由 2000 年的 8051.2 万人增长到 2016 年的 8746.6 万人,增长了 0.09 倍,年均增长率为 0.52%,低于同期地区生产总值的增长速度。其中,上海市增长了 0.10 倍,年均增长率为 0.58%;江苏地区增长了 0.08 倍,年均增长率为 0.48%;浙江地区增长了 0.09 倍,年均增长率为 0.55%,增速差异不大,如图 2-3 所示。

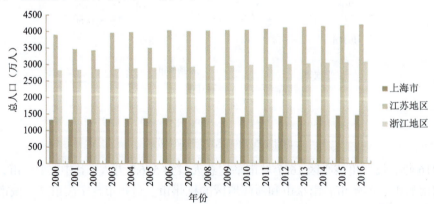

图 2-3　2000～2016 年上海市、江苏地区、浙江地区总人口变化情况

2000 年以来，上海市、江苏地区、浙江地区总人口维持着比较稳定的格局，未出现显著的波动。

2.1.3 从构成看特征

经济社会发展是在一定的资源约束条件下进行的，总人口是区域经济发展的重要基础。长三角核心区 16 个城市的总人口存在一定差异，但单纯的总量衡量往往不能全面地反映区域的实际情况，如表 2-2 所示。因此，通过总人口与常住人口之比，从构成的角度来审视总人口状况。表 2-3 表明，2016 年长三角核心区 16 个城市总人口与常住人口之比存在明显的差异。泰州市列第一位，上海市列最后一位。泰州市、南通市、扬州市 3 个城市总人口均高于常住人口。

表 2-2　2000～2016 年长三角核心区 16 个城市总人口情况　　（单位：万人）

城市	2000 年	2001 年	2002 年	2003 年	2004 年	2005 年	2006 年	2007 年	2008 年
上海市	1321.6	1327.1	1334.2	1341.8	1352.4	1360.3	1368.1	1378.7	1391.0
南京市	544.9	553.0	563.3	572.2	583.6	595.8	607.2	617.2	624.5
无锡市	434.6	435.9	438.6	442.5	447.2	452.8	457.8	461.7	464.2
常州市	341.5	341.5	343.2	346.2	349.0	351.6	354.7	357.4	358.7
苏州市	578.2	580.5	583.9	591.0	598.9	607.3	616.1	624.4	629.8
南通市	784.5	782.5	780.3	777.6	773.8	770.9	769.8	718.0	714.8
扬州市	450.6		452.2	453.6	454.3	456.3	458.6	459.3	459.8
镇江市	266.7	266.6	267.1	267.2	267.2	267.6	268.8	268.8	268.8
泰州市	501.3	503.1		503.7	502.8		503.6	500.7	500.9
杭州市	621.6	629.1	636.8	642.8	651.7	660.5	666.3	672.4	677.6
宁波市	540.9	543.3	546.2	549.1	552.7	556.7	560.5	564.6	568.1
嘉兴市	331.3	331.9	332.4	333.0	333.9	334.3	335.6	336.8	338.1
湖州市	255.8	256.5	257.1	256.8	257.2	257.6	257.9	257.8	258.5
绍兴市	432.7	433.3	433.6	433.8	434.7	435.1	435.5	436.2	437.1
舟山市	98.4	98.1	97.8	97.1	96.9	96.7	96.6	96.7	96.7
台州市	546.6	548.5	550.5	552.6	555.9	559.9	564.7	569.4	574.1

续表

城市	2009 年	2010 年	2011 年	2012 年	2013 年	2014 年	2015 年	2016 年
上海市	1400.7	1412.3	1419.4	1426.9	1432.3	1438.7	1443.0	1450.0
南京市	629.8	632.4	636.4	638.5	643.1	648.7	653.4	662.8
无锡市	465.7	466.6	468.0	470.1	472.2	477.1	480.9	486.2
常州市	359.8	360.8	362.9	364.8	365.9	368.6	370.9	374.9
苏州市	633.3	637.7	642.3	647.8	653.8	661.1	667.0	678.2
南通市	714.8	713.4	728.2	765.2	766.5	767.6	766.8	766.7
扬州市	458.8	459.1	460.1	458.4	459.8	461.3	461.1	461.7
镇江市	269.9	270.7	271.9	271.4	271.8	272.1	271.7	272.0
泰州市	504.0	504.6	507.1	506.4	507.8	508.5	507.9	508.2
杭州市	683.4	689.1	695.7	700.5	706.6	715.8	723.6	736.0
宁波市	571.0	574.1	576.4	577.7	580.2	583.8	586.6	591.0
嘉兴市	339.6	341.6	343.1	344.5	345.9	348.1	349.5	352.1
湖州市	259.2	260.0	261.0	261.4	262.5	263.8	263.7	264.8
绍兴市	437.7	438.9	440.0	440.8	441.7	443.0	443.1	444.5
舟山市	96.8	96.8	97.0	97.2	97.3	97.5	97.4	97.3
台州市	578.5	583.1	586.8	591.0	594.0	597.1	597.5	600.2

表 2-3　2016 年长三角核心区 16 个城市总人口与常住人口之比

城市	总人口（万人）	常住人口（万人）	总人口与常住人口之比（%）
上海市	1450.0	2420	60
南京市	662.8	827	80
无锡市	486.2	653	74
常州市	374.9	471	80
苏州市	678.2	1065	64
南通市	766.7	730	105
扬州市	461.7	449	103

城市	总人口（万人）	常住人口（万人）	总人口与常住人口之比（%）
镇江市	272.0	318	86
泰州市	508.2	465	109
杭州市	736.0	919	80
宁波市	591.0	788	75
嘉兴市	352.1	461	76
湖州市	264.8	298	89
绍兴市	444.5	499	89
舟山市	97.3	116	84
台州市	600.2	608	99

2.2 常 住 人 口

常住人口是指全年经常在家或在家居住 6 个月以上，而且经济和生活与本户连成一体的人口，也称家庭常住人口。外出从业人员在外居住时间虽然在 6 个月以上，但收入主要带回家中，经济与本户连成一体，仍视为家庭常住人口。在家居住、生活和本户连成一体的国家职工、退休人员也为家庭常住人口。但是现役军人、中专及以上（走读生除外）的在校学生，以及常年在外（不包括探亲、看病等）且已有稳定的职业与居住场所的外出从业人员，不算家庭常住人口。

2.2.1 从数字看形势

2016 年长三角核心区累计常住人口为 11 087 万人。其中，上海市为 2420 万人，占比为 21.83%；江苏地区为 4978 万人，占比为 44.90%；浙江地区为 3689 万人，占比为 33.27%，如表 2-4 所示。16 个城市中，上海市以 2420 万人列第一位，舟山市以 116 万人列最后一位。江苏地区 8 个城市的常住人口占长三角核心区接近半数，苏州市常住人口最多。

表 2-4　2016 年长三角核心区 16 个城市常住人口总数及增长情况

城市	2016 年常住人口		2016 年比 2000 年增长倍数（倍）	2000～2016 年年均增长率（%）
	总数（万人）	占比（%）		
上海市	2 420	21.83	0.50	2.58
南京市	827	7.46	0.35	1.89
无锡市	653	5.89	0.28	1.57
常州市	471	4.25	0.25	1.38
苏州市	1 065	9.61	0.57	2.85
南通市	730	6.58	−0.03	−0.19
扬州市	449	4.05	−0.02	−0.14
镇江市	318	2.87	0.12	0.71
泰州市	465	4.19	−0.03	−0.19
杭州市	919	8.29	0.31	1.70
宁波市	788	7.10	0.32	1.76
嘉兴市	461	4.16	0.29	1.59
湖州市	298	2.69	0.13	0.78
绍兴市	499	4.50	0.16	0.93
舟山市	116	1.05	0.16	0.93
台州市	608	5.48	0.18	1.04
上海市	2 420	21.83	0.50	2.58
江苏地区	4 978	44.90	0.20	1.14
浙江地区	3 689	33.27	0.24	1.38
总计	11 087	100.00	0.27	1.51

　　图 2-4 显示了长三角核心区 16 个城市 2000 年、2010 年、2016 年常住人口情况。图中显示，大部分城市的常住人口都处于小幅增长状态，只有南通市、扬州市、泰州市出现了小幅萎缩。2016 年，上海市、苏州市、杭州市、南京市、宁波市、南通市列前六位。

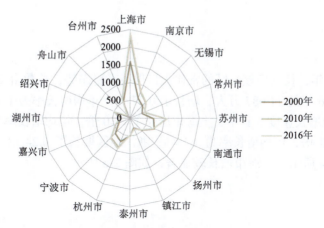

图2-4 2000年、2010年、2016年长三角核心区16个城市常住人口情况

图内数字表示常住人口，单位为万人

2016年，长三角核心区16个城市平均常住人口为693万人。其中，上海市，江苏地区的苏州市、南京市、南通市和浙江地区的杭州市、宁波市6个城市高于平均水平，其余10个城市低于平均水平，如图2-5所示。高于平均水平的6个城市的常住人口为6749万人，占长三角核心区常住人口总数的60.87%。

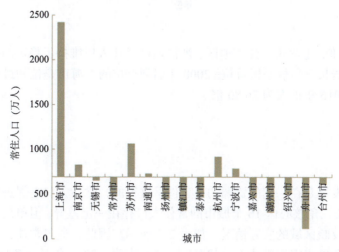

图2-5 2016年长三角核心区16个城市常住人口与平均值比较

2.2.2 从增速看发展

进入 2000 年，长三角核心区的常住人口保持平稳态势，总数由 2000 年的 8726 万人增长到 2016 年的 11 087 万人，增长了 0.27 倍，年均增长率为 1.51%，低于同期地区生产总值的增长速度。其中，上海市增长了 0.50 倍，年均增长率为 2.58%；江苏地区增长了 0.20 倍，年均增长率为 1.14%；浙江地区增长了 0.24 倍，年均增长率为 1.38%，如表 2-4 所示。上海市增长较显著，如图 2-6 所示。

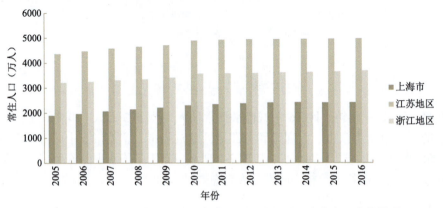

图 2-6 2005～2016 年上海市、江苏地区、浙江地区常住人口变化情况

2000 年以来，上海市、江苏地区、浙江地区常住人口维持了稳定的格局。江苏地区常住人口稳居长三角核心区首位。2000 年名列首位的上海市是位列最后的舟山市的 16.09 倍，至 2016 年扩大为 20.86 倍。

2.2.3 从构成看特征

经济社会发展是在一定的资源约束条件下进行的，常住人口是促进区域经济发展的重要力量。长三角核心区 16 个城市的常住人口存在一定差异，但单纯的总量衡量往往不能全面地反映区域的实际情况，如表 2-5 所示。因此，通过常住人口与总人口之比，从构成的角度来审视常住人口状况。表 2-6 表明，2016 年长三角核心区 16 个城市常住人口与总人口之比存在明显的差异。上海市常住人口与总人口之比列第一位，泰州市列最后一位。扬州市、南通市、泰州市 3 个城市常住人口均低于总人口。

表 2-5　2000～2016 年长三角核心区 16 个城市常住人口情况　（单位：万人）

城市	2000 年	2001 年	2002 年	2003 年	2004 年	2005 年	2006 年	2007 年	2008 年
上海市	1609	1668	1713	1766	1835	1890	1964	2064	2141
南京市	613					690	719	741	759
无锡市	509					560	584	599	611
常州市	378					413	426	435	441
苏州市	679					758	810	882	913
南通市	752					732	725	718	715
扬州市	459					451	446	446	447
镇江市	284					296	300	302	304
泰州市	479					469	463	458	464
杭州市	702					771	773	786	797
宁波市	596					656	672	690	707
嘉兴市	358					401	409	421	424
湖州市	263					272	277	280	282
绍兴市	430					439	450	458	464
舟山市	100					103	103	104	105
台州市	515					569	571	573	574

城市	2009 年	2010 年	2011 年	2012 年	2013 年	2014 年	2015 年	2016 年
上海市	2210	2303	2347	2380	2415	2426	2415	2420
南京市	771	801	811	816	819	822	824	827
无锡市	620	638	643	647	648	650	651	653
常州市	445	459	465	469	469	470	470	471
苏州市	937	1047	1052	1055	1058	1060	1062	1065
南通市	713	728	729	730	730	730	730	730
扬州市	450	446	446	447	447	448	448	449
镇江市	307	311	313	315	317	317	318	318
泰州市	467	462	463	463	463	464	464	465

续表

城市	2009 年	2010 年	2011 年	2012 年	2013 年	2014 年	2015 年	2016 年
杭州市	810	871	874	880	884	889	902	919
宁波市	719	761	763	764	766	781	783	788
嘉兴市	432	450	453	454	456	457	459	461
湖州市	285	289	290	291	292	293	295	298
绍兴市	480	491	493	494	495	496	497	499
舟山市	109	112	114	114	114	115	115	116
台州市	581	597	600	601	604	602	605	608

表 2-6　2016 年长三角核心区 16 个城市常住人口与总人口之比

城市	常住人口（万人）	总人口（万人）	常住人口与总人口之比（％）
上海市	2420	1450.0	167
南京市	827	662.8	125
无锡市	653	486.2	134
常州市	471	374.9	126
苏州市	1065	678.2	157
南通市	730	766.7	95
扬州市	449	461.7	97
镇江市	318	272.0	117
泰州市	465	508.2	91
杭州市	919	736.0	125
宁波市	788	591.0	133
嘉兴市	461	352.1	131
湖州市	298	264.8	112
绍兴市	499	444.5	112
舟山市	116	97.3	119
台州市	608	600.2	101

2.3　居民人均可支配收入

可支配收入是指调查户在调查期内获得的、可用于最终消费支出和储蓄的总和，即调查户可以用来自由支配的收入。可支配收入既包括现金，也包括实物收入。从 2013 年开始，国家统计局对长期分开进行的城镇住户调查和农村住户调查实施了一体化改革，指标名称和口径同时发生了变化。居民人均可支配收入就是按照居民家庭人口平均的收入水平。该指标是抽样调查数据。

2.3.1　从数字看形势

2016 年长三角核心区 16 个城市居民人均可支配收入在 28 259～54 305 元。其中，上海市为 54 305 元，江苏地区在 28 259～46 595 元，浙江地区在 36 915～46 116 元，如表 2-7 所示。16 个城市中，上海市以 54 305 元列第一位，泰州市以 28 259 元列最后一位。上海市是泰州市的 1.92 倍。

表 2-7　2016 年长三角核心区 16 个城市居民人均可支配收入及增长情况

城市	2016 年居民人均可支配收入		2014 年居民人均可支配收入（元）	2016 年比 2014 年增长百分比（%）
	总额（元）	占比（%）		
上海市	54 305	8.55	42 174	28.77
南京市	44 009	6.93	37 283	18.04
无锡市	42 757	6.73	36 471	17.24
常州市	38 435	6.05	32 662	17.67
苏州市	46 595	7.34	39 780	17.13
南通市	30 084	4.74	25 340	18.72
扬州市	28 633	4.54	24 157	18.53
镇江市	34 064	5.36	28 850	18.07
泰州市	28 259	4.45	23 833	18.57

续表

城市	2016 年居民人均可支配收入		2014 年居民人均可支配收入（元）	2016 年比 2014 年增长百分比（%）
	总额（元）	占比（%）		
杭州市	46 116	7.26	39 237	17.53
宁波市	44 641	7.03	38 074	17.25
嘉兴市	40 118	6.32	34 318	16.90
湖州市	37 193	5.86	31 510	18.04
绍兴市	41 506	6.53	35 335	17.46
舟山市	41 564	6.54	35 330	17.65
台州市	36 915	5.81	30 950	19.27

　　图 2-7 显示了长三角核心区 16 个城市 2014 年和 2016 年的居民人均可支配收入情况。图中显示，各城市呈现出增长的态势。2016 年，上海市、苏州市、杭州市、宁波市、南京市、无锡市列前六位。

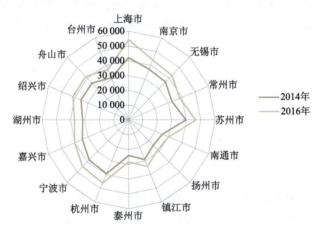

图 2-7　2014 年和 2016 年长三角核心区 16 个城市居民人均可支配收入情况
图内数字表示居民人均可支配收入，单位为元

　　2016 年，长三角核心区 16 个城市平均居民人均可支配收入为 39 700 元。其中，上海市，江苏地区的苏州市、南京市、无锡市和浙江地区的杭州市、宁波市、舟山市、绍兴市、嘉兴市 9 个城市高于平均水平，其余 7 个城市低于平均水平，如图 2-8 所示。

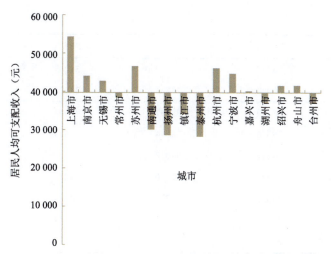

图 2-8 2016 年长三角核心区 16 个城市居民人均可支配收入与平均值比较

2.3.2 从构成看特征

经济社会发展是在一定的资源约束条件下进行的。长三角核心区 16 个城市的居民人均可支配收入存在差异，但单纯的收入指标往往不能全面地反映地区收入特征，如表 2-8 所示。因此，通过居民人均可支配收入与人均 GDP 之比，从构成的角度来审视长三角核心区居民人均可支配收入状况。表 2-9 表明，2016 年长三角核心区 16 个城市居民人均可支配收入与人均 GDP 之比存在一定的差异，台州市列第一位，苏州市列最后一位。

表 2-8 2013～2016 年长三角核心区 16 个城市居民人均可支配收入情况（单位：元）

城市	2013 年	2014 年	2015 年	2016 年
上海市		42 174	49 867	54 305
南京市	34 213	37 283	40 455	44 009
无锡市	33 503	36 471	39 461	42 757
常州市	29 901	32 662	35 379	38 435
苏州市		39 780	42 987	46 595
南通市	23 147	25 340	27 584	30 084
扬州市	21 992	24 157	26 253	28 633

续表

城市	2013 年	2014 年	2015 年	2016 年
镇江市	26327	28850	31263	34064
泰州市	26328	23833	25927	28259
杭州市	26329	39237	42642	46116
宁波市	26330	38074	41373	44641
嘉兴市	26331	34318		40118
湖州市	26332	31510	34251	37193
绍兴市	26333	35335	38389	41506
舟山市	26334	35330	38254	41564
台州市	26335	30950	33788	36915

注：居民人均可支配收入 2013 年前由于统计指标问题，所有统计年鉴都没有相关数据

表2-9　2016 年长三角核心区 16 个城市居民人均可支配收入与人均 GDP 之比

城市	居民人均可支配收入（元）	人均 GDP（万元）	居民人均可支配收入与人均 GDP 之比（%）
上海市	54305	19.43	27.95
南京市	44009	15.85	27.77
无锡市	42757	18.94	22.57
常州市	38435	15.40	24.96
苏州市	46595	22.82	20.42
南通市	30084	8.83	34.07
扬州市	28633	9.64	29.70
镇江市	34064	14.10	24.16
泰州市	28259	8.07	35.02
杭州市	46116	15.37	30.00
宁波市	44641	14.70	30.37
嘉兴市	40118	10.97	36.57
湖州市	37193	8.63	43.10
绍兴市	41506	10.77	38.54
舟山市	41564	12.75	32.60
台州市	36915	6.50	56.79

2.4　城镇居民人均可支配收入

城镇居民可支配收入是指反映居民家庭全部现金收入中能用于安排家庭日常生活的那部分收入。它是家庭总收入扣除缴纳的所得税、个人缴纳的社会保障费，以及调查户的记账补贴后的收入。城镇居民人均可支配收入就是按照城镇居民家庭人口平均的收入水平。该指标是抽样调查数据。

2.4.1　从数字看形势

2016 年长三角核心区 16 个城市城镇居民人均可支配收入在 35 659～57 692 元。其中，上海市以 57 692 元列第一位，扬州市以 35 659 元列最后一位。江苏地区各城市城镇居民人均可支配收入在 35 659～54 341 元。浙江地区各城市城镇居民人均可支配收入在 45 794～52 185 元。苏州市的城镇居民人均可支配收入为 54 341 元，接近上海市。上海市是扬州市的 1.62 倍，如表 2-10 所示。

表 2-10　2016 年长三角核心区 16 个城市城镇居民人均可支配收入及增长情况

城市	2016 年城镇居民人均可支配收入（元）	2016 年比 2000 年增长倍数（倍）	2000～2016 年年均增长率（%）
上海市	57 692	3.92	10.48
南京市	49 997	5.07	11.93
无锡市	48 628	4.65	11.43
常州市	46 058	4.39	11.11
苏州市	54 341	4.86	11.68
南通市	39 247	3.96	10.53
扬州市	35 659	4.30	10.98
镇江市	41 794	4.83	11.65
泰州市	36 828	4.26	10.93
杭州市	52 185	4.40	11.11
宁波市	51 560	3.72	10.19
嘉兴市	48 926	4.24	10.91

续表

城市	2016 年城镇居民 人均可支配收入（元）	2016 年比 2000 年 增长倍数（倍）	2000～2016 年年均 增长率（%）
湖州市	45 794	4.27	10.95
绍兴市	50 305	4.34	11.04
舟山市	48 423	4.45	11.18
台州市	47 162	4.40	11.12
上海市	57 692	3.92	10.48
江苏地区	44 069	4.55	11.31
浙江地区	49 194	4.25	10.91
总计	47 162	4.36	11.06

图 2-9 显示了长三角核心区 16 个城市 2000 年、2010 年、2016 年城镇居民人均可支配收入情况。图中显示，各城市的城镇居民人均可支配收入都处于增长状态，未出现下降的城市。2016 年，上海市、苏州市、杭州市、宁波市、绍兴市、南京市列前六位。

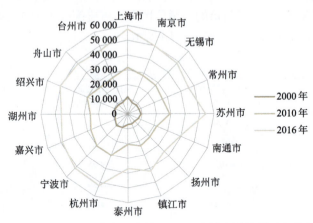

图 2-9　2000 年、2010 年、2016 年长三角核心区 16 个城市城镇居民人均可支配收入情况
图内数字表示城镇居民人均可支配收入，单位为元

2016 年，长三角核心区 16 个城市平均城镇居民人均可支配收入额为 47 162 元。其中，上海市，江苏地区的苏州市、南京市、无锡市和浙江地区的杭州市、宁波市、绍兴市、嘉兴市、舟山市 9 个城市高于平均水平，台州市与平均水平持平，其余 6 个城市低于平均水平，如图 2-10 所示。

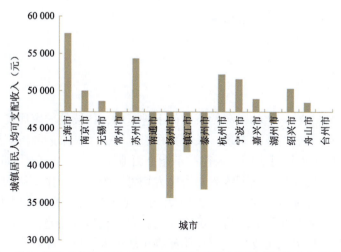

图 2-10　2016 年长三角核心区 16 个城市城镇居民人均可支配收入与平均值比较

2.4.2　从增速看发展

进入 2000 年，长三角核心区 16 个城市的城镇居民人均可支配收入保持着较快的增长势头，由 2000 年的 8802 元增长到 2016 年的 47 162 元，按当年价格计算，增长了 4.36 倍，年均增长率为 11.06%，低于同期地区生产总值的增长速度。其中，上海市增长了 3.92 倍，年均增长率为 10.48%；江苏地区增长了 4.55 倍，年均增长率为 11.31%；浙江地区增长了 4.25 倍，年均增长率为 10.91%，如表 2-10 所示。上海市、江苏地区、浙江地区城镇居民人均可支配收入增长较稳定，如图 2-11 所示。

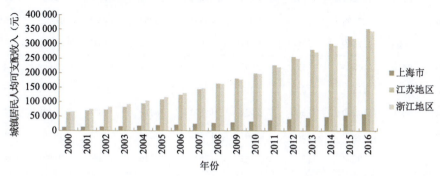

图 2-11　2000～2016 年上海市、江苏地区、浙江地区城镇居民人均可支配收入变化情况

2000 年以来，上海市、江苏地区、浙江地区城镇居民人均可支配收入维持着比较

稳定的增长格局，未出现显著的波动。

2.4.3 从构成看特征

　　经济社会发展是在一定的资源约束条件下进行的，持续的城镇居民人均可支配收入是促进区域经济发展的重要表现。长三角核心区 16 个城市的经济规模存在显著差异，单纯的城镇居民人均可支配收入往往不能全面地反映经济的特征，如表 2-11 所示。因此，通过城镇居民人均可支配收入与居民人均可支配收入之比，从构成的角度来审视城镇居民人均可支配收入状况。表 2-12 表明，2016 年长三角核心区 16 个城市城镇居民人均可支配收入与居民人均可支配收入之比存在较显著的差异，南通市最大，上海市最小，城镇居民人均可支配收入均明显高于居民人均可支配收入。

表 2-11　2000～2016 年长三角核心区 16 个城市城镇居民人均可支配收入情况（单位：元）

城市	2000 年	2001 年	2002 年	2003 年	2004 年	2005 年	2006 年	2007 年	2008 年
上海市	11 718	12 883	13 250	14 867	16 683	18 645	20 668	23 623	26 675
南京市	8 233	8 848	9 157	10 196	11 602	14 997	17 538	20 317	23 123
无锡市	8 603	9 454	9 988	11 647	13 588	16 005	18 189	20 898	23 605
常州市	8 540	9 406	9 933	11 303	12 867	14 589	16 649	19 089	21 592
苏州市	9 274	10 515	10 617	12 361	14 451	16 276	18 532	21 260	23 867
南通市	7 911	8 485	8 640	9 598	10 937	11 590	13 056	15 261	17 540
扬州市	6 734	7 205	7 833	8 705	9 851	11 379	12 945	15 057	17 398
镇江市	7 170	7 698	8 202	9 451	10 858	12 394	14 291	16 775	19 044
泰州市	7 005	7 439	7 788	8 517	9 695	11 122	12 682	14 940	17 198
杭州市	9 668	10 896	11 778	12 898	14 565	16 601	19 027	21 689	24 104
宁波市	10 921	11 991	12 970	14 277	15 882	17 408	19 674	22 307	25 304
嘉兴市	9 338	10 920	11 500	12 954	14 693	16 189	17 828	20 128	22 481
湖州市	8 684	9 872	11 388	12 607	13 487	15 375	17 503	19 663	21 604
绍兴市	9 422	10 534	11 746	13 152	15 642	17 516	19 486	21 971	24 646
舟山市	8 886	10 161	10 985	12 213	13 747	15 524	17 525	19 856	22 257
台州市	8 728	10 105	11 639	13 404	15 870	17 132	18 749	20 627	22 396

续表

城市	2009 年	2010 年	2011 年	2012 年	2013 年	2014 年	2015 年	2016 年
上海市	28 838	31 838	36 230	40 188	43 851	47 710	52 962	57 692
南京市	25 504	28 312	32 200	36 322	39 881	42 568	46 104	49 997
无锡市	25 027	27 750	31 638	35 663	38 999	41 731	45 129	48 628
常州市	23 751	26 269	29 829	33 587	36 946	39 483	42 710	46 058
苏州市	26 320	29 219	33 243	37 531	41 143	46 677	50 390	54 341
南通市	19 469	21 825	25 094	28 292	31 059	33 374	36 291	39 247
扬州市	19 416	21 766	24 780	28 001	30 690	30 322	32 946	35 659
镇江市	23 075	23 224	26 181	29 454	32 352	35 315	38 666	41 794
泰州市	18 079	20 347	23 597	26 574	29 112	31 346	34 092	36 828
杭州市	26 864	30 035	34 065	37 511	40 925	44 632	48 316	52 185
宁波市	27 368	30 166	34 058	37 902	41 729	44 155	47 852	51 560
嘉兴市	24 693	27 487	31 520	35 696	38 671	42 143	45 499	48 926
湖州市	23 280	25 668	29 367	32 987	35 750	38 959	42 238	45 794
绍兴市	26 874	30 164	33 273	36 911	39 567	43 167	46 747	50 305
舟山市	24 082	26 242	30 496	34 224	37 799	41 466	44 845	48 423
台州市	24 061	26 802	27 212	33 979	37 038	39 763	43 266	47 162

表 2-12 2016 年长三角核心区 16 个城市城镇居民人均可支配收入与居民人均可支配收入之比

城市	城镇居民人均可支配收入（元）	居民人均可支配收入（元）	城镇居民人均可支配收入与居民人均可支配收入之比（%）
上海市	57 692	54 305	106.24
南京市	49 997	44 009	113.61
无锡市	48 628	42 757	113.73
常州市	46 058	38 435	119.83
苏州市	54 341	46 595	116.62
南通市	39 247	30 084	130.46
扬州市	35 659	28 633	124.54
镇江市	41 794	34 064	122.69
泰州市	36 828	28 259	130.32

续表

城市	城镇居民人均可支配收入（元）	居民人均可支配收入（元）	城镇居民人均可支配收入 与居民人均可支配收入之比（%）
杭州市	52 185	46 116	113.16
宁波市	51 560	44 641	115.50
嘉兴市	48 926	40 118	121.96
湖州市	45 794	37 193	123.13
绍兴市	50 305	41 506	121.20
舟山市	48 423	41 564	116.50
台州市	47 162	36 915	127.76

2.5 农村居民人均可支配收入

农村居民可支配收入是指农村住户获得的经过初次分配与再分配后的收入。农村居民人均可支配收入就是按照农村居民家庭人口平均的收入水平。该指标是抽样调查数据。

2.5.1 从数字看形势

2016 年长三角核心区 16 个城市农村居民人均可支配收入在 17 861～28 997 元。其中，嘉兴市以 28 997 元列第一位，泰州市以 17 861 元列最后一位。江苏地区各城市农村居民人均可支配收入在 17 861～27 691 元。浙江地区各城市农村居民人均可支配收入在 23 164～28 997 元。上海市为 25 520 元。嘉兴市是泰州市的 1.62 倍，如表 2-13 所示。浙江地区 7 个城市的农村居民人均可支配收入普遍较高。

表 2-13 2016 年长三角核心区 16 个城市农村居民人均可支配收入及增长情况

城市	2016 年农村居民人均可支配收入（元）	2016 年比 2000 年增长倍数（倍）	2000～2016 年年均增长率（%）
上海市	25 520	3.59	9.99
南京市	21 156	4.21	10.86
无锡市	26 158	3.98	10.55
常州市	23 780	4.37	11.07

续表

城市	2016 年农村居民人均可支配收入（元）	2016 年比 2000 年增长倍数（倍）	2000～2016 年年均增长率（%）
苏州市	27 691	4.07	10.68
南通市	18 741	4.05	10.65
扬州市	18 057	4.21	10.87
镇江市	20 922	4.18	10.82
泰州市	17 861	4.03	10.63
杭州市	27 908	4.70	11.49
宁波市	28 572	4.64	11.41
嘉兴市	28 997	5.33	12.22
湖州市	26 508	5.11	11.98
绍兴市	27 744	4.57	11.33
舟山市	28 308	5.70	12.62
台州市	23 164	3.96	10.53
上海市	25 520	3.59	9.99
江苏地区	21 796	4.13	10.76
浙江地区	27 314	4.84	11.66
总计	24 443	4.41	11.13

图 2-12 显示了长三角核心区 16 个城市 2000 年、2010 年、2016 年农村居民人均可支配收入情况。图中显示，各城市的农村居民人均可支配收入都处于增长状态，未出现下滑的城市。2016 年，嘉兴市、宁波市、舟山市、杭州市、绍兴市、苏州市列前六位。

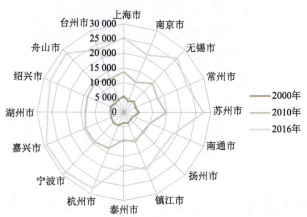

图 2-12　2000 年、2010 年、2016 年长三角核心区 16 个城市农村居民人均可支配收入情况

图内数字表示农村居民人均可支配收入，单位为元

2016 年，长三角核心区 16 个城市平均农村居民人均可支配收入为 24 443 元。其中，上海市，江苏地区的苏州市、无锡市和浙江地区的嘉兴市、宁波市、舟山市、杭州市、绍兴市、湖州市 9 个城市高于平均水平，其余 7 个城市低于平均水平，如图 2-13 所示。在农村居民人均可支配收入高于平均水平的 9 个城市中，有 6 个城市来自浙江地区。

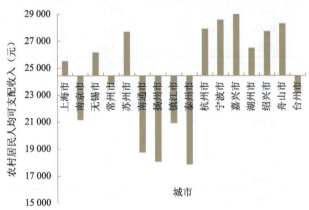

图 2-13　2016 年长三角核心区 16 个城市农村居民人均可支配收入与平均值比较

2.5.2　从增速看发展

进入 2000 年，长三角核心区 16 个城市的农村居民人均可支配收入保持着较快的增长势头，由 2000 年的 4519 元增长到 2016 年的 24 443 元，按当年价格计算，增长了 4.41 倍，年均增长率为 11.13%，低于同期地区生产总值的增长速度。其中，上海市增长了 3.59 倍，年均增长率为 9.99%；江苏地区增长了 4.13 倍，年均增长率为 10.76%；浙江地区增长了 4.84 倍，年均增长率为 11.66%。江苏地区和浙江地区增长较显著，如图 2-14 所示。

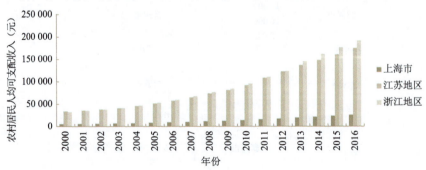

图 2-14　2000～2016 年上海市、江苏地区、浙江地区农村居民人均可支配收入变化情况

　　2000 年以来，上海市、江苏地区、浙江地区农村居民人均可支配收入维持着比较稳定的增长格局，未出现显著的波动。

2.5.3　从构成看特征

　　经济社会发展是在一定的资源约束条件下进行的，持续的农村居民人均可支配收入是促进区域经济发展的重要表现。长三角核心区 16 个城市的农村居民人均可支配收入存在一定差异，单纯的总量指标往往不能全面地反映各城市经济的特征，如表 2-14 所示。因此，通过农村居民人均可支配收入与居民人均可支配收入之比，从构成的角度来审视农村居民人均可支配收入情况。表 2-15 表明，2016 年长三角核心区 16 个城市农村居民人均可支配收入与居民人均可支配收入之比存在较显著的差异，嘉兴市最大，上海市最小。

表 2-14　2000～2016 年长三角核心区 16 个城市农村居民人均可支配收入情况（单位：元）

城市	2000 年	2001 年	2002 年	2003 年	2004 年	2005 年	2006 年	2007 年	2008 年
上海市	5 565	5 850	6 212	6 658	7 337	8 342	9 213	10 222	11 385
南京市	4 062	4 311	4 579	4 923	5 533	6 225	7 045	8 020	8 951
无锡市	5 256	5 524	5 860	6 329	7 115	8 004	8 880	10 026	11 280
常州市	4 430	4 719	5 138	5 550	6 235	7 002	8 001	9 033	10 171
苏州市	5 462	5 796	6 140	6 681	7 503	8 393	9 278	10 475	11 785
南通市	3 710	3 926	4 133	4 393	4 929	5 501	6 106	6 905	7 811
扬州市	3 464	3 690	3 926	4 172	4 677	5 215	5 813	6 586	7 450
镇江市	4 042	4 191	4 452	4 733	5 306	5 916	6 717	7 668	8 703
泰州市	3 549	3 649	3 834	4 079	4 574	5 102	5 695	6 469	7 338
杭州市	4 894	5 330	5 708	6 250	6 950	7 655	8 515	9 549	10 692
宁波市	5 069	5 362	5 764	6 221	7 018	7 810	8 847	10 051	11 450
嘉兴市	4 584	5 350	5 532	6 127	7 021	8 007	8 952	10 163	11 538
湖州市	4 335	4 695	5 052	5 536	6 380	7 288	8 333	9 536	10 751

续表

城市	2000 年	2001 年	2002 年	2003 年	2004 年	2005 年	2006 年	2007 年	2008 年
绍兴市	4 982	5 343	5 690	6 143	6 970	7 704	8 619	9 730	10 950
舟山市	4 228	4 422	4 659	5 018	6 232	7 190	8 333	9 725	11 367
台州市	4 668	5 032	5 400	5 823	6 528	7 268	8 006	9 052	9 975

城市	2009 年	2010 年	2011 年	2012 年	2013 年	2014 年	2015 年	2016 年
上海市	12 324	13 746	15 644	17 401	19 208	21 192	23 205	25 520
南京市	9 858	11 128	13 108	14 786	16 531	17 661	19 483	21 156
无锡市	12 403	14 002	16 438	18 509	20 587	22 266	24 155	26 158
常州市	11 198	12 637	14 838	16 737	18 643	20 133	21 912	23 780
苏州市	12 969	14 657	17 226	19 396	21 578	23 560	25 580	27 691
南通市	8 696	9 914	11 730	13 231	14 754	15 821	17 267	18 741
扬州市	8 295	9 462	11 217	12 686	14 214	15 284	16 619	18 057
镇江市	9 642	10 874	12 825	14 518	16 258	17 617	19 214	20 922
泰州市	8 180	9 324	11 046	12 493	13 982	15 076	16 410	17 861
杭州市	11 822	13 186	15 245	17 017	21 208	23 555	25 719	27 908
宁波市	12 641	14 261	16 518	18 475	20 534	24 283	26 469	28 572
嘉兴市	12 685	14 365	16 707	18 636	22 396	24 676	26 838	28 997
湖州市	11 745	13 288	15 381	17 188	20 257	22 404	24 410	26 508
绍兴市	12 026	13 651	15 861	17 706	21 307	23 539	25 648	27 744
舟山市	12 612	14 265	16 608	18 601	21 401	23 783	25 903	28 308
台州市	10 872	12 286	14 243	15 828	17 523	19 362	21 225	23 164

表 2-15　2016 年长三角核心区 16 个城市农村居民人均可支配收入与居民人均可支配收入之比

城市	农村居民人均可支配收入（元）	居民人均可支配收入（元）	农村居民人均可支配收入 与居民人均可支配收入之比（%）
上海市	25 520	54 305	46.99
南京市	21 156	44 009	48.07
无锡市	26 158	42 757	61.18
常州市	23 780	38 435	61.87

续表

城市	农村居民人均可支配收入（元）	居民人均可支配收入（元）	农村居民人均可支配收入与居民人均可支配收入之比（%）
苏州市	27 691	46 595	59.43
南通市	18 741	30 084	62.30
扬州市	18 057	28 633	63.06
镇江市	20 922	34 064	61.42
泰州市	17 861	28 259	63.20
杭州市	27 908	46 116	60.52
宁波市	28 572	44 641	64.00
嘉兴市	28 997	40 118	72.28
湖州市	26 508	37 193	71.27
绍兴市	27 744	41 506	66.84
舟山市	28 308	41 564	68.11
台州市	23 164	36 915	62.75

2.6 就业人口

就业人口是指 16 周岁及以上，从事一定的社会劳动或经营活动，并取得劳动报酬或经营收入的人口。中国的就业人口包括在城乡全民所有制、集体所有制和个体所有制就业的全部人口。靠非法活动，如非法卖淫、聚众赌博、封建迷信赚取报酬，或仅从事家务劳动和义务劳动并无收入的人口，均不计入就业人口。这一指标反映了一定时期内全部劳动力资源的实际利用情况，是研究基本国情国力的重要指标。

2.6.1 从数字看形势

2016 年长三角核心区就业人口为 6915.66 万人。其中，上海市为 1365.24 万人，占比为 19.74%；江苏地区为 3009.50 万人，占比为 43.52%；浙江地区为 2540.92 万人，占比为 36.74%，如表 2-16 所示。16 个城市中，上海市以 1365.24 万人列第一位，舟山市以 74.70 万人列最后一位。江苏地区 8 个城市的就业人口占长三角核心区近一半。

表 2-16 2016 年长三角核心区 16 个城市就业人口总额及增长情况

城市	2016 年就业人口		2016 年比 2000 年增长倍数（倍）	2000~2016 年年均增长率（%）
	总数（万人）	占比（%）		
上海市	1365.24	19.74	0.83	3.86
南京市	456.00	6.59	0.71	3.41
无锡市	387.00	5.60	0.75	3.56
常州市	281.40	4.07	0.57	2.85
苏州市	691.30	10.00	1.20	5.06
南通市	458.00	6.62	0.04	0.23
扬州市	263.40	3.81	0.19	1.08
镇江市	194.30	2.81	0.27	1.50
泰州市	278.10	4.02	0.11	0.66
杭州市	676.95	9.79	0.66	3.21
宁波市	520.00	7.52	0.47	2.42
嘉兴市	329.73	4.77	0.70	3.38
湖州市	187.11	2.71	0.19	1.08
绍兴市	348.07	5.03	0.27	1.50
舟山市	74.70	1.08	0.16	0.95
台州市	404.36	5.85	0.19	1.08
上海市	1365.24	19.74	0.83	3.86
江苏地区	3009.50	43.52	0.47	2.44
浙江地区	2540.92	36.74	0.42	2.20
总计	6915.66	100.00	0.51	2.60

图 2-15 显示了长三角核心区 16 个城市 2000 年、2010 年、2016 年的就业人口情况。图中显示，各城市的就业人口都处于稳定增长状态，未出现下滑的城市。2016 年，上海市、苏州市、杭州市、宁波市、南通市、南京市列前六位。

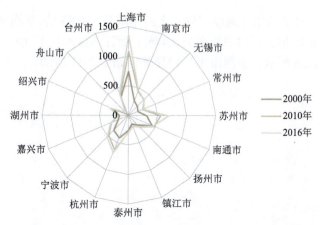

图 2-15 2000 年、2010 年、2016 年长三角核心区 16 个城市就业人口情况

图内数字表示就业人口，单位为万人

2016 年，长三角核心区 16 个城市平均就业人口为 432.23 万人。其中，上海市，江苏地区的南京市、苏州市、南通市和浙江地区的杭州市、宁波市 6 个城市高于平均水平，其余 10 个城市低于平均水平，如图 2-16 所示。高于平均水平的 6 个城市的就业人口占长三角核心区就业人口总数的 60.26%。

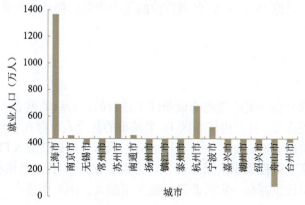

图 2-16 2016 年长三角核心区 16 个城市就业人口与平均值比较

2.6.2 从增速看发展

进入 2000 年，长三角核心区的就业人口保持着较快的增长势头，总数由 2000 年的 4586.36 万人增长到 2016 年的 6915.66 万人，增长了 0.51 倍，年均增长率为 2.60%，

低于同期地区生产总值的增长速度。其中,上海市增长了 0.83 倍,年均增长率为 3.86%;江苏地区增长了 0.47 倍,年均增长率为 2.44%;浙江地区增长了 0.42 倍,年均增长率为 2.20%,如表 2-16 所示。上海市增长较显著,如图 2-17 所示。

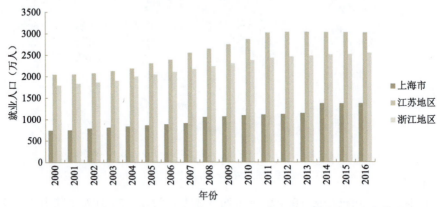

图 2-17　2000~2016 年上海市、江苏地区、浙江地区就业人口变化情况

2000 年以来,上海市、江苏地区、浙江地区就业人口维持着比较稳定的增长格局,未出现显著的波动。上海市就业人口总量稳居长三角核心区各城市首位,2016 年上海市就业人口远高于其他 15 个城市,名列首位的上海市是位列最后的舟山市的 18.28 倍。

2.6.3　从构成看特征

经济社会发展是在一定的资源约束条件下进行的,持续的就业人口增长是促进区域经济发展的重要途径。长三角核心区 16 个城市的就业人口存在差异,单纯的总数往往不能全面地反映就业的特征,如表 2-17 所示。因此,通过就业人口占常住人口的比重,从构成的角度来审视就业状况。表 2-18 表明,2016 年长三角核心区 16 个城市就业人口占常住人口比重存在一定的差异,杭州市最大,南京市最小。

表 2-17　2000~2016 年长三角核心区 16 个城市就业人口情况　　（单位：万人）

城市	2000 年	2001 年	2002 年	2003 年	2004 年	2005 年	2006 年	2007 年	2008 年
上海市	745.24	752.26	792.04	813.05	836.87	863.32	885.51	909.08	1053.24
南京市	266.77	266.66	270.27	280.68	283.94	316.69	327.41	367.81	380.37
无锡市	221.07	241.08	250.25	260.08	274.67	289.20	307.90	325.23	350.02

续表

城市	2000 年	2001 年	2002 年	2003 年	2004 年	2005 年	2006 年	2007 年	2008 年
常州市	179.36	189.11	192.14	199.74	217.42	222.31	225.81	233.18	242.71
苏州市	313.89	321.96	323.75	346.19	358.82	393.72	429.46	483.40	495.53
南通市	441.46	426.33	432.04	430.87	432.69	444.40	449.45	457.23	454.90
扬州市	221.93	219.08	219.22	224.71	228.33	236.45	243.89	259.27	273.40
镇江市	153.07	140.42	140.99	139.83	145.05	148.46	153.18	157.00	165.39
泰州市	250.19	247.40	244.95	242.29	243.70	254.58	255.88	265.65	281.09
杭州市	408.11	413.18	441.14	450.59	477.62	481.10	512.21	533.09	569.16
宁波市	354.90	377.80	377.90	386.20	395.50	415.10	429.80	437.80	439.90
嘉兴市	193.73	194.73	197.07	200.20	255.15	266.76	274.50	288.80	298.84
湖州市	157.50	159.59	161.72	163.87	166.06	168.28	170.54	172.83	175.15
绍兴市	274.45	282.56	284.27	284.66	285.23	284.83	293.72	300.88	315.37
舟山市	64.21	63.04	54.84	55.24	54.29	55.72	55.84	60.05	63.23
台州市	340.48	343.24	347.25	358.87	364.13	368.67	370.21	373.14	375.57

城市	2009 年	2010 年	2011 年	2012 年	2013 年	2014 年	2015 年	2016 年
上海市	1064.42	1090.76	1104.33	1115.50	1137.35	1365.63	1361.51	1365.24
南京市	407.70	441.70	446.80	451.80	452.40	453.00	455.00	456.00
无锡市	364.31	382.30	386.00	389.10	389.20	389.50	390.00	387.00
常州市	251.56	272.00	277.72	280.99	280.90	281.00	281.00	281.40
苏州市	518.66	554.15	691.00	694.30	695.20	693.40	691.40	691.30
南通市	460.52	474.00	473.00	468.90	467.20	462.00	460.00	458.00
扬州市	286.13	269.30	265.90	265.80	265.70	265.60	264.50	263.40
镇江市	173.11	189.30	190.26	191.95	192.10	192.70	193.10	194.30
泰州市	283.81	284.30	284.70	284.40	284.20	285.00	281.30	278.10
杭州市	597.47	626.33	637.77	644.43	650.51	654.92	663.03	676.95
宁波市	443.90	476.51	493.83	501.58	503.36	511.50	509.50	520.00
嘉兴市	308.07	317.60	327.13	327.70	327.70	332.29	328.91	329.73
湖州市	177.52	179.92	180.14	180.32	180.90	182.97	184.48	187.11

续表

城市	2009 年	2010 年	2011 年	2012 年	2013 年	2014 年	2015 年	2016 年
绍兴市	328.99	341.81	343.28	343.90	344.39	345.67	346.80	348.07
舟山市	65.95	66.65	68.99	72.90	72.65	74.32	74.50	74.70
台州市	378.55	367.56	380.81	389.26	397.15	402.15	403.32	404.36

表 2-18　2016 年长三角核心区 16 个城市就业人口占常住人口比重

城市	就业人口（万人）	常住人口（万人）	就业人口占常住人口比重（%）
上海市	1365.24	2420	56.41
南京市	456.00	827	55.14
无锡市	387.00	653	59.26
常州市	281.40	471	59.75
苏州市	691.30	1065	64.91
南通市	458.00	730	62.74
扬州市	263.40	449	58.66
镇江市	194.30	318	61.10
泰州市	278.10	465	59.81
杭州市	676.95	919	73.66
宁波市	520.00	788	65.99
嘉兴市	329.73	461	71.52
湖州市	187.11	298	62.79
绍兴市	348.07	499	69.75
舟山市	74.70	116	64.40
台州市	404.36	608	66.51

2.7　第一产业就业人口

　　第一产业就业人口是指 16 周岁及以上，在第一产业从事一定的社会劳动或经营活动，并取得劳动报酬或经营收入的人口。

2.7.1 从数字看形势

2016 年长三角核心区第一产业就业人口为 648.1 万人。其中，上海市为 45.5 万人，占比为 7.02%；江苏地区为 341.1 万人，占比为 52.64%；浙江地区为 261.5 万人，占比为 40.34%，如表 2-19 所示。16 个城市中，南通市以 96.0 万人列第一位，舟山市以 10.5 万人列最后一位。江苏地区 8 个城市的第一产业就业人口占长三角核心区一半以上。

表 2-19 2016 年长三角核心区 16 个城市第一产业就业人口总数及增长情况

城市	2016 年第一产业就业人口		2016 年比 2002 年增长倍数（倍）	2002~2016 年年均增长率（%）
	总数（万人）	占比（%）		
上海市	45.5	7.02	-0.46	-4.31
南京市	46.0	7.10	-0.20	-1.58
无锡市	17.1	2.64	-0.62	-6.68
常州市	30.0	4.63	-0.35	-3.03
苏州市	23.5	3.63	-0.62	-6.68
南通市	96.0	14.81	-0.48	-4.56
扬州市	46.2	7.13	-0.29	-2.42
镇江市	22.2	3.43	-0.50	-4.83
泰州市	60.1	9.27	-0.38	-3.36
杭州市	66.1	10.20	-0.39	-3.47
宁波市	18.2	2.81	-0.81	-11.19
嘉兴市	28.5	4.40	-0.49	-4.70
湖州市	22.0	3.39	-0.62	-6.68
绍兴市	45.7	7.05	-0.44	-4.06
舟山市	10.5	1.62	-0.47	-4.43
台州市	70.5	10.87	-0.44	-4.06
上海市	45.5	7.02	-0.46	-4.31
江苏地区	341.1	52.64	-0.43	-3.94
浙江地区	261.5	40.34	-0.52	-5.11
总计	648.1	100.00	-0.47	-4.43

　　图 2-18 显示了长三角核心区 16 个城市 2002 年、2010 年、2016 年第一产业就业人口情况。图中显示，各城市的第一产业就业人口都处于萎缩状态。萎缩幅度最大的城市为宁波市。

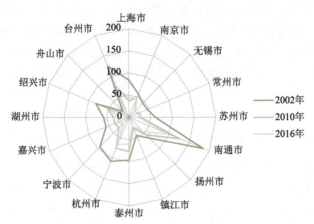

图 2-18　2002 年、2010 年、2016 年长三角核心区 16 个城市第一产业就业人口情况

图内数字表示第一产业就业人口，单位为万人

　　2016 年，长三角核心区 16 个城市平均第一产业就业人口为 40.5 万人。其中，上海市，江苏地区的南京市、南通市、扬州市、泰州市和浙江地区的杭州市、绍兴市、台州市 8 个城市高于平均水平，其余 8 个城市低于平均水平，如图 2-19 所示。高于平均水平的 8 个城市的第一产业就业人口占长三角核心区第一产业就业人口总数的 73.46%。

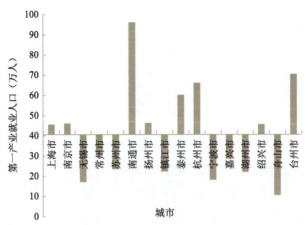

图 2-19　2016 年长三角核心区 16 个城市第一产业就业人口与平均值比较

2.7.2 从增速看发展

进入 2002 年，长三角核心区的第一产业就业人口保持下降趋势，总数由 2002 年的 1227.1 万人下降到 2016 年的 648.1 万人，下降 47%，年均下降率为 4.43%，低于同期地区生产总值的增长速度。其中，上海市下降了 46%，年均下降率为 4.31%；江苏地区下降了 43%，年均下降率为 3.94%；浙江地区下降了 52%，年均下降率为 5.11%，如表 2-19 所示。浙江地区下降较显著，如图 2-20 所示。

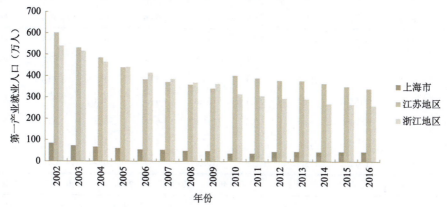

图 2-20 · 2002～2016 年上海市、江苏地区、浙江地区第一产业就业人口变化情况

2.7.3 从构成看特征

经济社会发展是在一定的资源约束条件下进行的。长三角核心区 16 个城市的第一产业就业人口存在差异，单纯的总数往往不能全面地反映就业特征，如表 2-20 所示。因此，可通过第一产业就业人口占就业总人口比重，从构成的角度来审视就业状况。表 2-21 表明，2016 年长三角核心区 16 个城市第一产业就业人口占就业总人口比重存在一定的差异，泰州市最大，上海市最小。

表 2-20 2000～2016 年长三角核心区 16 个城市第一产业就业人口情况 （单位：万人）

城市	2000 年	2001 年	2002 年	2003 年	2004 年	2005 年	2006 年	2007 年	2008 年
上海市	89.2	87.2	84.2	73.7	67.3	61.0	55.3	53.7	49.4
南京市	69.8	66.6	57.4	51.5	44.9	42.6	37.4	45.2	45.8

续表

城市	2000 年	2001 年	2002 年	2003 年	2004 年	2005 年	2006 年	2007 年	2008 年
无锡市	50.1	48.7	45.0	39.3	35.1	34.2	30.2	28.3	25.7
常州市	51.8	49.8	46.2	38.8	34.6	30.0	27.3	25.9	24.8
苏州市	65.9	66.3	61.7	55.0	48.6	43.4	35.9	33.6	32.1
南通市	200.0	195.6	185.0	172.1	158.5	133.9	108.2	97.4	90.5
扬州市	79.7	73.9	65.3	58.0	53.0	50.2	47.4	45.0	42.7
镇江市	47.2	46.1	44.2	38.9	36.8	35.4	32.6	30.4	31.9
泰州市	107.0	105.6	96.7	78.9	73.4	69.4	64.6	66.4	66.8
杭州市	117.5	113.7	107.5	102.3	92.1	91.6	86.9	83.9	80.3
宁波市			93.3	88.1	79.5	76.4	70.8	67.5	64.5
嘉兴市			56.2	49.3	44.2	42.4	41.5	39.5	36.9
湖州市	63.0	61.0	57.3	54.4	51.8	49.1	46.0	43.2	40.5
绍兴市	93.6	85.7	81.5	80.2	75.3	64.5	56.0	52.7	52.7
舟山市	20.1	19.4	19.7	19.4	15.5	13.9	12.8	11.7	11.1
台州市	135.5	130.2	125.9	122.3	106.2	103.8	101.4	88.6	83.8

城市	2009 年	2010 年	2011 年	2012 年	2013 年	2014 年	2015 年	2016 年
上海市	48.5	37.1	37.3	45.7	46.4	44.8	46.0	45.5
南京市	45.8	48.5	48.2	49.1	48.5	47.4	46.7	46.0
无锡市	18.8	18.6	18.4	18.2	18.1	17.8	17.6	17.1
常州市	24.4	23.7	22.3	21.8	31.5	30.8	30.7	30.0
苏州市	29.5	27.8	25.6	25.3	25.1	24.5	23.8	23.5
南通市	84.8	125.5	121.7	114.5	107.3	101.7	97.2	96.0
扬州市	39.7	55.6	53.4	52.6	51.9	50.7	48.2	46.2
镇江市	31.9	25.5	25.6	24.4	24.2	23.6	22.9	22.2
泰州市	66.9	76.9	74.8	72.8	70.8	69.2	63.2	60.1
杭州市	80.2	75.7	72.2	70.4	70.1	66.4	67.0	66.1
宁波市	69.4	32.2	32.5	29.7	28.9	19.4	19.0	18.2
嘉兴市	36.5	35.0	33.5	32.5	31.7	31.2	30.3	28.5
湖州市	36.8	34.8	30.4	25.8	25.0	23.3	22.9	22.0
绍兴市	52.2	51.5	51.5	51.4	51.3	46.3	45.8	45.7
舟山市	10.9	10.9	10.9	10.5	10.8	10.5	10.5	10.5
台州市	78.1	75.3	75.6	75.5	74.8	73.6	71.7	70.5

表 2-21　2016 年长三角核心区 16 个城市第一产业就业人口占就业总人口比重

城市	第一产业就业人口（万人）	就业总人口（万人）	第一产业就业人口占就业总人口比重（%）
上海市	45.5	1365.24	3.33
南京市	46.0	456.00	10.09
无锡市	17.1	387.00	4.42
常州市	30.0	281.40	10.66
苏州市	23.5	691.30	3.40
南通市	96.0	458.00	20.96
扬州市	46.2	263.40	17.54
镇江市	22.2	194.30	11.43
泰州市	60.1	278.10	21.61
杭州市	66.1	676.95	9.76
宁波市	18.2	520.00	3.50
嘉兴市	28.5	329.73	8.64
湖州市	22.0	187.11	11.76
绍兴市	45.7	348.07	13.13
舟山市	10.5	74.70	14.06
台州市	70.5	404.36	17.43

2.8　第二产业就业人口

第二产业就业人口是指 16 周岁及以上，在第二产业从事一定的社会劳动或经营活动，并取得劳动报酬或经营收入的人口。

2.8.1　从数字看形势

2016 年长三角核心区第二产业就业人口为 3099.1 万人。其中，上海市为 448.5 万人，占比为 14.47%；江苏地区为 1448.4 万人，占比为 46.74%；浙江地区为 1202.2 万人，占比为 38.79%，如表 2-22 所示。16 个城市中，上海市以 448.5 万人列第一位，舟山市以 30.2 万人列最后一位。江苏地区 8 个城市的第二产业就业人口占长三角核心区比重接近一半，苏州市第二产业就业人口最多。

表 2-22 2016 年长三角核心区 16 个城市第二产业就业人口总数及增长情况

城市	2016 年第二产业就业人口		2016 年比 2002 年增长倍数（倍）	2002~2016 年年均增长率（%）
	总数（万人）	占比（%）		
上海市	448.5	14.47	0.40	2.42
南京市	148.9	4.80	0.60	3.40
无锡市	214.9	6.93	0.65	3.65
常州市	142.2	4.59	0.61	3.45
苏州市	412.1	13.30	1.55	6.92
南通市	213.0	6.87	0.52	3.03
扬州市	116.4	3.76	0.47	2.78
镇江市	88.1	2.84	0.60	3.42
泰州市	112.8	3.64	0.50	2.94
杭州市	261.8	8.45	0.54	3.14
宁波市	271.9	8.77	0.40	2.43
嘉兴市	182.8	5.90	0.98	5.00
湖州市	95.7	3.09	0.45	2.71
绍兴市	178.3	5.75	0.32	1.99
舟山市	30.2	0.97	0.73	4.02
台州市	181.5	5.86	0.50	2.94
上海市	448.5	14.47	0.40	2.42
江苏地区	1448.4	46.74	0.76	4.12
浙江地区	1202.2	38.79	0.51	2.99
总计	3099.1	100.00	0.60	3.40

图 2-21 显示了长三角核心区 16 个城市 2002 年、2010 年、2016 年第二产业就

业人口情况。图中显示，各城市的第二产业就业人口都处于增长状态，未出现规模萎缩的城市。2016 年，上海市、苏州市、宁波市、杭州市、无锡市、南通市列前六位。

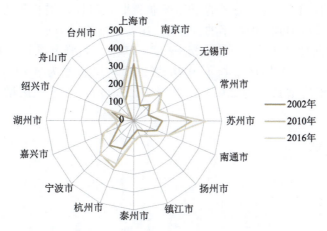

图 2-21　2002 年、2010 年、2016 年长三角核心区 16 个城市第二产业就业人口情况
图内数字表示第二产业就业人口，单位为万人

2016 年，长三角核心区 16 个城市平均第二产业就业人口为 193.7 万人。其中，上海市，江苏地区的无锡市、苏州市、南通市和浙江地区的杭州市、宁波市 6 个城市高于平均水平，其余 10 个城市低于平均水平，如图 2-22 所示。高于平均水平的 6 个城市的第二产业就业人口占长三角核心区第二产业就业人口总数的 58.80%。

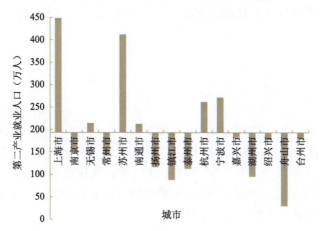

图 2-22　2016 年长三角核心区 16 个城市第二产业就业人口与平均值比较

2.8.2 从增速看发展

进入 2002 年，长三角核心区的第二产业就业人口保持增长势头，总数由 2002 年的 1939.8 万人增加到 2016 年的 3099.1 万人，增长了 0.60 倍，年均增长率为 3.40%，低于同期地区生产总值的增长速度。其中，上海市增长了 0.40 倍，年均增长率为 2.42%；江苏地区增长了 0.76 倍，年均增长率为 4.12%；浙江地区增长了 0.51 倍，年均增长率为 2.99%，如表 2-22 所示。江苏地区增长较显著，如图 2-23 所示。

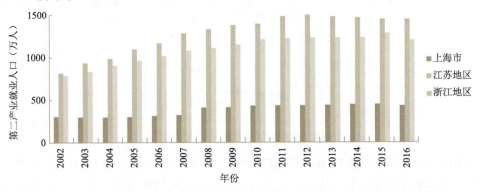

图 2-23　2002～2016 年上海市、江苏地区、浙江地区第二产业就业人口变化情况

2000 年以来，上海市、江苏地区、浙江地区第二产业就业人口维持着比较稳定的增长格局，未出现显著的波动。上海市第二产业就业人口稳居长三角核心区各城市首位。

2.8.3 从构成看特征

经济社会发展是在一定的资源约束条件下进行的。长三角核心区 16 个城市的第二产业就业人口存在差异，单纯的总数往往不能全面地反映就业特征，如表 2-23 所示。因此，通过第二产业就业人口占就业总人口比重，从构成的角度来审视就业状况。表 2-24 表明，2016 年长三角核心区 16 个城市第二产业就业人口占就业总人口比重存在一定的差异，苏州市最大，南京市最小。

表 2-23　2000～2016 年长三角核心区 16 个城市第二产业就业人口情况　（单位：万人）

城市	2000 年	2001 年	2002 年	2003 年	2004 年	2005 年	2006 年	2007 年	2008 年
上海市	367.0	309.9	320.9	317.1	316.0	322.3	327.6	342.8	424.2
南京市	92.7	90.9	93.3	101.0	100.7	131.6	138.8	153.3	153.2
无锡市	106.4	123.6	130.1	139.5	150.5	159.4	171.8	183.3	199.5
常州市	78.1	85.3	88.5	98.9	114.5	118.7	123.5	129.7	136.2
苏州市	156.3	159.0	161.4	195.3	211.1	231.7	263.7	307.2	303.9
南通市	138.4	136.9	140.2	160.1	171.2	178.3	191.0	203.6	201.0
扬州市	75.7	76.9	79.3	90.3	96.8	105.2	112.5	128.5	136.5
镇江市	59.7	53.8	55.0	60.1	63.2	68.4	75.0	81.0	84.4
泰州市	70.6	69.4	75.2	86.9	92.5	100.6	104.9	109.5	117.4
杭州市	143.5	142.9	169.8	182.4	229.5	222.2	234.7	245.3	263.5
宁波市			194.4	198.4	201.4	213.2	224.2	228.8	232.6
嘉兴市			92.3	100.4	98.1	144.5	166.6	180.6	177.4
湖州市	59.4	61.8	65.8	69.0	71.7	74.7	77.6	80.7	83.4
绍兴市	119.2	131.1	135.3	136.7	140.0	147.7	156.7	161.6	170.1
舟山市	16.5	16.0	17.4	18.3	18.7	20.3	21.2	25.2	26.5
台州市	116.0	119.2	120.9	127.4	136.9	140.1	142.5	152.8	157.3

城市	2009 年	2010 年	2011 年	2012 年	2013 年	2014 年	2015 年	2016 年
上海市	423.0	443.7	445.1	440.0	446.1	476.9	459.7	448.5
南京市	168.8	151.1	150.0	151.1	150.2	149.9	148.6	148.9
无锡市	213.7	222.7	223.1	223.8	222.5	220.5	219.4	214.9
常州市	140.9	151.2	153.2	155.6	147.2	145.8	143.5	142.2
苏州市	311.0	330.1	427.1	427.1	425.9	419.8	414.5	412.1
南通市	207.2	211.1	212.8	214.2	216.6	216.0	214.5	213.0
扬州市	145.3	121.4	120.5	120.8	120.6	118.3	117.9	116.4
镇江市	87.6	91.9	91.7	92.1	91.4	90.0	88.9	88.1
泰州市	118.4	117.6	119.1	119.3	119.4	119.3	118.0	112.8

续表

城市	2009 年	2010 年	2011 年	2012 年	2013 年	2014 年	2015 年	2016 年
杭州市	278.0	286.3	289.1	290.0	291.5	287.0	271.9	261.8
宁波市	239.1	266.4	273.7	275.3	274.1	273.2	271.9	271.9
嘉兴市	187.0	193.4	196.9	197.8	194.2	193.4	270.7	182.8
湖州市	85.7	88.9	90.9	92.0	92.4	94.3	94.7	95.7
绍兴市	171.9	180.6	180.8	180.1	179.1	179.1	178.0	178.3
舟山市	28.0	26.5	26.4	25.3	30.8	30.3	30.2	30.2
台州市	162.1	160.3	165.8	170.6	175.2	178.6	180.2	181.5

表 2-24　2016 年长三角核心区 16 个城市第二产业就业人口占就业总人口比重

城市	第二产业就业人口（万人）	就业总人口（万人）	第二产业就业人口占就业总人口比重（%）
上海市	448.5	1365.24	32.85
南京市	148.9	456.00	32.65
无锡市	214.9	387.00	55.53
常州市	142.2	281.40	50.53
苏州市	412.1	691.30	59.61
南通市	213.0	458.00	46.51
扬州市	116.4	263.40	44.19
镇江市	88.1	194.30	45.34
泰州市	112.8	278.10	40.56
杭州市	261.8	676.95	38.67
宁波市	271.9	520.00	52.28
嘉兴市	182.8	329.73	55.44
湖州市	95.7	187.11	51.15
绍兴市	178.3	348.07	51.23
舟山市	30.2	74.70	40.43
台州市	181.5	404.36	44.89

2.9 第三产业就业人口

第三产业就业人口是指 16 周岁及以上,在第三产业从事一定的社会劳动或经营活动,并取得劳动报酬或经营收入的人口。

2.9.1 从数字看形势

2016 年长三角核心区第三产业就业人口为 3168.57 万人。其中,上海市为 871.29 万人,占比为 27.50%;江苏地区为 1220.00 万人,占比为 38.50%;浙江地区为 1077.28 万人,占比为 34.00%,如表 2-25 所示。16 个城市中,上海市以 871.29 万人列第一位,舟山市以 34.04 万人列最后一位。江苏地区 8 个城市的第三产业就业人口占长三角核心区第三产业就业总人口比重最高,从城市来看,上海市和杭州市第三产业就业人口占长三角核心区第三产业就业总人口比重分列第一和第二。

表 2-25　2016 年长三角核心区 16 个城市第三产业就业人口数及增长情况

城市	2016 第三产业就业人口		2016 年比 2002 年增长倍数（倍）	2002~2016 年年均增长率（%）
	总数（万人）	占比（%）		
上海市	871.29	27.50	1.25	5.97
南京市	261.10	8.24	1.18	5.74
无锡市	155.00	4.89	1.06	5.31
常州市	109.20	3.45	0.90	4.69
苏州市	255.70	8.07	1.54	6.88
南通市	149.00	4.70	0.40	2.41
扬州市	100.80	3.18	0.35	2.17
镇江市	84.00	2.65	1.01	5.10
泰州市	105.20	3.32	0.44	2.64

续表

城市	2016 年第三产业就业人口		2016 年比 2002 年增长倍数（倍）	2002～2016 年年均增长率（%）
	总数（万人）	占比（%）		
杭州市	349.06	11.02	1.13	5.55
宁波市	229.96	7.26	1.55	6.91
嘉兴市	118.36	3.74	1.43	6.55
湖州市	69.41	2.19	0.80	4.29
绍兴市	124.04	3.91	0.84	4.45
舟山市	34.04	1.07	0.92	4.77
台州市	152.41	4.81	0.52	3.04
上海市	871.29	27.50	1.25	5.96
江苏地区	1220.00	38.50	0.88	4.61
浙江地区	1077.28	34.00	1.04	5.22
总计	3168.57	100.00	1.03	5.19

图 2-24 显示了长三角核心区 16 个城市 2002 年、2009 年、2016 年第三产业就业

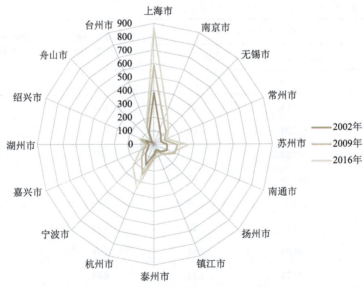

图 2-24　2002 年、2009 年、2016 年长三角核心区 16 个城市第三产业就业人口情况

图内数字表示第三产业就业人口，单位为万人

人口情况。图中显示，各城市的第三产业就业人口除南通市略有波动之外，其他城市都处于持续增长状态，未出现第三产业就业人口萎缩的城市。2016 年，上海市、杭州市、南京市、苏州市、宁波市、无锡市列前六位。

2016 年，长三角核心区 16 个城市平均第三产业就业人口为 198.04 万人。其中，上海市，江苏地区的南京市、苏州市和浙江地区的杭州市、宁波市 5 个城市高于平均水平，其余 11 个城市低于平均水平，如图 2-25 所示。高于平均水平的 5 个城市的第三产业就业人口占长三角核心区第三产业就业总人口的 62.08%。

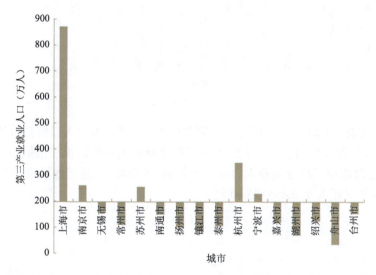

图 2-25　2016 年长三角核心区 16 个城市第三产业就业人口与平均值比较

2.9.2　从增速看发展

进入 2002 年，长三角核心区的第三产业就业人口保持着较快的增长势头，总数由 2002 年的 1563.11 万人增长到 2016 年的 3168.57 万人，增长了 1.03 倍，年均增长率为 5.19%，低于同期地区生产总值的增长速度。其中，上海市增长了 1.25 倍，年均增长率为 5.96%；江苏地区增长了 0.88 倍，年均增长率为 4.61%；浙江地区增长了 1.04 倍，年均增长率为 5.22%，如表 2-25 所示。上海市、江苏地区、浙江地区基本处于匀速增长状态，如图 2-26 所示。

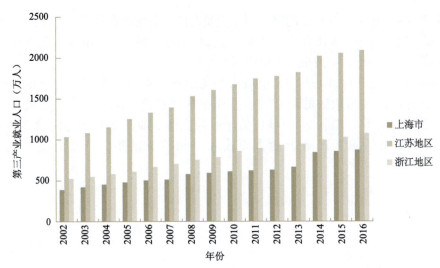

图 2-26　2002～2016 年上海市、江苏地区、浙江地区第三产业就业人口变化情况

2002 年以来，上海市、江苏地区、浙江地区第三产业就业人口维持着比较稳定的增长格局，未出现显著的波动。上海市第三产业就业人口稳居长三角核心区各城市首位，2002 年上海市第三产业就业人口远高于其他 15 个城市，是其他城市的 2.36～21.82倍，但 2016 年又扩大至 2.49～25.60 倍。

2.9.3　从构成看特征

经济社会发展是在一定的资源约束条件下进行的。长三角核心区 16 个城市的第三产业就业人口存在差异，单纯的总数往往不能全面地反映就业特征，如表 2-26 所示。因此，可通过第三产业就业人口占就业总人口比重，从构成的角度来审视就业状况。随着现代产业的发展和产业结构的优化升级，劳动力的就业结构发生相应改变。第一、第二产业就业人口占就业总人口比重不断下降，第三产业就业人口占就业总人口比重明显上升。表 2-27 表明，2016 年长三角核心区 16 个城市第三产业就业人口占就业总人口比重存在一定的差异，上海市最大，南通市最小。

表 2-26　2000～2016 年长三角核心区 16 个城市第三产业就业人口情况　（单位：万人）

城市	2000 年	2001 年	2002 年	2003 年	2004 年	2005 年	2006 年	2007 年	2008 年
上海市	372.08	355.17	386.87	422.21	453.61	479.97	502.55	512.62	579.70

城市	2000 年	2001 年	2002 年	2003 年	2004 年	2005 年	2006 年	2007 年	2008 年
南京市	104.30	109.12	119.57	128.18	138.31	142.51	151.28	169.41	181.29
无锡市	64.54	68.88	75.13	81.30	89.08	95.59	105.90	113.69	124.88
常州市	49.41	54.04	57.45	62.05	68.32	73.58	74.97	77.65	81.79
苏州市	91.72	96.69	100.71	95.86	99.10	118.66	129.81	142.53	159.56
南通市	103.03	93.90	106.78	98.66	103.05	132.17	150.24	156.24	163.49
扬州市	66.46	68.32	74.64	76.41	78.48	81.08	83.98	85.78	94.18
镇江市	46.24	40.49	41.87	40.85	45.06	44.68	45.63	45.60	49.12
泰州市	72.60	72.42	73.02	76.52	77.75	84.51	86.40	89.79	96.90
杭州市	147.14	156.60	163.85	165.92	156.03	167.31	190.64	203.83	225.34
宁波市			90.20	99.70	114.60	125.50	134.80	141.50	142.80
嘉兴市			48.63	50.55	59.72	53.98	65.95	68.70	80.19
湖州市	35.17	36.82	38.65	40.48	42.51	44.46	46.90	48.91	51.32
绍兴市	61.71	65.78	67.51	67.76	69.94	72.66	80.98	86.61	92.55
舟山市	16.95	17.29	17.73	17.49	20.10	21.53	21.85	23.21	25.60
台州市	88.93	93.88	100.50	109.16	121.03	124.78	126.28	131.70	134.47

城市	2009 年	2010 年	2011 年	2012 年	2013 年	2014 年	2015 年	2016 年
上海市	592.86	609.93	621.97	629.84	664.90	843.59	855.76	871.29
南京市	193.11	242.10	248.60	251.60	253.70	255.70	259.70	261.10
无锡市	131.88	141.00	144.50	147.10	148.60	151.20	153.00	155.00
常州市	86.29	97.10	102.25	103.66	102.20	104.40	106.80	109.20
苏州市	178.17	196.19	238.30	241.90	244.20	249.10	253.10	255.70
南通市	168.55	137.40	138.50	140.30	143.30	144.30	148.30	149.00
扬州市	101.17	92.30	92.00	92.40	93.20	96.60	98.40	100.80
镇江市	53.67	68.39	68.74	75.50	76.50	79.10	81.30	84.00
泰州市	98.53	89.80	90.80	92.30	94.00	96.50	100.10	105.20
杭州市	239.28	264.37	276.44	284.03	288.93	301.54	324.12	349.06
宁波市	135.36	177.88	187.63	196.57	200.44	218.95	219.84	229.96

续表

城市	2009 年	2010 年	2011 年	2012 年	2013 年	2014 年	2015 年	2016 年
嘉兴市	84.63	89.18	90.96	96.85	101.82	107.71	112.54	118.36
湖州市	54.96	56.27	58.88	62.48	63.52	65.38	66.88	69.41
绍兴市	104.86	109.80	110.99	112.44	114.00	120.31	123.01	124.04
舟山市	27.01	29.27	31.73	37.15	30.98	33.60	33.79	34.04
台州市	138.31	132.03	139.47	143.24	147.14	150.00	151.37	152.41

表 2-27   2016 年长三角核心区 16 个城市第三产业就业人口占就业总人口比重

城市	第三产业就业人口（万人）	就业总人口（万人）	第三产业就业人口占就业总人口比重（%）
上海市	871.29	1365.24	63.82
南京市	261.10	456.00	57.26
无锡市	155.00	387.00	40.05
常州市	109.20	281.40	38.81
苏州市	255.70	691.30	36.99
南通市	149.00	458.00	32.53
扬州市	100.80	263.40	38.27
镇江市	84.00	194.30	43.23
泰州市	105.20	278.10	37.83
杭州市	349.06	676.95	51.56
宁波市	229.96	520.00	44.22
嘉兴市	118.36	329.73	35.90
湖州市	69.41	187.11	37.10
绍兴市	124.04	348.07	35.64
舟山市	34.04	74.70	45.57
台州市	152.41	404.36	37.69

3　农林牧渔业

3.1 粮食播种面积

粮食播种面积是指全年实际播种的谷物、豆类和薯类等粮食作物的面积，无论是播种在耕地还是非耕地上，播种一次统计一次。

3.1.1 从数字看形势

2016 年长三角核心区粮食播种面积为 2832.43×10^3 公顷。其中，上海市为 140.10×10^3 公顷，占比为 4.95%；江苏地区为 2071.70×10^3 公顷，占比为 73.14%；浙江地区为 620.63×10^3 公顷，占比为 21.91%，如表 3-1 所示。16 个城市中，南通市以 518.87×10^3 公顷列第一位，舟山市以 6.64×10^3 公顷列最后一位。江苏地区 8 个城市的粮食播种面积占长三角核心区 2/3 以上，上海市和浙江地区较往年下降，长三角核心区总体粮食播种面积在逐年下降。

表 3-1　2016 年长三角核心区 16 个城市粮食播种面积及增长情况

城市	2016 年粮食播种面积		2016 年比 2006 年增长倍数（倍）	2006～2016 年年均增长率（%）
	面积（10^3公顷）	占比（%）		
上海市	140.10	4.95	−0.15	−1.65
南京市	153.05	5.40	0.00	−0.04
无锡市	94.06	3.32	−0.21	−2.33
常州市	132.79	4.69	−0.09	−0.94
苏州市	145.01	5.12	−0.11	−1.18
南通市	518.87	18.32	−0.05	−0.48
扬州市	418.85	14.79	0.14	1.30
镇江市	174.02	6.14	0.09	0.89
泰州市	435.05	15.36	0.05	0.49

续表

城市	2016年粮食播种面积		2016年比2006年增长倍数（倍）	2006～2016年年均增长率（%）
	面积（10³公顷）	占比（%）		
杭州市	107.99	3.81	−0.42	−5.24
宁波市	130.78	4.62	−0.07	−0.75
嘉兴市	173.68	6.13	−0.07	−0.70
湖州市	89.64	3.16	−0.30	−3.57
绍兴市	14.62	0.52	−0.11	−1.12
舟山市	6.64	0.24	−0.39	−4.82
台州市	97.28	3.43	−0.41	−5.20
上海市	140.10	4.95	−0.15	−1.65
江苏地区	2071.70	73.14	0.00	0.02
浙江地区	620.63	21.91	−0.24	−2.72
总计	2832.43	100.00	−0.07	−0.74

图3-1显示了长三角核心区16个城市2006年、2011年、2016年粮食播种面积情

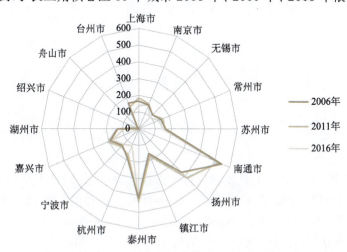

图3-1　2006年、2011年、2016年长三角核心区16个城市粮食播种面积情况

图内数字表示粮食播种面积，单位为10³公顷

况。图中显示，各城市的粮食播种面积波动平稳，历年数据变化不大，总体呈现轻微下降趋势。与 2006 年对比，2016 年只有江苏地区的扬州市、镇江市、泰州市有所增长，其余 13 个城市均有下降或保持不变，杭州市、台州市、舟山市、湖州市、无锡市列降幅前五位。

2016 年，长三角核心区 16 个城市平均粮食播种面积为 177.03×10³ 公顷。其中，江苏地区的南通市、扬州市、泰州市 3 个城市高于平均水平，其余 13 个城市低于平均水平，如图 3-2 所示。高于平均水平的 3 个城市的粮食播种面积占长三角核心区的 48.47%。

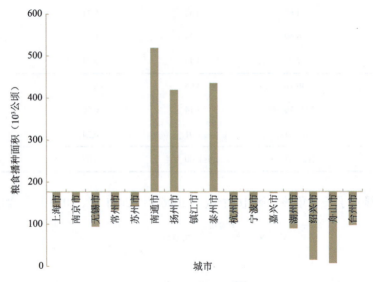

图 3-2 2016 年长三角核心区 16 个城市粮食播种面积与平均值比较

3.1.2 从增速看发展

进入 2000 年，长三角核心区的粮食播种面积波动平稳，总体上呈现出逐年缓慢下降趋势，2006 年达到 3068.02×10³ 公顷，2016 年粮食播种面积为 2832.43×10³ 公顷，按当年价格计算，年均增长率为 -0.74%。其中，上海市年均增长率为 -1.65%，江苏地区年均增长率为 0.02%，浙江地区年均增长率为 -2.72%，如表 3-1 所示。浙江地区下降较明显，如图 3-3 所示。

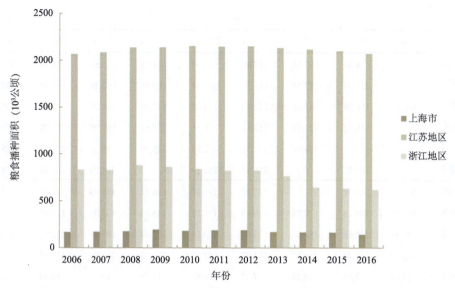

图 3-3　2006～2016 年上海市、江苏地区、浙江地区粮食播种面积变化情况

2000 年以来，上海市、江苏地区、浙江地区粮食播种面积维持着比较稳定的数值，未出现显著的波动。江苏地区粮食播种面积总量稳居长三角核心区首位，上海市和浙江地区自 2000 年以来总量呈不断缓慢下降趋势。

3.1.3　从构成看特征

经济社会发展是在一定的资源约束条件下进行的。长三角核心区 16 个城市的粮食播种面积存在差异，单纯的面积往往不能全面地反映粮食安全保障能力，如表 3-2 所示。因此，可通过人均粮食播种面积，从构成的角度来审视粮食安全保障状况。表 3-3 表明，2016 年长三角核心区 16 个城市人均粮食播种面积存在较显著的差异，扬州市最大，绍兴市最小。

表 3-2　2000～2016 年长三角核心区 16 个城市粮食播种面积情况 （单位：10³公顷）

城市	2000 年	2001 年	2002 年	2003 年	2004 年	2005 年	2006 年	2007 年	2008 年
上海市	258.80	211.20	187.70	148.30	154.70	166.10	165.50	169.60	174.50
南京市	203.90	170.26	150.25	125.84	140.12	148.23	153.73	160.77	167.39
无锡市	191.90	155.97	148.32	113.25	118.53	127.82	119.02	125.35	121.34

续表

城市	2000 年	2001 年	2002 年	2003 年	2004 年	2005 年	2006 年	2007 年	2008 年
常州市	195.10	176.60	169.87	147.48	141.97	144.81	145.89	138.46	160.39
苏州市	290.33	234.05	219.07	173.56	167.61	169.85	163.26	153.45	162.43
南通市	606.07	570.79	563.32	544.47	535.00	541.35	544.71	541.57	535.88
扬州市		316.92	323.57	313.16	336.36	357.51	367.95	388.76	395.33
镇江市			164.06	151.52	152.88	155.58	159.28	171.52	175.93
泰州市		373.72		371.65	388.14		414.22	404.18	418.85
杭州市	289.81	247.31	214.25	181.40	186.67	186.18	185.03	183.88	192.42
宁波市	246.79	200.16	172.34	136.73	145.12	145.27	141.01	134.98	153.80
嘉兴市	238.59	205.65	194.53	174.67	178.24	182.74	186.36	188.01	193.36
湖州市	149.70	117.49	115.77	112.07	123.07	125.29	128.95	130.51	138.36
绍兴市	24.64	18.93	16.24	14.02	14.95	15.79	16.37	16.83	17.73
舟山市	20.27	15.38	13.42	11.97	12.04	11.78	10.88	10.25	11.66
台州市	270.63	219.05	179.56	144.62	162.45	165.86	165.86	163.08	173.87

城市	2009 年	2010 年	2011 年	2012 年	2013 年	2014 年	2015 年	2016 年
上海市	193.30	179.20	186.30	187.60	168.50	164.90	161.90	140.10
南京市	160.90	161.11	160.95	163.40	161.35	157.11	156.21	153.05
无锡市	118.88	118.73	116.95	115.12	112.00	108.99	102.00	94.06
常州市	157.96	161.48	159.51	155.65	150.32	147.56	142.77	132.79
苏州市	160.07	161.72	159.65	159.66	154.27	151.29	147.82	145.01
南通市	531.41	528.78	525.61	522.23	519.67	515.56	516.87	518.87
扬州市	405.07	410.33	414.73	418.99	419.80	422.36	421.19	418.85
镇江市	176.22	177.28	175.04	177.48	176.70	175.82	175.17	174.02
泰州市	428.95	433.18	435.79	438.92	438.52	438.66	437.45	435.05
杭州市	188.99	174.65	167.82	165.44	103.53	107.26	106.02	107.99
宁波市	148.14	151.14	150.95	148.53	148.57	127.84	134.06	130.78
嘉兴市	201.32	200.05	203.01	207.89	208.06	183.28	182.77	173.68
湖州市	135.00	134.57	134.01	136.14	136.09	106.43	94.83	89.64
绍兴市	18.38	18.48	18.60	18.78	18.88	14.84	14.76	14.62
舟山市	12.52	11.07	10.57	10.61	10.66	9.27	6.12	6.64
台州市	158.65	152.37	141.13	137.44	140.06	96.10	96.35	97.28

表 3-3　2016 年长三角核心区 16 个城市人均粮食播种面积

城市	粮食播种面积 （10³公顷）	总人口（万人）	人均粮食播种面积 （公顷/万人）
上海市	140.10	1450.0	96.62
南京市	153.05	662.8	230.91
无锡市	94.06	486.2	193.46
常州市	132.79	374.9	354.20
苏州市	145.01	678.2	213.82
南通市	518.87	766.7	676.76
扬州市	418.85	461.7	907.19
镇江市	174.02	272	639.78
泰州市	435.05	508.2	856.06
杭州市	107.99	736	146.73
宁波市	130.78	591	221.29
嘉兴市	173.68	352.1	493.27
湖州市	89.64	264.8	338.52
绍兴市	14.62	444.5	32.89
舟山市	6.64	97.3	68.24
台州市	97.28	600.2	162.08

3.2　粮食总产量

粮食总产量是全社会粮食作物的生产总量，包括国有经济经营的、集体统一经营的和农民家庭经营的粮食产量，还包括工矿企业办的农场和其他生产单位的粮食产量。粮食除包括稻谷、小麦、玉米、高粱、谷子及其他杂粮外，还包括薯类和豆类。

3.2.1　从数字看形势

2016 年长三角核心区粮食总产量为 2001.67 万吨。其中，上海市为 99.55 万吨，占比为 4.97%；江苏地区为 1415.95 万吨，占比为 70.74%；浙江地区为 486.17 亿元万吨，占比为 24.29%，如表 3-4 所示。16 个城市中，南通市以 325.20 万吨列第一位，舟山市以 3.60 万吨列最后一位。江苏地区 8 个城市的粮食总产量占长三角核心区 2/3 以上，上海市和浙江地区较往年下降，长三角核心区粮食总产量总体在下降。

表 3-4　2016 年长三角核心区 16 个城市粮食总产量及增长情况

城市	2016 年粮食总产量		2016 年比 2006 年增长倍数（倍）	2006~2016 年年均增长率（%）
	总量（万吨）	占比（%）		
上海市	99.55	4.97	−0.11	−1.11
南京市	108.04	5.40	0.03	0.25
无锡市	59.16	2.96	−0.24	−2.71
常州市	93.80	4.69	−0.02	−0.15
苏州市	97.68	4.88	−0.12	−1.29
南通市	325.20	16.25	0.07	0.72
扬州市	300.30	15.00	0.23	2.05
镇江市	118.74	5.93	0.20	1.86
泰州市	313.03	15.64	0.11	1.04
杭州市	63.60	3.18	−0.41	−5.08
宁波市	80.45	4.02	−0.01	−0.11
嘉兴市	116.97	5.84	−0.09	−0.96
湖州市	62.97	3.15	−0.31	−3.64
绍兴市	95.51	4.77	−0.08	−0.84
舟山市	3.60	0.18	−0.31	−3.65
台州市	63.07	3.15	−0.30	−3.44
上海市	99.55	4.97	−0.11	−1.11
江苏地区	1415.95	70.74	0.07	0.72
浙江地区	486.17	24.29	−0.20	−2.20
总计	2001.67	100.00	−0.02	−0.17

图 3-4 显示了长三角核心区 16 个城市 2006 年、2011 年、2016 年粮食总产量情况。图中显示，各城市的粮食总产量波动平稳，历年数据变化不大，总体在合理范围内有

所增减。与 2006 年对比，2016 年只有江苏地区的南京市、南通市、扬州市、镇江市、泰州市有所增长，上海市、浙江地区各市均有不同程度的下降。

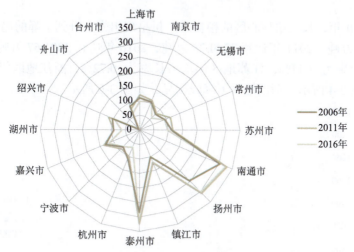

图 3-4　2006 年、2011 年、2016 年长三角核心区 16 个城市粮食总产量情况

图内数字表示粮食总产量，单位为万吨

2016 年，长三角核心区 16 个城市平均粮食总产量为 125.10 万吨。其中，江苏地区的南通市、扬州市、泰州市 3 个城市远远高于平均水平，其余 13 个城市低于平均水平，如图 3-5 所示。高于平均水平的 3 个城市的粮食总产量占长三角核心区总量的 46.89%。

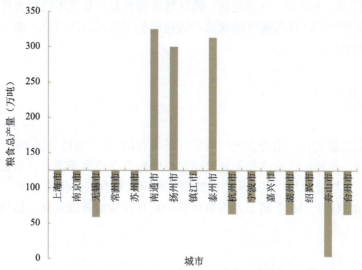

图 3-5　2016 年长三角核心区 16 个城市粮食总产量与平均值比较

3.2.2 从增速看发展

进入 2000 年，长三角核心区的粮食总产量呈现出先上升到下降的趋势。2006 年达到 2036.67 万吨，2011 年达到 2240.28 万吨，2016 年达到 2001.67 万吨。其中，上海市年均增长率为-1.11%，江苏地区年均增长率为 0.72%，浙江地区年均增长率为-2.20%，如表 3-4 所示。浙江地区下降较明显，如图 3-6 所示。

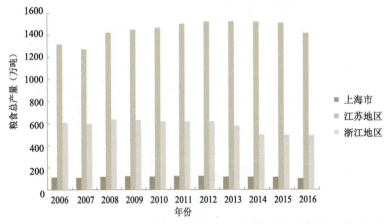

图 3-6 2006～2016 年上海市、江苏地区、浙江地区粮食总产量变化情况

2000 年以来，上海市、江苏地区、浙江地区粮食总产量基本维持着比较稳定的数值，未出现显著波动。江苏地区粮食总产量稳居长三角核心区首位，浙江地区粮食总产量下降略为明显。

3.2.3 从构成看特征

经济社会发展是在一定的资源约束条件下进行的。长三角核心区 16 个城市的粮食产量存在差异，单纯的产量往往不能全面地反映粮食安全保障能力，如表 3-5 所示。因此，可通过人均粮食总产量，从构成的角度来审视粮食安全保障状况。表 3-6 表明，2016 年长三角核心区 16 个城市人均粮食总产量存在较显著的差异，扬州市最大，舟山市最小。

表 3-5 2000～2016 年长三角核心区 16 个城市粮食总产量情况 （单位：万吨）

城市	2000 年	2001 年	2002 年	2003 年	2004 年	2005 年	2006 年	2007 年	2008 年
上海市	174.00	151.42	130.46	98.75	106.29	105.36	111.30	109.20	115.67
南京市	143.37	124.98	110.52	86.31	102.39	96.54	105.33	100.88	114.43
无锡市	127.03	106.30	96.29	71.70	81.27	79.53	77.83	72.93	79.94
常州市	136.22	126.14	122.86	103.54	106.08	98.06	95.25	94.84	113.35
苏州市	193.95	159.48	146.42	112.77	117.71	110.76	111.21	94.14	113.22
南通市	340.60	324.49	309.53	293.21	302.70	294.19	302.65	297.47	319.12
扬州市	225.16	205.88	212.87	180.13	204.97	226.43	245.08	240.63	269.42
镇江市	118.03	109.12	109.45	86.25	99.04	90.68	98.71	100.74	112.42
泰州市		254.49		230.26	258.12		282.25	272.07	300.62
杭州市	153.08	134.78	116.58	100.27	106.80	103.50	107.07	108.58	110.16
宁波市	132.51	112.17	94.89	75.61	83.73	80.12	81.30	74.77	88.42
嘉兴市	153.06	140.69	132.75	117.68	124.99	119.40	128.84	127.40	133.09
湖州市	95.32	80.68	82.20	79.01	87.48	82.21	91.24	86.91	92.68
绍兴市	144.41	113.18	100.01	83.83	95.35	96.39	103.90	109.31	113.86
舟山市	8.84	7.55	6.60	5.38	5.93	5.20	5.22	4.81	5.42
台州市	138.70	116.12	92.59	75.70	85.11	82.48	89.50	84.18	93.47

城市	2009 年	2010 年	2011 年	2012 年	2013 年	2014 年	2015 年	2016 年
上海市	121.68	118.40	121.95	122.39	114.15	112.89	112.08	99.55
南京市	110.69	110.64	112.06	117.50	116.95	114.72	114.06	108.04
无锡市	80.51	80.44	82.22	81.65	79.64	77.20	72.28	59.16
常州市	114.18	115.16	115.19	114.80	113.71	112.16	108.31	93.80
苏州市	112.94	114.43	115.00	116.46	113.12	110.46	108.22	97.68
南通市	320.62	324.94	329.12	332.97	333.46	334.02	337.15	325.20
扬州市	282.36	287.09	305.68	308.35	312.19	314.10	314.41	300.30
镇江市	117.87	119.56	121.89	125.70	125.79	126.02	125.15	118.74
泰州市	310.22	314.40	321.26	323.77	326.68	328.53	329.35	313.03

续表

城市	2009 年	2010 年	2011 年	2012 年	2013 年	2014 年	2015 年	2016 年
杭州市	107.24	100.25	97.81	96.88	60.01	62.54	63.38	63.60
宁波市	86.32	87.13	90.14	86.57	81.25	74.15	79.05	80.45
嘉兴市	135.86	134.44	135.38	138.43	138.83	122.34	122.14	116.97
湖州市	91.42	90.20	90.29	89.94	90.55	73.75	66.95	62.97
绍兴市	118.37	116.32	118.31	120.06	120.68	97.76	95.02	95.51
舟山市	5.93	5.24	5.06	5.22	5.14	4.42	3.20	3.60
台州市	84.60	82.75	78.93	79.19	79.91	60.22	60.75	63.07

表 3-6 2016 年长三角核心区 16 个城市人均粮食总产量

城市	粮食总产量（万吨）	总人口（万人）	人均粮食总产量（吨）
上海市	99.55	1450.0	0.07
南京市	108.04	662.8	0.16
无锡市	59.16	486.2	0.12
常州市	93.80	374.9	0.25
苏州市	97.68	678.2	0.14
南通市	325.20	766.7	0.42
扬州市	300.30	461.7	0.65
镇江市	118.74	272.0	0.44
泰州市	313.03	508.2	0.62
杭州市	63.60	736.0	0.09
宁波市	80.45	591.0	0.14
嘉兴市	116.97	352.1	0.33
湖州市	62.97	264.8	0.24
绍兴市	95.51	444.5	0.21
舟山市	3.60	97.3	0.04
台州市	63.07	600.2	0.11

4 工业和建筑业

4.1 规模以上工业企业实现主营业务收入^①

规模以上工业企业在2011年之前是指年主营业务收入在500万元及以上的法人工业企业，2011年之后是指年主营业务收入在2000万元及以上的工业企业。主营业务收入是指企业从事本行业生产经营活动所取得的营业收入。工业企业的主营业务收入指产品销售收入。

4.1.1 从数字看形势

2016年长三角核心区规模以上工业企业实现主营业务收入为199815.32亿元。其中，上海市为34315.15亿元，占比为17.17%；江苏地区为114404.09亿元，占比为57.26%；浙江地区为51096.08亿元，占比为25.57%，如表4-1所示。15个城市中，上海市以34315.15亿元列第一位，台州市以3794.15亿元列最后一位。江苏地区8个城市的规模以上工业企业实现主营业务收入占长三角核心区一半以上，增长速度远远超过上海市和浙江地区。

表 4-1 2016年长三角核心区15个城市规模以上工业企业实现主营业务收入及增长情况

城市	2016年规模以上工业企业实现主营业务收入		2016年比2007年增长倍数（倍）	2007～2016年年均增长率（%）
	总额（亿元）	占比（%）		
上海市	34315.15	17.17	0.48	4.49
南京市	12442.36	6.23	1.14	8.81
无锡市	14120.24	7.07	0.59	5.32
常州市	12435.86	6.22	1.98	12.91
苏州市	30380.18	15.20	0.92	7.51
南通市	14650.80	7.33	2.67	15.55

---

① 2012年之前舟山市相关资料空缺，4.1.1节和4.1.2节只分析15个城市。

续表

城市	2016年规模以上工业企业实现主营业务收入		2016年比2007年增长倍数（倍）	2007~2016年年均增长率（%）
	总额（亿元）	占比（%）		
扬州市	9 603.07	4.81	2.89	16.29
镇江市	8 632.13	4.32	3.27	17.49
泰州市	12 139.45	6.08	4.59	21.07
杭州市	12 367.54	6.19	0.53	4.88
宁波市	13 639.11	6.83	0.83	6.94
嘉兴市	7 589.37	3.80	1.30	9.71
湖州市	4 367.93	2.19	1.57	11.08
绍兴市	9 337.98	4.67	0.95	7.68
台州市	3 794.15	1.90	0.49	4.51
上海市	34 315.15	17.17	0.48	4.49
江苏地区	114 404.09	57.26	1.52	10.83
浙江地区	51 096.08	25.57	0.83	6.97
总计	199 815.32	100.00	1.08	8.45

图 4-1 显示了长三角核心区 15 个城市 2007 年、2011 年、2016 年规模以上工业企

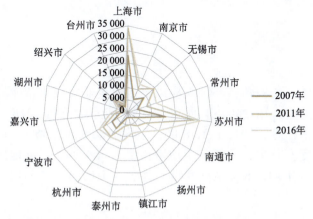

图 4-1　2007 年、2011 年、2016 年长三角核心区 15 个城市规模以上工业企业实现主营业务收入情况
图内数字表示规模以上工业企业实现主营业务收入，单位为亿元

业实现主营业务收入情况。图中显示，各城市规模以上工业企业实现主营业务收入总体呈现不断上升趋势。2016 年，上海市、苏州市、南通市、无锡市、宁波市、南京市列前六位。

2016 年，长三角核心区 15 个城市平均规模以上工业企业实现主营业务收入为 13 321.02 亿元。其中，上海市，江苏地区的无锡市、苏州市、南通市和浙江地区的宁波市 5 个城市高于平均水平，其余 10 个城市低于平均水平，如图 4-2 所示。高于平均水平的 5 个城市规模以上工业企业实现主营业务收入占长三角核心区规模以上工业企业实现主营业务收入总额的 53.60%。

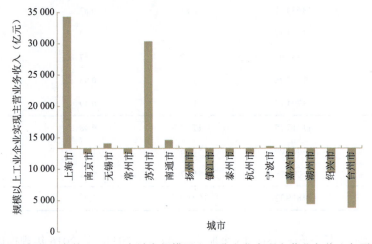

图 4-2　2016 年长三角核心区 15 个城市规模以上工业企业实现主营业务收入与平均值比较

4.1.2　从增速看发展

进入 2000 年，长三角核心区规模以上工业企业实现主营业务收入保持着较快的增长势头，总收入由 2007 年的 96 295.91 亿元增长到 2016 年的 199 815.32 亿元，按当年价格计算，增长了 1.08 倍，年均增长率为 8.45%，低于同期地区生产总值的增长速度。其中，上海市年均增长率为 4.49%，江苏地区年均增长率为 10.83%，浙江地区年均增长率为 6.97%，如表 4-1 所示。江苏地区增长较显著，如图 4-3 所示。

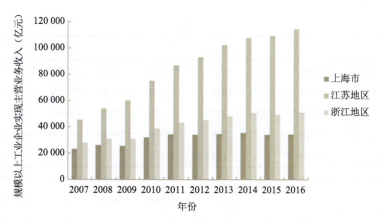

图 4-3 2007～2016 年上海市、江苏地区、浙江地区规模以上工业企业实现主营业务收入变化情况

2000 年以来，上海市、江苏地区、浙江地区规模以上工业企业实现主营业务收入维持着比较稳定的数值，未出现显著的波动。江苏地区规模以上工业企业实现主营业务收入稳居长三角核心区首位，总量保持在较快增长状态，上海市和浙江地区增长较为缓慢。

4.1.3 从构成看特征

经济社会发展是在一定的资源约束条件下进行的。长三角核心区 16 个城市的规模以上工业企业实现主营业务收入存在差异，单纯的收入往往不能全面地反映工业发展状况，如表 4-2 所示。因此，可通过规模以上工业企业实现主营业务收入与地区生产总值之比，从构成的角度来审视工业发展状况。表 4-3 显示了 2016 年长三角核心区 16 个城市规模以上工业企业实现主营业务收入与地区生产总值之比情况。泰州市最大，为 295.96%，镇江市次之，为 225.16%，台州市最小，为 97.32%。

表 4-2 2000～2016 年长三角核心区 16 个城市规模以上工业企业实现主营业务收入情况

（单位：亿元）

城市	2000 年	2001 年	2002 年	2003 年	2004 年	2005 年	2006 年	2007 年	2008 年
上海市	6 429.68	7 213.02	7 976.61	10 982.62	13 863.25	16 353.73	19 266.93	23 112.35	26 058.23
南京市	1 540.22				3 091.44	4 027.30	4 714.13	5 819.00	6 635.54
无锡市								8 858.08	9 988.63
常州市	836.10	944.65	1 135.55	1 510.77	2 064.71	2 459.56	3 243.79	4 171.08	5 089.94

续表

城市	2000 年	2001 年	2002 年	2003 年	2004 年	2005 年	2006 年	2007 年	2008 年
苏州市	2 245.72	2 643.68	3 329.70	4 924.87	7 146.77	9 874.41	12 533.02	15 825.93	18 379.42
南通市	615.72	688.00	797.05	1 052.87	1 550.88	2 081.14	2 919.56	3 991.15	5 236.83
扬州市	520.16	546.39	608.68	772.62	1 046.46	1 370.09	1 806.02	2 469.62	3 333.71
镇江市	441.61	507.69	625.24	766.57	979.10	1 245.63	1 575.94	2 023.80	2 590.34
泰州市		433.69		651.96	879.94		1 589.57	2 172.78	2 794.88
杭州市	1 465.49	1 828.28	2 288.21	3 117.46	4 363.27	5 282.80	6 807.64	8 057.03	8 976.46
宁波市					3 660.69	4 698.16	5 930.59	7 456.24	8 283.18
嘉兴市		620.81	765.95	1 087.76	1 703.33	2 158.87	2 650.14	3 294.98	3 606.32
湖州市	322.26	359.09	432.09	581.46	759.98	1 029.51	1 335.44	1 696.34	1 996.43
绍兴市	996.85	1 154.60	1 421.10	1 849.00	2 497.89	3 148.12	3 827.84	4 796.12	5 296.82
舟山市									
台州市								2 551.41	2 734.58

城市	2009 年	2010 年	2011 年	2012 年	2013 年	2014 年	2015 年	2016 年
上海市	25 421.08	32 084.08	34 299.95	34 096.29	34 533.53	35 473.82	34 172.22	34 315.15
南京市	6 730.99	8 625.35	10 472.31	11 283.26	12 425.21	13 003.84	12 180.70	12 442.36
无锡市	10 591.33	12 879.78	14 567.14	14 191.69	14 655.46	14 190.87	14 083.94	14 120.24
常州市	5 868.05	7 274.88	8 212.53	9 097.95	10 223.05	11 379.01	11 500.68	12 435.86
苏州市	20 010.73	24 577.51	27 898.91	28 998.80	30 224.92	30 397.27	29 768.65	30 380.18
南通市	5 957.83	7 254.56	8 432.59	9 690.95	11 195.81	12 351.36	13 322.91	14 650.80
扬州市	4 240.26	5 648.30	6 616.22	6 980.69	8 189.53	9 083.47	9 383.07	9 603.07
镇江市	3 051.68	4 009.31	5 040.45	5 975.34	7 084.62	7 897.58	8 211.10	8 632.13
泰州市	3 622.23	4 742.55	5 672.88	6 918.60	8 172.01	9 355.94	10 792.62	12 139.45
杭州市	9 026.32	10 843.24	12 022.57	12 525.39	12 424.15	12 833.70	12 237.39	12 367.54
宁波市	7 824.88	10 396.63	11 803.24	11 795.98	12 594.24	13 254.65	12 911.27	13 639.11
嘉兴市	3 725.26	5 013.12	5 609.89	5 907.14	6 708.11	7 232.79	7 192.53	7 589.37
湖州市	2 098.00	2 672.05	2 894.77	3 365.13	3 763.05	4 102.83	4 228.33	4 367.93
绍兴市	5 438.72	6 417.19	7 780.31	8 333.61	9 079.80	9 448.25	9 405.60	9 337.98
舟山市				1 020.98	1 067.64	1 114.68	1 196.51	1 379.82
台州市	2 719.48	3 487.00	3 308.78	3 332.95	3 571.68	3 732.59	3 509.08	3 794.15

表 4-3　2016 年长三角核心区 16 个城市规模以上工业企业实现主营业务收入与地区生产总值之比

城市	规模以上工业企业实现主营业务收入（亿元）	地区生产总值（亿元）	规模以上工业企业实现主营业务收入与地区生产总值之比（%）
上海市	34 315.15	28 178.7	121.78
南京市	12 442.36	10 503.0	118.46
无锡市	14 120.24	9 210.0	153.31
常州市	12 435.86	5 773.9	215.38
苏州市	30 380.18	15 475.1	196.32
南通市	14 650.80	6 768.2	216.47
扬州市	9 603.07	4 449.4	215.83
镇江市	8 632.13	3 833.8	225.16
泰州市	12 139.45	4 101.8	295.96
杭州市	12 367.54	11 313.7	109.31
宁波市	13 639.11	8 686.5	157.02
嘉兴市	7 589.37	3 862.1	196.51
湖州市	4 367.93	2 284.4	191.21
绍兴市	9 337.98	4 789.0	194.99
舟山市	1 379.82	1 241.2	111.17
台州市	3 794.15	3 898.7	97.32

4.2　规模以上工业企业实现主营业务利润[①]

规模以上工业企业主营业务利润是规模以上工业企业在其主要经营业务中实现的利润，是主营业务收入减去主营业务成本和主营业务税金及附加费用得来的利润。通常情况下，企业的主营业务利润应是其利润总额的最主要组成部分，其比重应是最高的，反映企业主营业务的盈利状况。

---

① 南通市 2016 年数据缺失，故本节分析到 2015 年；舟山市 2012 年之前相关资料空缺，故 4.2.1 节和 4.2.2 节只分析 15 个城市。

4.2.1　从数字看形势

2015 年长三角核心区规模以上工业企业实现主营业务利润为 13 572.12 亿元。其中，上海市为 2680.53 亿元，占比为 19.75%；江苏地区为 7798.62 亿元，占比为 57.46%；浙江地区为 3092.97 亿元，占比为 22.79%，如表 4-4 所示。15 个城市中，上海市以 2680.53 亿元列第一位，台州市以 213.20 亿元列最后一位。江苏地区 8 个城市规模以上工业企业实现主营业务利润占长三角核心区一半以上。

表 4-4　2015 年长三角核心区 15 个城市规模以上工业企业实现主营业务利润及增长情况

城市	2015 年规模以上工业企业实现主营业务利润		2015 年比 2007 年增长倍数（倍）	2007～2015 年年均增长率（%）
	总额（亿元）	占比（%）		
上海市	2 680.53	19.75	1.02	9.16
南京市	1 695.86	12.50	1.75	13.47
无锡市	895.09	6.60	0.82	7.78
常州市	642.27	4.73	2.40	16.54
苏州市	1 529.04	11.27	0.92	8.50
南通市	1 015.25	7.48	20.66	46.88
扬州市	624.38	4.60	4.05	22.44
镇江市	556.73	4.10	4.40	23.46
泰州市	840.00	6.19	6.63	28.92
杭州市	891.12	6.57	1.15	10.04
宁波市	776.28	5.72	1.00	9.08
嘉兴市	402.90	2.97	1.43	11.77
湖州市	264.25	1.95	2.22	15.75
绍兴市	545.22	4.02	1.17	10.19
台州市	213.20	1.57	0.77	7.42
上海市	2 680.53	19.75	1.02	9.16
江苏地区	7 798.62	57.46	2.15	15.41
浙江地区	3 092.97	22.79	1.18	10.22
总计	13 572.12	100.00	1.60	12.67

　　图 4-4 显示了长三角核心区 15 个城市 2007 年、2011 年、2015 年规模以上工业企业实现主营业务利润情况。图中显示，除江苏地区无锡市外的各城市规模以上工业企业实现主营业务利润都呈现增长状态，无锡市在 2011 年达到高峰后又有所回落。2015 年，上海市、南京市、苏州市、南通市、无锡市、杭州市列前六位。

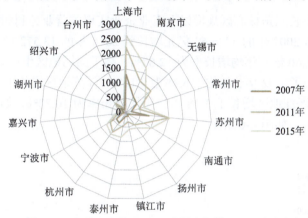

图 4-4　2007 年、2011 年、2015 年长三角核心区 15 个城市规模以上工业企业实现主营业务利润情况
图内数字表示规模以上工业企业实现主营业务利润，单位为亿元

　　2015 年，长三角核心区 15 个城市规模以上工业企业实现主营业务利润平均为 904.81 亿元。其中，上海市，江苏地区的南京市、苏州市、南通市 4 个城市高于平均水平，其余 11 个城市低于平均水平，如图 4-5 所示。高于平均水平的 4 个城市的规模

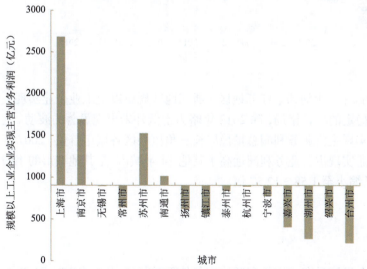

图 4-5　2015 年长三角核心区 15 个城市规模以上工业企业实现主营业务利润与平均值比较

以上工业企业实现主营业务利润占长三角核心区总额的 50.99%。

4.2.2 从增速看发展

进入 2007 年，长三角核心区规模以上工业企业实现主营业务利润保持着较快的增长势头，总利润由 2007 年的 5226.64 亿元增长到 2015 年的 13 572.12 亿元，按当年价格计算，增长了 1.60 倍，年均增长率为 12.67%，高于同期地区生产总值的增长速度。其中，上海市增长了 1.02 倍，年均增长率为 9.16%；江苏地区增长了 2.15 倍，年均增长率为 15.41%；浙江地区增长了 1.18 倍，年均增长率为 10.22%，如表 4-4 所示。江苏地区增长较显著，如图 4-6 所示。

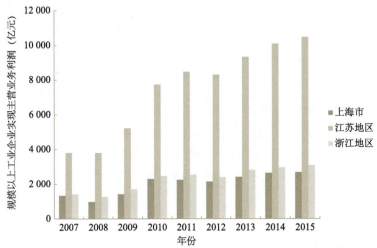

图 4-6 2007～2015 年上海市、江苏地区、浙江地区规模以上工业企业实现主营业务利润变化情况

2007 年以来，上海市、江苏地区、浙江地区规模以上工业企业实现主营业务利润维持着比较稳定的增长格局，除 2012 年略为走低外未出现显著的波动。上海市规模以上工业企业实现主营业务利润总量稳居长三角核心区各城市首位，2007 年上海市规模以上工业企业实现主营业务利润远高于其他 14 个城市，是其他城市的 1.67～28.36 倍，但 2015 年已缩小至 1.58～12.57 倍。

4.2.3 从构成看特征

经济社会发展是在一定的资源约束条件下进行的。长三角核心区 16 个城市的规模以上工业企业实现主营业务利润存在差异，单纯的利润往往不能全面地反映工业发展状况，如表 4-5 所示。因此，可通过规模以上工业企业实现主营业务利润与地区生产总值之比，从构成的角度来审视工业发展状况。表 4-6 显示了 2015 年长三角核心区 16 个城市规模以上工业企业实现主营业务利润与地区生产总值之比情况。泰州市最大，为 22.78%，南京市次之，为 17.45%，舟山市最小，为 1.26%。

表 4-5　2000～2016 年长三角核心区 16 个城市规模以上工业企业实现主营业务利润情况

（单位：亿元）

城市	2000 年	2001 年	2002 年	2003 年	2004 年	2005 年	2006 年	2007 年	2008 年
上海市	391.51	450.01	544.63	805.65	1003.48	939.56	1096.92	1329.21	967.20
南京市	30.11	114.40	183.41	242.29	344.30	365.08	407.98	617.26	470.32
无锡市								491.45	527.74
常州市	25.44	31.25	45.89	65.62	82.49	96.23	142.26	188.78	221.44
苏州市	97.16	125.45	158.91	219.44	309.56	422.99	591.43	795.86	895.64
南通市	24.47	26.48	36.92	54.85	73.61	99.60	157.05	46.87	303.61
扬州市	25.46	17.70	21.10	29.51	40.42	50.83	84.44	123.58	142.00
镇江市	7.64	8.93	19.36	28.23	35.63	47.76	70.24	103.16	121.29
泰州市		26.87		33.53	43.05		73.15	110.11	152.01
杭州市	76.20	107.56	145.48	194.16	226.74	234.99	314.49	414.55	453.92
宁波市		115.95	152.34	189.30	241.31	262.36	312.63	387.31	221.25
嘉兴市		39.02	46.49	70.36	77.61	101.65	123.94	165.47	150.88
湖州市	13.43	16.40	22.75	37.71	43.34	52.69	67.96	82.00	80.14
绍兴市	60.42	75.38	94.55	117.20	133.97	161.50	187.85	250.78	264.22
舟山市									
台州市								120.25	100.31
城市	2009 年	2010 年	2011 年	2012 年	2013 年	2014 年	2015 年	2016 年	
上海市	1431.97	2299.66	2253.82	2149.42	2415.20	2650.00	2680.53	2913.91	
南京市	738.89	1079.96	1192.54	1372.78	1789.17	1724.87	1695.86	1850.00	
无锡市	737.41	945.91	1149.38	878.69	833.47	873.14	895.09	968.02	
常州市	276.77	413.47	468.43	443.77	512.56	618.49	642.27	725.27	
苏州市	1038.89	1507.06	1484.73	1299.71	1350.12	1434.96	1529.04	1772.74	
南通市	402.10	553.09	694.85	786.59	861.52	937.85	1015.25		

续表

城市	2009 年	2010 年	2011 年	2012 年	2013 年	2014 年	2015 年	2016 年
扬州市	186.48	369.46	486.99	471.91	540.53	616.95	624.38	602.98
镇江市	156.24	228.08	301.58	363.11	439.63	516.58	556.73	582.17
泰州市	251.73	343.87	437.99	538.06	596.09	713.87	840.00	938.67
杭州市	510.97	764.47	795.53	771.68	853.60	904.60	891.12	946.06
宁波市	462.11	657.77	631.66	553.21	701.68	688.25	776.28	1016.89
嘉兴市	202.91	321.10	309.52	279.30	356.39	374.84	402.90	510.59
湖州市	105.14	144.14	169.97	168.41	207.14	240.33	264.25	295.26
绍兴市	298.48	405.27	480.76	454.67	505.50	547.53	545.22	592.10
舟山市				10.00	11.70	3.43	13.76	27.67
台州市	132.63	188.28	175.27	180.51	197.53	206.15	213.20	259.81

表 4-6　2015 年长三角核心区 16 个城市规模以上工业企业实现主营业务利润与地区生产总值之比

城市	规模以上工业企业实现主营业务利润（亿元）	地区生产总值（亿元）	规模以上工业企业实现主营业务利润与地区生产总值之比（%）
上海市	2 680.53	25 643.5	10.45
南京市	1 695.86	9 720.8	17.45
无锡市	895.09	8 518.3	10.51
常州市	642.27	5 273.2	12.18
苏州市	1 529.04	14 504.1	10.54
南通市	1 015.25	6 148.4	16.51
扬州市	624.38	4 016.8	15.54
镇江市	556.73	3 502.5	15.90
泰州市	840.00	3 687.9	22.78
杭州市	891.12	10 050.2	8.87
宁波市	776.28	8 003.6	9.70
嘉兴市	402.90	3 517.8	11.45
湖州市	264.25	2 084.3	12.68
绍兴市	545.22	4 466.0	12.21
舟山市	13.76	1 092.8	1.26
台州市	213.20	3 553.9	6.00

4.3　建筑业总产值①

建筑业总产值是以货币形式表现的建筑业企业在一定时期内生产的建筑业产品和服务的总和，它是反映建筑业生产成果的综合指标。建筑业总产值包括建筑工程产值、安装工程产值、其他产值。

4.3.1　从数字看形势

2015 年长三角核心区建筑业总产值为 43 763.38 亿元。其中，上海市为 5652.47 亿元，占比为 12.92%；江苏地区为 19 392.04 亿元，占比为 44.31%；浙江地区为 18 718.87 亿元，占比为 42.77%，如表 4-7 所示。16 个城市中，浙江地区绍兴市以 6583.20 亿元列第一位，舟山市以 226.53 亿元列最后一位。

表 4-7　2015 年长三角核心区 16 个城市建筑业总产值及增长情况

城市	2015 年建筑业总产值		2015 年比 2001 年增长倍数（倍）	2001～2015 年年均增长率（%）
	总额（亿元）	占比（%）		
上海市	5 652.47	12.92	6.74	15.74
南京市	3 028.32	6.92	14.43	21.59
无锡市	601.62	1.37	4.44	12.86
常州市	1 288.52	2.94	9.00	17.88
苏州市	1 955.62	4.47	11.60	19.84
南通市	6 144.55	14.04	18.94	23.83
扬州市	3 167.40	7.24	14.04	21.36
镇江市	543.46	1.24	9.16	18.01
泰州市	2 662.55	6.08	12.11	20.18

---

① 宁波市 2016 年数据缺失，故本节分析到 2015 年。

续表

城市	2015 年建筑业总产值		2015 年比 2001 年增长倍数（倍）	2001～2015 年年均增长率（%）
	总额（亿元）	占比（%）		
杭州市	4 097.57	9.36	10.44	19.01
宁波市	4 055.43	9.27	15.19	22.01
嘉兴市	907.89	2.07	14.30	21.51
湖州市	621.59	1.42	9.93	18.63
绍兴市	6 583.20	15.04	13.39	20.98
舟山市	226.53	0.52	9.64	18.40
台州市	2 226.66	5.09	13.46	21.02
上海市	5 652.47	12.92	6.74	15.74
江苏地区	19 392.04	44.31	13.19	20.86
浙江地区	18 718.87	42.77	12.79	20.61
总计	43 763.38	100.00	11.67	19.89

　　图 4-7 显示了长三角核心区 16 个城市 2001 年、2008 年、2015 年建筑业总产值情况。图中显示，各城市的建筑业总产值都处于增长状态，未出现产值减少的城市。2015年，绍兴市、南通市、上海市、杭州市、宁波市、扬州市列前六位。

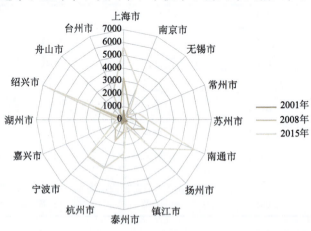

图 4-7　2001 年、2008 年、2015 年长三角核心区 16 个城市建筑业总产值情况
图内数字表示建筑业总产值，单位为亿元

2015 年，长三角核心区 16 个城市平均建筑业总产值为 2735.21 亿元。其中，上海市、江苏地区的南京市、南通市、扬州市和浙江地区的杭州市、宁波市、绍兴市 7 个城市高于平均水平，其余 9 个城市低于平均水平，如图 4-8 所示。高于平均水平的 7 个城市建筑业总产值占长三角核心区总产值的 74.79%。

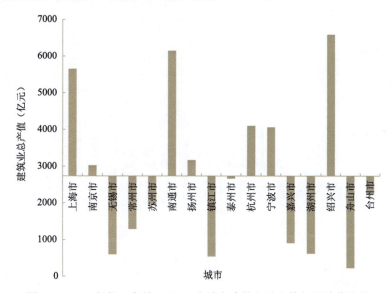

图 4-8　2015 年长三角核心区 16 个城市建筑业总产值与平均值比较

4.3.2　从增速看发展

进入 2001 年，长三角核心区建筑业总产值保持着较快的增长势头，总产值由 2001 年的 3453.95 亿元增长到 2015 年的 43 763.38 亿元，按当年价格计算，增长了 11.67 倍，年均增长率为 19.89%，高于同期地区生产总值的增长速度。其中，上海市增长了 6.74 倍，年均增长率为 15.74%；江苏地区增长了 13.19 倍，年均增长率为 20.86%；浙江地区增长了 12.79 倍，年均增长率为 20.61%，如表 4-7 所示。江苏地区和浙江地区增长较显著，如图 4-9 所示。

2001 年以来，上海市、江苏地区、浙江地区建筑业总产值维持着比较稳定的增长态势，未出现显著的波动。

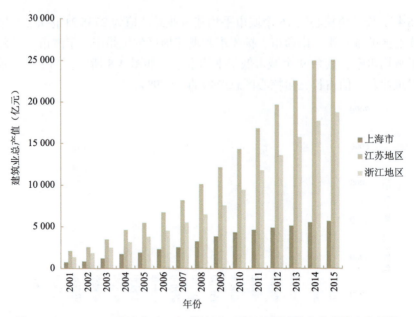

图 4-9 2001～2015 年上海市、江苏地区、浙江地区建筑业总产值变化情况

4.3.3 从构成看特征

经济社会发展是在一定的资源约束条件下进行的。长三角核心区 16 个城市的建筑业总产值存在差异，单纯的产值往往不能全面地反映建筑业发展状况，如表 4-8 所示。因此，可通过建筑业总产值与地区生产总值之比，从构成的角度来审视建筑业发展状况。表 4-9 显示了 2015 年长三角核心区 16 个城市建筑业总产值与地区生产总值之比情况。绍兴市最大，为 147.41%，南通市次之，为 99.94%，无锡市最小，为 7.06%。

表 4-8 2000～2016 年长三角核心区 16 个城市建筑业总产值情况 （单位：亿元）

城市	2000 年	2001 年	2002 年	2003 年	2004 年	2005 年	2006 年	2007 年	2008 年
上海市	631.64	730.33	822.27	1195.80	1724.40	1889.25	2285.38	2524.18	3245.77
南京市	143.83	196.22	249.13	357.17	521.54	556.75	716.17	943.27	1122.39
无锡市	86.60	110.61	156.92	215.21	204.75	224.32	259.12	302.85	344.22
常州市	123.18	128.81	158.32	194.78	225.75	277.13	346.48	453.62	507.84
苏州市	103.64	155.22	217.80	315.44	426.15	474.79	529.87	658.12	906.28

续表

城市	2000 年	2001 年	2002 年	2003 年	2004 年	2005 年	2006 年	2007 年	2008 年
南通市	268.76	308.20	394.98	486.32	655.20	946.96	1228.35	1569.26	1838.27
扬州市		210.57	234.73	302.00	363.83	438.38	571.42	790.73	1033.15
镇江市	40.91	53.49	72.61	96.58	128.11	135.19	141.13	180.15	195.32
泰州市		203.03	245.80	313.29	368.26	525.10	633.78	783.46	937.90
杭州市	290.40	358.21	526.00	710.10	873.00	1036.24	1267.25	1484.47	1800.45
宁波市	203.03	250.42	335.39	474.68	595.89	659.95	716.87	796.36	921.48
嘉兴市	52.73	59.33	66.30	90.87	111.19	122.90	156.97	237.27	315.48
湖州市	39.88	56.88	66.59	85.81	105.50	142.63	170.54	208.23	215.52
绍兴市	362.30	457.38	623.69	874.35	1136.12	1407.77	1678.99	2112.59	2417.11
舟山市	17.60	21.30	21.99	28.60	37.71	41.42	49.00	70.60	94.11
台州市	120.70	153.96	186.86	242.44	293.45	392.06	490.58	600.50	716.82

城市	2009 年	2010 年	2011 年	2012 年	2013 年	2014 年	2015 年	2016 年
上海市	3830.53	4300.19	4586.28	4843.44	5102.84	5499.94	5652.47	6046.19
南京市	1346.62	1643.31	2005.29	2645.65	3112.48	3217.80	3028.32	3148.04
无锡市	437.60	499.50	540.66	570.69	662.15	650.48	601.62	633.52
常州市	595.77	735.61	883.87	1050.20	1161.45	1284.03	1288.52	1273.35
苏州市	1078.24	1275.58	1531.80	1745.04	2003.55	2116.98	1955.62	1855.90
南通市	2183.23	2731.22	3583.31	4423.84	5339.82	6281.21	6144.55	6619.39
扬州市	1297.59	1553.43	1897.47	2241.78	2625.53	2944.35	3167.39	3346.48
镇江市	281.81	316.19	353.61	370.91	495.17	555.46	543.46	530.67
泰州市	1094.74	1264.10	1438.68	1751.16	2021.62	2385.82	2662.55	2924.44
杭州市	2110.17	2663.83	3032.50	3307.59	3755.47	3971.39	4097.57	4105.30
宁波市	1077.73	1425.07	1933.36	2509.12	3135.46	3713.12	4055.43	
嘉兴市	407.16	589.87	764.28	844.29	942.54	984.75	907.89	904.92
湖州市	283.50	354.22	433.61	464.88	526.67	590.86	621.59	6723.38
绍兴市	2750.88	3263.37	4212.19	4847.74	5523.35	6178.15	6583.20	6935.54
舟山市	103.74	133.79	160.83	163.62	179.82	210.09	226.53	267.64
台州市	852.78	1034.40	1243.31	1448.11	1695.90	2069.81	2226.66	2330.14

表 4-9 2015 年长三角核心区 16 个城市建筑业总产值与地区生产总值之比

城市	建筑业总产值 （亿元）	地区生产总值 （亿元）	建筑业总产值与地区 生产总值之比（%）
上海市	5 652.47	25 643.5	22.04
南京市	3 028.32	9 720.8	31.15
无锡市	601.62	8 518.3	7.06
常州市	1 288.52	5 273.2	24.44
苏州市	1 955.62	14 504.1	13.48
南通市	6 144.55	6 148.4	99.94
扬州市	3 167.39	4 016.8	78.85
镇江市	543.46	3 502.5	15.52
泰州市	2 662.55	3 687.9	72.20
杭州市	4 097.57	10 050.2	40.77
宁波市	4 055.43	8 003.6	50.67
嘉兴市	907.89	3 517.8	25.81
湖州市	621.59	2 084.3	29.82
绍兴市	6 583.20	4 466.0	147.41
舟山市	226.53	1 092.8	20.73
台州市	2 226.66	3 553.9	62.65

5 固定资产投资

5.1　固定资产投资总额

固定资产投资是以货币表现的建造和购置固定资产活动的工作量,它是反映固定资产投资规模、速度、比例关系和使用方向的综合指标。全社会固定资产投资按登记注册类型可分为国有、集体、个体、联营、股份制、外商、港澳台商、其他等。全社会固定资产投资总额分为城镇项目投资、农村建设项目投资和房地产开发投资三个部分。

5.1.1　从数字看形势

2016 年长三角核心区固定资产投资总额为 62 128.83 亿元。其中,上海市为 6755.88 亿元,占比为 10.87%;江苏地区为 33 720.56 亿元,占比为 54.28%;浙江地区为 21 652.39 亿元,占比为 34.85%,如表 5-1 所示。16 个城市中,上海市以 6755.88 亿元列第一位,舟山市以 1311.14 亿元列最后一位。江苏地区 8 个城市的固定资产投资占长三角核心区一半以上,无锡市和苏州市固定资产投资总额较 2015 年有所 下降。

表 5-1　2016 年长三角核心区 16 个城市固定资产投资及增长情况

城市	2016 年固定资产投资		2016 年比 2000 年增长倍数（倍）	2000～2016 年年均增长率（%）
	总额（亿元）	占比（%）		
上海市	6 755.88	10.87	2.61	8.36
南京市	5 533.56	8.91	12.42	17.62
无锡市	4 795.25	7.72	12.70	17.77
常州市	3 605.08	5.80	21.06	21.33
苏州市	5 648.49	9.09	9.94	16.13
南通市	4 811.95	7.75	19.09	20.63
扬州市	3 288.68	5.29	24.64	22.48
镇江市	2 873.43	4.62	19.39	20.73
泰州市	3 164.12	5.09	21.81	21.58
杭州市	5 842.42	9.40	14.51	18.69
宁波市	4 961.39	7.99	12.75	17.80

续表

城市	2016年固定资产投资		2016年比2000年增长倍数（倍）	2000～2016年年均增长率（%）
	总额（亿元）	占比（%）		
嘉兴市	2 790.16	4.49	9.58	15.89
湖州市	1 592.18	2.56	13.56	18.22
绍兴市	2 882.48	4.64	10.66	16.59
舟山市	1 311.14	2.11	30.08	23.96
台州市	2 272.63	3.66	11.64	17.18
上海市	6 755.88	10.87	2.61	8.36
江苏地区	33 720.56	54.28	15.14	18.98
浙江地区	21 652.39	34.85	12.71	17.78
总计	62 128.83	100.00	10.22	16.31

　　图 5-1 显示了长三角核心区 16 个城市 2000 年、2010 年、2016 年固定资产投资情况。图中显示，各城市的固定资产投资总额都处于增长状态，未出现投资规模萎缩的城市。2016 年，上海市、杭州市、苏州市、南京市、宁波市、南通市列前六位。

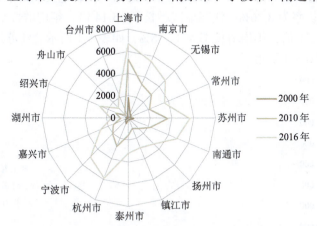

图 5-1　2000 年、2010 年、2016 年长三角核心区 16 个城市固定资产投资情况
图内数字表示固定资产投资总额，单位为亿元

　　2016 年，长三角核心区 16 个城市平均固定资产投资总额为 3883.05 亿元。其中，上海市，江苏地区的南京市、无锡市、苏州市、南通市和浙江地区的杭州市、宁波市 7 个城市高于平均水平，其余 9 个城市低于平均水平，如图 5-2 所示。高于平均水平

的 7 个城市的固定资产投资总额占长三角核心区固定资产投资总额的 61.72%。

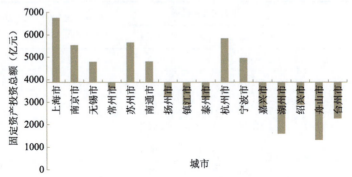

图 5-2　2016 年长三角核心区 16 个城市固定资产投资与平均值比较

5.1.2　从增速看发展

进入 2000 年，长三角核心区固定资产投资保持着较快的增长势头，总额由 2000 年的 5538.84 亿元增长到 2016 年的 62 128.83 亿元，按当年价格计算，增长了 10.22 倍，年均增长率为 16.31%，高于同期地区生产总值的增长速度。其中，上海市增长了 2.61 倍，年均增长率为 8.36%；江苏地区增长了 15.14 倍，年均增长率为 18.98%；浙江地区增长了 12.71 倍，年均增长率为 17.78%，如表 5-1 所示。江苏地区和浙江地区增长较显著，如图 5-3 所示。

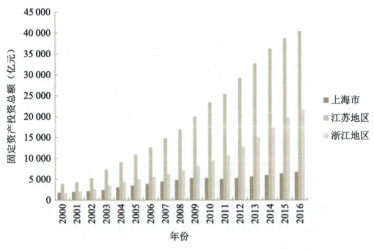

图 5-3　2000～2016 年上海市、江苏地区、浙江地区固定资产投资变化情况

2000 年以来，上海市、江苏地区、浙江地区固定资产投资维持着比较稳定的增长格局，未出现显著的波动。上海市固定资产投资总额稳居长三角核心区各城市首位，2000 年上海市固定资产投资总额远高于其他 15 个城市，是其他城市的 3.62～44.33 倍，但 2016 年已缩小至 1.20～5.15 倍。

5.1.3 从构成看特征

经济社会发展是在一定的资源约束条件下进行的，持续的固定资产投资是促进区域经济发展的重要途径。长三角核心区 16 个城市的经济规模存在显著差异，单纯的投资总量往往不能全面地反映经济的特征，如表 5-2 所示。因此，通过固定资产投资总额占地区生产总值比重和人均固定资产投资总额，从构成的角度来审视投资状况。表 5-3 表明，2016 年长三角核心区 16 个城市固定资产投资总额占地区生产总值比重和人均固定资产投资总额存在较显著的差异。固定资产投资总额最小的舟山市，固定资产投资总额占地区生产总值比重和人均固定资产投资总额最高，而固定资产投资总额最大的上海市，这两个指标几乎都处于最后的位置。

表 5-2　2000～2016 年长三角核心区 16 个城市固定资产投资情况　（单位：亿元）

城市	2000 年	2001 年	2002 年	2003 年	2004 年	2005 年	2006 年	2007 年	2008 年
上海市	1869.67	1994.73	2187.06	2452.11	3084.66	3542.55	3925.09	4458.61	4829.45
南京市	412.20	464.91	602.95	954.05	1201.88	1402.72	1613.55	1867.96	2154.17
无锡市	350.10	405.01	537.80	893.32	1114.13	1336.04	1474.95	1674.22	1877.02
常州市	163.43	190.69	250.01	446.59	588.61	769.80	951.56	1203.94	1448.17
苏州市	516.43	564.85	812.81	1408.93	1554.80	1870.14	2106.99	2366.36	2611.16
南通市	239.50	258.09	309.89	448.42	605.17	815.26	1048.90	1265.80	1505.41
扬州市	128.25	144.09	180.22	247.01	330.05	410.07	533.30	717.88	949.98
镇江市	140.95	150.87	185.54	237.28	320.82	404.75	478.54	588.02	718.50
泰州市	138.74	155.96	177.26	230.65	306.24	403.13	532.56	703.97	900.52
杭州市	515.49	630.97	769.76	1006.74	1202.22	1386.68	1460.74	1684.13	1980.50
宁波市	360.75	470.28	601.27	740.92	1026.64	1268.55	1413.00	1486.54	1610.86
嘉兴市	263.74	305.41	378.80	525.57	635.00	703.46	800.32	900.04	1006.80
湖州市	109.34	145.16	189.64	246.90	327.66	362.95	407.25	458.34	528.79

续表

城市	2000 年	2001 年	2002 年	2003 年	2004 年	2005 年	2006 年	2007 年	2008 年
绍兴市	247.18	286.55	367.48	535.03	629.10	676.13	765.75	843.37	915.75
舟山市	42.18	55.72	64.54	98.01	126.73	161.12	218.99	279.64	339.43
台州市	179.73	222.11	274.37	371.10	461.02	450.65	540.57	624.35	654.76

城市	2009 年	2010 年	2011 年	2012 年	2013 年	2014 年	2015 年	2016 年
上海市	5273.33	5317.67	5067.09	5254.38	5647.79	6016.43	6352.70	6755.88
南京市	2668.03	3306.05	4010.03	4683.45	5265.55	5460.03	5484.47	5533.56
无锡市	2387.56	2985.65	3169.18	3618.07	4015.77	4634.21	4901.19	4795.24
常州市	1704.77	2103.55	2338.94	2760.14	2902.84	3310.05	3398.97	3605.08
苏州市	2967.35	3617.82	4502.02	5266.49	6001.94	6230.67	6124.43	5648.49
南通市	1802.38	2168.38	2378.36	2886.47	3298.73	3896.39	4376.03	4811.95
扬州市	1063.92	1331.85	1475.43	1783.65	2025.18	2416.66	2856.82	3288.68
镇江市	1010.57	1001.43	1226.94	1500.67	1753.15	2142.34	2541.07	2873.43
泰州市	1166.20	1538.03	1197.65	1454.59	1764.17	2200.19	2695.66	3164.11
杭州市	2291.65	2753.13	3100.02	3722.75	4263.87	4952.70	5556.32	5842.41
宁波市	1860.45	2034.99	2385.50	2901.42	3422.95	3989.46	4506.58	4961.39
嘉兴市	1233.41	1488.26	1488.27	1642.31	1910.15	2221.21	2513.82	2790.16
湖州市	636.19	719.98	804.67	970.73	1070.05	1242.92	1402.64	1592.18
绍兴市	1055.03	1245.56	1426.26	1722.56	2001.99	2304.68	2582.84	2882.48
舟山市	400.66	413.84	476.09	570.60	750.02	960.88	1134.76	1311.14
台州市	729.78	838.07	1007.81	1242.56	1507.87	1765.93	1996.03	2272.63

表 5-3　2016 年长三角核心区 16 个城市固定资产投资总额占地区生产总值比重和人均固定资产投资总额

城市	固定资产投资总额（亿元）	地区生产总值（亿元）	固定资产投资总额占地区生产总值比重（%）	总人口（万人）	人均固定资产投资总额（亿元/万人）
上海市	6 755.88	28 178.7	23.98	1 450.0	4.66
南京市	5 533.56	10 503.0	52.69	662.8	8.35
无锡市	4 795.25	9 210.0	52.07	486.2	9.86
常州市	3 605.08	5 773.9	62.44	374.9	9.62

城市	固定资产投资总额（亿元）	地区生产总值（亿元）	固定资产投资总额占地区生产总值比重（%）	总人口（万人）	人均固定资产投资总额（亿元/万人）
苏州市	5 648.49	15 475.1	36.50	678.2	8.33
南通市	4 811.95	6 768.2	71.10	766.7	6.28
扬州市	3 288.68	4 449.4	73.91	461.7	7.12
镇江市	2 873.43	3 833.8	74.95	272.0	10.56
泰州市	3 164.12	4 101.8	77.14	508.2	6.23
杭州市	5 842.42	11 313.7	51.64	736.0	7.94
宁波市	4 961.39	8 686.5	57.12	591.0	8.39
嘉兴市	2 790.16	3 862.1	72.24	352.1	7.92
湖州市	1 592.18	2 284.4	69.70	264.8	6.01
绍兴市	2 882.48	4 789.0	60.19	444.5	6.48
舟山市	1 311.14	1 241.2	105.63	97.3	13.48
台州市	2 272.63	3 898.7	58.29	600.2	3.79

5.2　国有及国有经济控股投资

国有及国有经济控股投资是以货币表现的用于国有及国有经济控股企业进行建造和购置固定资产活动的工作量，它是反映国有及国有经济控股企业固定资产投资规模、速度、比例关系和使用方向的综合指标。

5.2.1　从数字看形势

2016 年长三角核心区国有及国有经济控股投资总额为 14 802.53 亿元。其中，上海市为 1844.66 亿元，占比为 12.46%；江苏地区为 6186.36 亿元，占比为 41.79%；浙江地区为 6771.49 亿元，占比为 45.75%，如表 5-4 所示。16 个城市中，宁波市以 2469.31

亿元列第一位，镇江市以 339.17 亿元列最后一位。江苏地区 8 个城市和浙江地区 7 个城市的国有及国有经济控股投资占长三角核心区比重大致相当。与 2007 年相比，江苏地区的南通市和镇江市国有及国有经济控股投资增长速度较快。

表 5-4　2016 年长三角核心区 16 个城市国有及国有经济控股投资及增长情况

城市	2016 年国有及国有经济控股投资		2016 年比 2007 年增长倍数（倍）	2007~2016 年年均增长率（%）
	总额（亿元）	占比（%）		
上海市	1 844.66	12.46	0.04	0.40
南京市	2 009.50	13.58	1.94	12.72
无锡市	829.09	5.60	2.43	14.69
常州市	600.38	4.06	1.68	11.57
苏州市	636.02	4.30	1.17	9.00
南通市	825.49	5.58	9.25	29.51
扬州市	463.28	3.13	2.74	15.80
镇江市	339.17	2.29	37.26	49.92
泰州市	483.45	3.27	4.49	20.84
杭州市	983.44	6.64	1.49	10.68
宁波市	2 469.31	16.68	5.08	22.20
嘉兴市	834.54	5.64	3.31	17.62
湖州市	466.96	3.15	3.46	18.09
绍兴市	844.83	5.71	6.53	25.15
舟山市	734.12	4.96	3.96	19.49
台州市	438.29	2.96	1.08	8.49
上海市	1 844.66	12.46	0.04	0.40
江苏地区	6 186.38	41.79	2.55	15.11
浙江地区	6 771.49	45.75	3.31	17.64
总计	14 802.53	100.00	1.91	12.59

图 5-4 显示了长三角核心区 16 个城市 2007 年、2011 年、2016 年国有及国有经济

控股投资情况。图中显示，上海的国有及国有经济控股投资额变化不大，江苏地区和浙江地区增长较快，浙江地区的宁波市呈现显著增长势头。2016 年，宁波市、南京市、上海市、杭州市、绍兴市、嘉兴市列前六位。

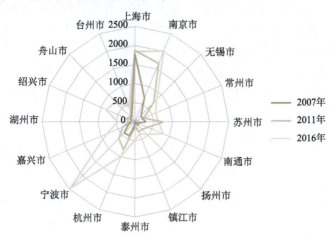

图 5-4　2007 年、2011 年、2016 年长三角核心区 16 个城市国有及国有经济控股投资情况

图内数字表示国有及国有经济控股投资额，单位为亿元

　　2016 年，长三角核心区 16 个城市平均国有及国有经济控股投资额为 925.16 亿元。其中，上海市，江苏地区的南京市和浙江地区的杭州市、宁波市 4 个城市高于平均水平，其余 12 个城市低于平均水平，如图 5-5 所示。高于平均水平的 4 个城市的国有及国有经济控股投资额占长三角核心区投资总额的 49.36%。

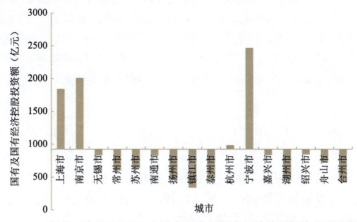

图 5-5　2016 年长三角核心区 16 个城市国有及国有经济控股投资与平均值比较

5.2.2 从增速看发展

2007～2016 年，长三角核心区国有及国有经济控股投资不断增加，总额由 2007 年的 5092.37 亿元增长到 2016 年的 14 802.53 亿元，按当年价格计算，增长了 1.91 倍，年均增长率为 12.59%，高于同期地区生产总值的增长速度。其中，上海市增长了 0.04 倍，年均增长率为 0.40%；江苏地区增长了 2.55 倍，年均增长率为 15.11%；浙江地区增长了 3.31 倍，年均增长率为 17.64%，如表 5-4 所示。江苏地区和浙江地区增长较显著，如图 5-6 所示。

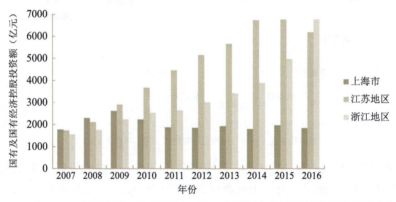

图 5-6 2007～2016 年上海市、江苏地区、浙江地区国有及国有经济控股投资变化情况

2007 年以来，浙江地区国有及国有经济控股投资维持着比较稳定的增长格局，江苏地区总体保持上升趋势，2016 年有所回落，未出现显著的波动，上海市 2009 年以后逐年呈下降趋势。浙江地区国有及国有经济控股投资总额居长三角核心区首位，江苏地区似有赶超趋势。2007 年上海市国有及国有经济控股投资额远高于其他 15 个城市，是其他城市的 2.60～200.61 倍，但 2016 年已被宁波市和南京市超越。

5.2.3 从构成看特征

经济社会发展是在一定的资源约束条件下进行的，持续的国有及国有经济控股投资是促进区域经济发展的重要途径。长三角核心区 16 个城市的经济规模存在显著差异，单纯的投资总量往往不能全面地反映经济的特征，如表 5-5 所示。因此，通过国有及国有经济控股投资额占固定资产投资额比重，从构成的角度来审视投资状况。

表 5-6 显示了 2016 年长三角核心区 16 个城市国有及国有经济控股投资额占固定资产投资额比重情况。舟山市最大，比重为 55.99%；宁波市次之，比重为 49.77%；苏州市最小，比重为 11.26%。

表 5-5　2000～2016 年长三角核心区 16 个城市国有及国有经济控股投资情况（单位：亿元）

城市	2000 年	2001 年	2002 年	2003 年	2004 年	2005 年	2006 年	2007 年	2008 年
上海市		760.58	742.72	811.85	955.12	1240.27	1460.09	1779.43	2295.74
南京市	251.97	278.59	321.68	488.42	491.39	521.59	667.13	684.13	769.66
无锡市				205.25	188.54	186.21	203.40	241.41	349.17
常州市					142.80	192.59	178.58	224.08	218.44
苏州市				353.49	325.35	380.89	367.44	292.88	335.70
南通市				93.22	89.60	72.05	77.68	80.54	119.91
扬州市			70.36	100.09	114.62	104.64	110.17	123.75	127.06
镇江市							7.17	8.87	78.57
泰州市								87.99	116.25
杭州市				343.12	301.44	340.44	368.87	394.54	578.15
宁波市	113.25	162.84	172.51	173.76	261.64	322.87	351.28	406.30	468.98
嘉兴市							190.87	193.68	180.62
湖州市			66.91	101.27	103.04	120.88	121.82	104.59	96.67
绍兴市				148.21	121.25	121.87	138.03	112.17	107.12
舟山市			34.68	60.41	71.43	98.46	124.75	147.87	169.98
台州市				109.70	129.07	150.02	152.33	210.44	161.54

城市	2009 年	2010 年	2011 年	2012 年	2013 年	2014 年	2015 年	2016 年
上海市	2618.61	2234.12	1875.48	1855.24	1926.89	1796.22	1974.08	1844.66
南京市	665.44	923.33	1663.16	1852.71	2070.89	2195.60	1962.24	2009.50
无锡市	637.56	899.85	718.72	742.05	731.31	973.58	970.64	829.09
常州市	303.94	296.39	260.49	379.04	346.83	446.96	460.34	600.38
苏州市	631.20	642.45	763.98	864.66	957.84	1164.70	1118.69	636.02
南通市	222.01	297.61	373.95	513.81	624.56	733.62	780.34	825.49
扬州市	170.13	200.19	275.35	314.06	313.97	463.61	495.16	463.28

续表

城市	2009 年	2010 年	2011 年	2012 年	2013 年	2014 年	2015 年	2016 年
镇江市	188.09	251.99	283.83	276.33	320.71	383.20	523.27	339.17
泰州市	97.15	153.47	132.83	217.43	288.01	376.51	450.76	483.45
杭州市	677.30	794.07	796.63	871.75	919.96	894.35	1099.53	983.44
宁波市	542.54	580.44	611.98	753.70	773.62	836.11	1111.68	2469.31
嘉兴市	311.77	374.10	354.97	328.48	370.77	545.44	696.19	834.54
湖州市	141.79	133.47	163.50	175.28	203.64	235.83	334.50	466.96
绍兴市	164.87	198.93	244.97	297.61	363.32	436.04	523.97	844.83
舟山市	185.34	183.18	168.17	220.37	377.20	466.77	581.90	734.12
台州市	219.21	271.80	307.68	365.38	402.64	478.05	626.15	438.29

表 5-6　2016 年长三角核心区 16 个城市国有及国有经济控股投资额占固定资产投资额比重

城市	国有及国有经济控股投资额（亿元）	固定资产投资额（亿元）	比重（%）
上海市	1 844.66	6 755.88	27.30
南京市	2 009.50	5 533.56	36.31
无锡市	829.09	4 795.25	17.29
常州市	600.38	3 605.08	16.65
苏州市	636.02	5 648.49	11.26
南通市	825.49	4 811.95	17.15
扬州市	463.28	3 288.68	14.09
镇江市	339.17	2 873.43	11.80
泰州市	483.45	3 164.12	15.28
杭州市	983.44	5 842.42	16.83
宁波市	2 469.31	4 961.39	49.77
嘉兴市	834.54	2 790.16	29.91
湖州市	466.96	1 592.18	29.33
绍兴市	844.83	2 882.48	29.31
舟山市	734.12	1 311.14	55.99
台州市	438.29	2 272.63	19.29

5.3   港澳台及外商投资[①]

港澳台及外商投资是指港澳台地区及国外的法人和自然人在中国内地以现金、实物、无形资产、股权等方式进行的投资。

5.3.1   从数字看形势

2016 年长三角核心区港澳台及外商投资为 6379.33 亿元。其中,上海市为 1153.48 亿元,占比为 18.08%;江苏地区为 3617.84 亿元,占比为 56.71%;浙江地区为 1608.01 亿元,占比为 25.21%,如表 5-7 所示。15 个城市中,上海市以 1153.48 亿元列第一位,舟山市以 23.14 亿元列最后一位。江苏地区 8 个城市的港澳台及外商投资占长三角核心区一半以上,苏州市港澳台及外商投资额最大,数量接近上海市。

表 5-7   2016 年长三角核心区 15 个城市港澳台及外商投资及增长情况

城市	2016 年港澳台及外商投资		2016 年比 2007 年增长倍数(倍)	2007~2016 年年均增长率(%)
	总额(亿元)	占比(%)		
上海市	1153.48	18.08	0.62	5.52
南京市	322.93	5.06	0.55	4.97
无锡市	686.45	10.76	0.65	5.75
常州市	332.46	5.21	0.84	6.99
苏州市	1088.25	17.06	0.34	3.32
南通市	499.46	7.83	1.44	10.42
扬州市	239.49	3.75	2.06	13.23
镇江市	280.50	4.40	6.58	25.24
泰州市	168.30	2.64	1.85	12.34
杭州市	662.55	10.39	2.44	14.70

[①] 绍兴市相关资料空缺,故本节只分析 15 个城市。

续表

城市	2016 年港澳台及外商投资		2016 年比 2007 年增长倍数（倍）	2007～2016 年年均增长率（%）
	总额（亿元）	占比（%）		
宁波市	418.41	6.56	1.02	8.12
嘉兴市	340.90	5.34	1.12	8.69
湖州市	94.93	1.49	1.83	12.25
舟山市	23.14	0.36	0.16	1.69
台州市	68.08	1.07	1.64	11.38
上海市	1153.48	18.08	0.62	5.52
江苏地区	3617.84	56.71	0.81	6.84
浙江地区	1608.01	25.21	1.51	10.77
总计	6379.33	100.00	0.91	7.43

图 5-7 显示了长三角核心区 15 个城市 2007 年、2012 年、2016 年港澳台及外商投资情况。图中显示，各城市港澳台及外商投资都处于增长状态，未出现投资规模萎缩的城市。2016 年，上海市、苏州市、无锡市、杭州市、南通市、宁波市列前六位。

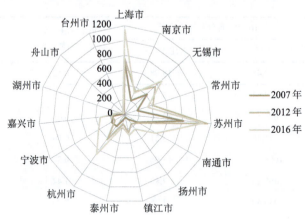

图 5-7 2007 年、2012 年、2016 年长三角核心区 15 个城市港澳台及外商投资情况
图内数字表示港澳台及外商投资额，单位为亿元

2016 年，长三角核心区 15 个城市平均港澳台及外商投资额为 425.29 亿元。其中，上海市，江苏地区的无锡市、苏州市、南通市和浙江地区的杭州市 5 个城市高于平均水平，其余 10 个城市低于平均水平，如图 5-8 所示。高于平均水平的 5 个城市的港澳台及外商投资额占长三角核心区港澳台及外商投资总额的 64.11%。

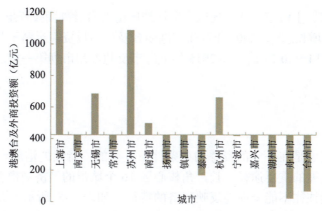

图 5-8   2016 年长三角核心区 15 个城市港澳台及外商投资与平均值比较

5.3.2   从增速看发展

2007～2016 年，长三角核心区港澳台及外商投资总体上呈增长态势，在个别年份略有波动，总额由 2007 年的 3346.42 亿元，增长到 2016 年的 6379.33 亿元，按当年价格计算，增长了 0.91 倍，年均增长率为 7.43%。其中，上海市增长了 0.62 倍，年均增长率为 5.52%；江苏地区增长了 0.81 倍，年均增长率为 6.84%；浙江地区增长了 1.51 倍，年均增长率为 10.77%，如表 5-7 所示。分年度来看，上海市、江苏地区、浙江地区略呈波动式增长，如图 5-9 所示。

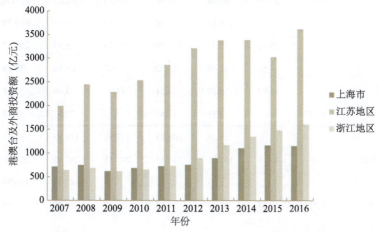

图 5-9   2007～2016 年上海市、江苏地区、浙江地区港澳台及外商投资变化情况

2007 年以来，上海市、江苏地区、浙江地区港澳台及外商投资虽出现较小波动，但总体还是呈现增长态势。2007 年苏州市港澳台及外商投资额远高于其他 14 个城市，是其他城市的 1.14～40.74 倍，到 2015 年上海市反超苏州市列第一位。

5.3.3 从构成看特征

经济社会发展是在一定的资源约束条件下进行的，持续的港澳台及外商投资是促进区域经济发展的重要途径。长三角核心区 16 个城市的经济规模存在显著差异，单纯的投资总量往往不能全面地反映经济的特征，如表 5-8 所示。因此，通过港澳台及外商投资额占固定资产投资额比重，从构成的角度来审视投资状况。表 5-9 显示了 2016 年长三角核心区 15 个城市港澳台及外商投资额占固定资产投资额比重情况。苏州市最大，比重为 19.27%；上海市次之，比重为 17.07%；舟山市最小，比重为 1.76%。

表 5-8 2000～2016 年长三角核心区 16 个城市港澳台及外商投资情况 （单位：亿元）

城市	2000 年	2001 年	2002 年	2003 年	2004 年	2005 年	2006 年	2007 年	2008 年
上海市	319.05	362.25	369.96	468.20	851.39	640.31	725.85	711.35	748.14
南京市						150.46	165.31	208.75	245.80
无锡市				189.96	237.00	298.48	332.98	415.10	461.78
常州市		19.09	29.86	61.68	92.46	97.34	142.22	181.06	267.12
苏州市				429.16	446.40	579.13	623.03	810.79	918.10
南通市			30.24	62.88	112.70	147.29	138.54	204.67	253.27
扬州市			4.58	11.08	31.52	41.97	49.88	78.29	110.88
镇江市			11.97	10.27	30.21	47.03	3.46	37.01	141.95
泰州市		4.25		8.13	13.43		27.67	59.05	50.53
杭州市				58.48	108.81	118.91	129.85	192.83	205.48
宁波市	26.87	32.39	46.16	102.81	140.13	208.58	251.47	207.27	215.12
嘉兴市							147.36	160.99	175.88
湖州市		3.91	13.87	13.08	34.72	34.58	42.90	33.55	38.23
绍兴市									

续表

城市	2000 年	2001 年	2002 年	2003 年	2004 年	2005 年	2006 年	2007 年	2008 年
舟山市			0.29	0.98	2.27	2.56	7.29	19.90	22.25
台州市				18.81	33.23	60.90	69.56	25.81	33.63

城市	2009 年	2010 年	2011 年	2012 年	2013 年	2014 年	2015 年	2016 年
上海市	617.90	686.95	726.57	758.08	894.47	1103.04	1164.72	1153.48
南京市	238.73	287.22	325.29	347.05	260.01	253.40	164.14	322.93
无锡市	489.81	489.24	496.40	567.06	604.55	699.54	643.53	686.45
常州市	253.91	325.47	373.32	408.02	432.50	395.29	364.87	332.46
苏州市	768.44	812.10	997.99	1145.99	1290.88	1168.87	1139.94	1088.25
南通市	206.23	201.83	250.61	224.04	264.67	267.65	215.46	499.46
扬州市	95.67	144.72	146.39	149.55	190.75	206.47	168.22	239.49
镇江市	169.40	184.87	208.70	248.15	241.30	278.98	222.80	280.50
泰州市	69.23	93.57	65.55	125.34	97.54	119.14	109.00	168.30
杭州市	219.85	256.12	280.52	415.16	595.54	645.67	590.36	662.55
宁波市	165.40	148.40	169.16	155.21	232.95	291.21	444.12	418.41
嘉兴市	149.17	150.91	165.82	183.76	207.42	263.70	308.08	340.90
湖州市	35.35	56.16	77.26	98.94	80.36	80.41	80.95	94.93
绍兴市								
舟山市	24.18	22.45	25.45	22.09	22.30	27.16	20.08	23.14
台州市	27.73	25.61	19.12	23.94	28.49	41.57	40.06	68.08

表 5-9　2016 年长三角核心区 15 个城市港澳台及外商投资额占固定资产投资额比重

城市	港澳台及外商投资额（亿元）	固定资产投资额（亿元）	比重（%）
上海市	1153.48	6755.88	17.07
南京市	322.93	5533.56	5.84
无锡市	686.45	4795.25	14.32
常州市	332.46	3605.08	9.22
苏州市	1088.25	5648.49	19.27

续表

城市	港澳台及外商投资额（亿元）	固定资产投资额（亿元）	比重（%）
南通市	499.46	4811.95	10.38
扬州市	239.49	3288.68	7.28
镇江市	280.50	2873.43	9.76
泰州市	168.30	3164.12	5.32
杭州市	662.55	5842.42	11.34
宁波市	418.41	4961.39	8.43
嘉兴市	340.90	2790.16	12.22
湖州市	94.93	1592.18	5.96
舟山市	23.14	1311.14	1.76
台州市	68.08	2272.63	3.00

5.4 房地产开发投资

房地产开发投资是在一定时期内，房地产开发公司、商品房建设公司及其他房地产开发法人单位和附属于其他法人单位实际从事房地产开发或经营活动的单位统一开发的包括统/代建、拆迁还建的住宅、厂房、仓库、饭店、宾馆、度假村、写字楼、办公楼等房屋建筑物和配套的服务设施，以及土地开发工程（如道路、给水、排水、供电、供热、通信、平整场地等基础设施工程）的投资完成额；不包括单纯的土地交易活动完成额。

5.4.1 从数字看形势

2016 年长三角核心区房地产开发投资总额为 16 758.49 亿元。其中，上海市为 3709.03 亿元，占比为 22.13%；江苏地区为 7182.81 亿元，占比为 42.86%；浙江地区为 5866.65 亿元，占比为 35.01%，如表 5-10 所示。16 个城市中，上海市以 3709.03 亿元列第一位，舟山市以 171.89 亿元列最后一位。江苏地区 8 个城市的房地产开发投资占长三角核心区比重最大，杭州市房地产开发投资额仅次于上海市列第二位。

表 5-10 2016 年长三角核心区 16 个城市房地产开发投资及增长情况

城市	2016 年房地产开发投资		2016 年比 2000 年增长倍数（倍）	2000～2016 年年均增长率（%）
	总额（亿元）	占比（%）		
上海市	3 709.03	22.13	5.55	12.47
南京市	1 845.60	11.01	17.58	20.04
无锡市	1 033.62	6.16	22.14	21.69
常州市	446.70	2.66	13.90	18.39
苏州市	2 163.24	12.91	34.36	24.96
南通市	584.13	3.49	21.38	21.44
扬州市	410.18	2.45	25.58	22.75
镇江市	448.64	2.68	33.89	24.86
泰州市	250.70	1.50	18.84	20.53
杭州市	2 606.41	15.55	24.67	22.49
宁波市	1 270.33	7.58	20.27	21.06
嘉兴市	478.40	2.85	19.52	20.78
湖州市	274.22	1.64	14.89	18.87
绍兴市	641.19	3.83	16.74	19.69
舟山市	171.89	1.03	15.73	19.25
台州市	424.21	2.53	16.60	19.63
上海市	3 709.03	22.13	5.55	12.47
江苏地区	7 182.81	42.86	22.77	21.90
浙江地区	5 866.65	35.01	20.54	21.15
总计	16 758.49	100.00	13.69	18.29

图 5-10 显示了长三角核心区 16 个城市 2000 年、2010 年、2016 年房地产开发投资情况。图中显示，各城市的房地产开发投资都处于增长状态，未出现投资规模

萎缩的城市。2016 年，上海市、杭州市、苏州市、南京市、宁波市、无锡市列前六位。

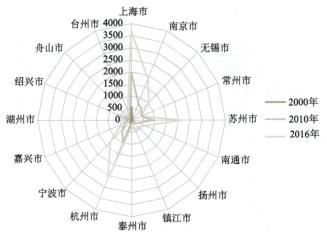

图 5-10　2000 年、2010 年、2016 年长三角核心区 16 个城市房地产开发投资情况

图内数字表示房地产开发投资额，单位为亿元

2016 年，长三角核心区 16 个城市平均房地产开发投资额为 1047.41 亿元。其中，上海市，江苏地区的南京市、苏州市和浙江地区的杭州市、宁波市 5 个城市高于平均水平，其余 11 个城市低于平均水平，如图 5-11 所示。高于平均水平的 5 个城市的房地产开发投资额占长三角核心区房地产开发投资总额的 69.20%。

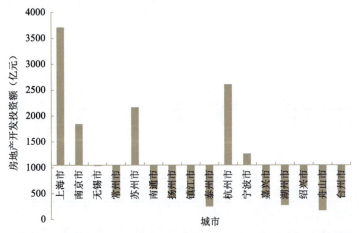

图 5-11　2016 年长三角核心区 16 个城市房地产开发投资与平均值比较

5.4.2 从增速看发展

进入 2000 年，长三角核心区的房地产开发投资保持着较快的增长势头，总额由 2000 年的 1140.72 亿元增长到 2016 年的 16758.49 亿元，按当年价格计算，增长了 13.69 倍，年均增长率为 18.29%，高于同期地区生产总值的增长速度。其中，上海市增长了 5.55 倍，年均增长率为 12.47%；江苏地区增长了 22.77 倍，年均增长率为 21.90%；浙江地区增长了 20.54 倍，年均增长率为 21.15%，如表 5-10 所示。江苏地区和浙江地区增长较显著，如图 5-12 所示。

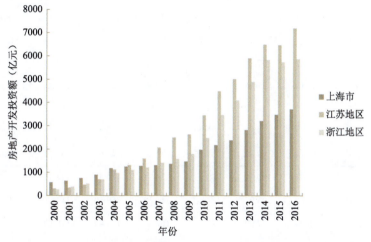

图 5-12　2000～2016 年上海市、江苏地区、浙江地区房地产开发投资变化情况

2000 年以来，上海市、江苏地区、浙江地区房地产开发投资维持着比较稳定的增长格局，未出现显著的波动。上海市房地产开发投资额稳居长三角核心区各城市首位，2000 年上海市的房地产开发投资额远高于其他 15 个城市，是其他城市的 5.58～55.13 倍，但 2016 年缩小为 1.42～21.58。

5.4.3 从构成看特征

经济社会发展是在一定的资源约束条件下进行的，持续的房地产开发投资是促进区域经济发展的重要途径。长三角核心区 16 个城市的经济规模存在显著差异，单纯的投资总量往往不能全面地反映经济的特征，如表 5-11 所示。因此，通过房地产开发投资额占固定资产投资额比重，从构成的角度来审视投资状况。表 5-12 显示了 2016 年长三角核心区 16 个城市房地产开发投资额占固定资产投资额比重情况。上海市最大，比重为 54.90%；杭州市次之，比重为 44.61%；泰州市最小，比重为 7.92%。

表 5-11 2000～2016 年长三角核心区 16 个城市房地产开发投资额情况 （单位：亿元）

城市	2000 年	2001 年	2002 年	2003 年	2004 年	2005 年	2006 年	2007 年	2008 年
上海市	566.17	630.73	748.89	901.24	1175.46	1246.86	1275.59	1307.53	1366.87
南京市	99.34	111.00	137.63	183.80	292.88	296.14	351.17	445.97	508.17
无锡市	44.67	49.31	77.01	131.79	195.58	227.74	276.81	378.12	449.72
常州市	29.98	32.17	41.02	52.78	97.90	114.27	171.04	225.05	308.92
苏州市	61.18	68.62	107.34	177.94	334.32	414.33	470.75	601.96	718.08
南通市	26.11	33.13	35.96	48.32	59.39	80.05	107.93	137.43	172.68
扬州市	15.43	17.98	26.19	43.82	63.98	73.14	83.43	106.48	137.66
镇江市	12.86	14.95	19.80	32.29	39.47	60.48	67.42	84.33	97.03
泰州市	12.63	17.14	19.47	31.15	39.28	47.62	63.09	92.07	111.78
杭州市	101.53	140.91	198.25	258.85	328.54	410.57	442.65	518.79	615.41
宁波市	59.71	87.08	125.97	184.26	244.26	259.50	313.58	332.89	307.75
嘉兴市	23.32	39.83	47.99	72.44	117.53	123.40	118.10	147.74	181.12
湖州市	17.26	23.40	29.58	41.52	56.86	69.05	72.80	94.94	106.84
绍兴市	36.15	48.61	49.09	74.47	120.34	103.33	128.57	178.59	202.06
舟山市	10.27	15.21	18.69	18.19	23.66	27.67	33.11	39.15	38.95
台州市	24.10	32.02	46.77	56.50	87.30	116.13	101.47	95.73	126.25
城市	2009 年	2010 年	2011 年	2012 年	2013 年	2014 年	2015 年	2016 年	
上海市	1464.18	1980.68	2170.31	2381.36	2819.59	3206.48	3468.94	3709.03	
南京市	595.68	754.76	896.73	1015.76	1120.18	1125.49	1429.02	1845.60	
无锡市	463.37	612.67	877.78	974.37	1128.91	1269.48	991.66	1033.62	
常州市	306.20	446.96	565.91	597.01	698.85	681.53	508.04	446.70	
苏州市	724.34	935.80	1199.13	1263.36	1475.77	1764.44	1864.95	2163.24	
南通市	200.79	272.78	379.96	481.74	596.52	678.92	690.94	584.13	

续表

城市	2009 年	2010 年	2011 年	2012 年	2013 年	2014 年	2015 年	2016 年
扬州市	129.53	165.16	197.71	235.84	315.91	360.44	378.18	410.18
镇江市	95.47	114.88	141.47	205.48	296.31	319.05	355.78	448.64
泰州市	123.88	149.73	228.26	234.48	271.16	288.39	247.48	250.70
杭州市	704.68	956.20	1302.72	1597.36	1853.28	2301.08	2472.07	2606.41
宁波市	374.51	557.27	754.94	884.35	1123.14	1328.14	1228.84	1270.33
嘉兴市	187.18	270.39	383.37	415.88	510.83	525.72	458.41	478.40
湖州市	111.30	143.13	184.68	211.17	267.64	342.75	323.39	274.22
绍兴市	210.46	297.80	403.24	467.71	536.99	613.51	622.65	641.19
舟山市	48.99	58.98	116.79	158.94	143.79	225.80	193.59	171.89
台州市	152.27	196.08	319.16	357.38	453.54	496.05	438.69	424.21

表 5-12　2016 年长三角核心区 16 个城市房地产开发投资额占固定资产投资额比重

城市	房地产开发投资额（亿元）	固定资产投资额（亿元）	比重（%）
上海市	3709.03	6755.88	54.90
南京市	1845.60	5533.56	33.35
无锡市	1033.62	4795.25	21.56
常州市	446.70	3605.08	12.39
苏州市	2163.24	5648.49	38.30
南通市	584.13	4811.95	12.14
扬州市	410.18	3288.68	12.47
镇江市	448.64	2873.43	15.61
泰州市	250.70	3164.12	7.92
杭州市	2606.41	5842.42	44.61
宁波市	1270.33	4961.39	25.60
嘉兴市	478.40	2790.16	17.15
湖州市	274.22	1592.18	17.22
绍兴市	641.19	2882.48	22.24
舟山市	171.89	1311.14	13.11
台州市	424.21	2272.63	18.67

5.5 第一产业固定资产投资①

第一产业固定资产投资是以货币表现的用于第一产业进行建造和购置固定资产活动的工作量，它是反映第一产业固定资产投资规模、速度、比例关系和使用方向的综合指标。

5.5.1 从数字看形势

2016年长三角核心区第一产业固定资产投资总额为233.73亿元。其中，上海市为4.09亿元，占比为1.75%；江苏地区为92.37亿元，占比为39.52%；浙江地区为137.27亿元，占比为58.73%，如表5-13所示。15个城市中，南京市以40.78亿元列第一位，苏州市以0.91亿元列最后一位。浙江地区6个城市的第一产业固定资产投资占长三角核心区一半以上。

表5-13 2016年长三角核心区15个城市第一产业固定资产投资及增长情况

城市	2016年第一产业固定资产投资		2016年比2007年增长倍数（倍）	2007~2016年年均增长率（%）
	总额（亿元）	占比（%）		
上海市	4.09	1.75	−0.51	−7.65
南京市	40.78	17.45	2.77	15.90
无锡市	9.05	3.87	3.24	17.42
常州市	3.94	1.68	5.10	22.26
苏州市	0.91	0.39	−0.75	−14.29
南通市	8.67	3.71	8.02	27.69
扬州市	16.84	7.20	3.45	18.05

---

① 绍兴市相关资料空缺，故本节只分析15个城市。

续表

城市	2016 年第一产业固定资产投资		2016 年比 2007 年增长倍数（倍）	2007～2016 年年均增长率（%）
	总额（亿元）	占比（%）		
镇江市	5.34	2.28	−0.47	−6.89
泰州市	6.84	2.93	−0.40	−5.55
杭州市	39.36	16.84	15.91	36.92
宁波市	19.89	8.51	3.31	17.62
嘉兴市	38.19	16.34	11.40	32.28
湖州市	11.28	4.83	12.38	33.40
舟山市	8.59	3.68	3.68	18.71
台州市	19.96	8.54	8.11	27.82
上海市	4.09	1.75	−0.51	−7.65
江苏地区	92.37	39.52	1.12	8.70
浙江地区	137.27	58.73	8.21	27.98
总计	233.73	100.00	2.50	14.92

图 5-13 显示了长三角核心区 15 个城市 2007 年、2011 年、2016 年第一产业固定

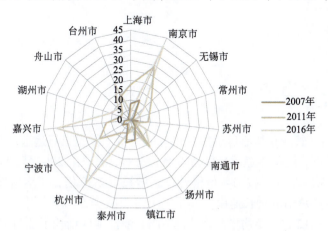

图 5-13　2007 年、2011 年、2016 年长三角核心区 15 个城市第一产业固定资产投资情况

图内数字表示第一产业固定资产投资额，单位为亿元

资产投资情况。图中显示，上海市的第一产业固定资产投资出现明显萎缩状态，江苏地区除南京市外都有所萎缩，南京市上升明显，浙江地区均呈现增长态势。2016年，南京市、杭州市、嘉兴市、台州市、宁波市、扬州市列前六位。

2016年，长三角核心区15个城市平均第一产业固定资产投资额为15.58亿元。其中，江苏地区的南京市、扬州市和浙江地区的杭州市、宁波市、嘉兴市、台州市6个城市高于平均水平，其余9个城市低于平均水平，如图5-14所示。高于平均水平的6个城市的第一产业固定资产投资额占长三角核心区固定资产投资总额的74.88%。

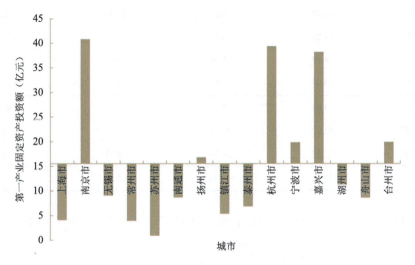

图5-14　2016年长三角核心区15个城市第一产业固定资产投资与平均值比较

5.5.2　从增速看发展

进入2007年，长三角核心区的第一产业固定资产投资虽然远远低于第二产业、第三产业的增长速度，但总体上还是保持着增长态势，总额由2007年的66.83亿元增长到2016年的233.73亿元，按当年价格计算，增长了2.50倍，年均增长率为14.92%，高于同期地区生产总值的增长速度。其中，上海市减少51%，年均下降率为7.65%；江苏地区增长了1.12倍，年均增长率为8.70%；浙江地区增长了8.21倍，年均增长率为27.98%，如表5-13所示。浙江地区增长较显著，如图5-15所示。

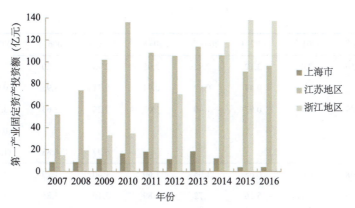

图 5-15　2007～2016 年上海市、江苏地区、浙江地区第一产业固定资产投资变化情况

2007 年以来，浙江地区第一产业固定资产投资维持着比较稳定的增长格局，未出现显著的波动，上海市整体处于萎缩状态。江苏地区第一产业固定资产投资在 2007～2010 年持续增长，2010 年起呈现波动下降趋势。2016 年，南京市以 40.78 亿元居长三角核心区各城市首位，杭州市增长最为迅猛，较 2007 年增长了 15.91 倍，如表 5-13所示。

5.5.3　从构成看特征

经济社会发展是在一定的资源约束条件下进行的，持续的第一产业固定资产投资是促进区域经济发展的重要途径。长三角核心区 16 个城市的经济规模存在显著差异，单纯的投资总量往往不能全面地反映经济的特征，如表 5-14 所示。因此，通过第一产业固定资产投资额占固定资产投资额比重，从构成的角度来审视投资状况。表 5-15 显示了 2016 年长三角核心区 15 个城市第一产业固定资产投资额占固定资产投资额比重情况。嘉兴市最大，比重为 1.37%；台州市次之，比重为 0.88%；苏州市最小，比重为 0.02%。

表 5-14　2000～2016 年长三角核心区 16 个城市第一产业固定资产投资情况（单位：亿元）

城市	2000 年	2001 年	2002 年	2003 年	2004 年	2005 年	2006 年	2007 年	2008 年
上海市	7.87	6.51	5.09	4.18	5.28	5.58	14.29	8.37	8.40
南京市				3.75	5.83	4.78	6.90	10.81	12.43
无锡市	1.78	6.16	9.13	1.47	1.62	2.43	1.23	2.13	6.37
常州市	4.98	5.36	2.96	2.01	0.56	1.19	2.02	0.65	3.00

续表

城市	2000 年	2001 年	2002 年	2003 年	2004 年	2005 年	2006 年	2007 年	2008 年
苏州市	1.50	2.43	3.12	2.92	3.05	2.15	2.20	3.65	4.80
南通市			0.44	0.62	0.44	5.31	3.95	0.96	2.05
扬州市	0.49	0.44	0.97	1.40	1.63	2.24	3.63	3.78	7.56
镇江市								10.15	12.92
泰州市						6.97	8.88	11.44	16.54
杭州市	0.08	0.06	0.65	1.05	1.60	1.40	1.79	2.33	3.08
宁波市	9.13	2.97	5.16	3.72	1.89	2.10	3.85	4.62	6.79
嘉兴市				7.07	4.45	6.28	4.74	3.08	3.73
湖州市			0.12	1.49	0.56	1.22	0.09	0.84	1.58
绍兴市									
舟山市				2.00	0.63	0.68	1.97	1.84	1.12
台州市				1.12	1.48	2.36	2.16	2.19	2.92

城市	2009 年	2010 年	2011 年	2012 年	2013 年	2014 年	2015 年	2016 年
上海市	11.41	16.40	17.97	11.20	18.45	11.86	3.95	4.09
南京市	12.24	21.21	29.31	23.59	23.55	34.87	36.95	40.78
无锡市	14.20	16.91	14.13	15.26	16.05	13.21	10.21	9.05
常州市	3.99	7.39	10.03	5.81	5.49	4.24	2.35	3.94
苏州市	6.46	8.33	8.80	10.01	6.71	4.32	3.86	0.91
南通市	3.90	3.25	2.47	4.31	1.92	9.92	8.53	8.67
扬州市	11.29	14.64	16.07	17.91	26.55	15.15	16.15	16.84
镇江市	17.12	21.99	3.07	4.58	0.85	1.97	2.78	5.34
泰州市	21.26	25.97	6.60	12.77	14.28	10.39	6.19	6.84
杭州市	3.13	4.20	7.69	4.27	8.40	19.07	31.47	39.36
宁波市	14.38	11.35	18.39	27.02	21.17	45.15	47.82	19.89
嘉兴市	11.35	14.56	12.62	14.08	16.49	25.14	30.25	38.19
湖州市	1.13	1.45	5.30	7.94	6.81	6.80	8.32	11.28
绍兴市								
舟山市	1.03	2.08	5.77	6.94	13.04	9.64	8.55	8.59
台州市	2.06	1.23	12.85	10.16	11.33	12.06	11.70	19.96

表 5-15　2016 年长三角核心区 15 个城市第一产业固定资产投资额占固定资产投资额比重

城市	第一产业固定资产投资额（亿元）	固定资产投资额（亿元）	比重（%）
上海市	4.09	6755.88	0.06
南京市	40.78	5533.56	0.74
无锡市	9.05	4795.25	0.19
常州市	3.94	3605.08	0.11
苏州市	0.91	5648.49	0.02
南通市	8.67	4811.95	0.18
扬州市	16.84	3288.68	0.51
镇江市	5.34	2873.43	0.19
泰州市	6.84	3164.12	0.22
杭州市	39.36	5842.42	0.67
宁波市	19.89	4961.39	0.40
嘉兴市	38.19	2790.16	1.37
湖州市	11.28	1592.18	0.71
舟山市	8.59	1311.14	0.66
台州市	19.96	2272.63	0.88

5.6　第二产业固定资产投资[①]

　　第二产业固定资产投资是以货币表现的用于第二产业进行建造和购置固定资产活动的工作量，它是反映第二产业固定资产投资规模、速度、比例关系和使用方向的综合指标。

---

① 绍兴市相关资料空缺，故本节只分析 15 个城市。

5.6.1 从数字看形势

2016 年长三角核心区第二产业固定资产投资总额为 21 827.11 亿元。其中，上海市为 982.69 亿元，占比为 4.50%；江苏地区为 15 340.17 亿元，占比为 70.28%；浙江地区为 5504.25 亿元，占比为 25.22%，如表 5-16 所示。15 个城市中，南通市以 2406.95 亿元列第一位，舟山市以 362.23 亿元列最后一位。江苏地区 8 个城市的第二产业固定资产投资占长三角核心区七成以上。

表 5-16　2016 年长三角核心区 15 个城市第二产业固定资产投资及增长情况

城市	2016 年第二产业固定资产投资		2016 年比 2007 年增长倍数（倍）	2007～2016 年年均增长率（%）
	总额（亿元）	占比（%）		
上海市	982.69	4.50	-0.30	-3.84
南京市	1 784.22	8.17	0.90	7.42
无锡市	2 048.65	9.39	1.31	9.77
常州市	1 919.62	8.79	1.79	12.09
苏州市	1 987.31	9.10	0.63	5.58
南通市	2 406.95	11.03	2.18	13.73
扬州市	1 714.93	7.86	2.79	15.96
镇江市	1 515.95	6.95	3.00	16.64
泰州市	1 962.54	8.99	3.83	19.13
杭州市	886.90	4.06	0.68	5.92
宁波市	1 470.50	6.74	1.00	8.00
嘉兴市	1 225.73	5.62	1.37	10.04
湖州市	680.96	3.12	2.15	13.58
舟山市	362.23	1.66	2.89	16.28
台州市	877.93	4.02	1.16	8.95
上海市	982.69	4.50	-0.30	-3.84
江苏地区	15 340.17	70.28	1.68	11.58
浙江地区	5 504.25	25.22	1.20	9.18
总计	21 827.11	100.00	1.27	9.53

图 5-16 显示了长三角核心区 15 个城市 2007 年、2011 年、2016 年第二产业固定资产投资情况。图中显示，上海市的第二产业固定资产投资出现规模萎缩，南京市出现先增加后减少、宁波市出现先减少后增加的情况，其余 12 个城市都处于增长状态。2016 年，南通市、无锡市、苏州市、泰州市、常州市、南京市列前六位。

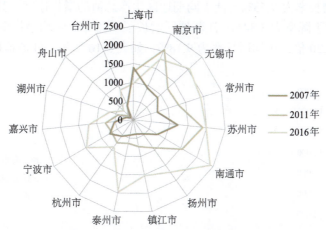

图 5-16　2007 年、2011 年、2016 年长三角核心区 15 个城市第二产业固定资产投资情况

图内数字表示第二产业固定资产投资额，单位为亿元

2016 年，长三角核心区 15 个城市平均第二产业固定资产投资额为 1455.14 亿元。其中，江苏地区的南京市、无锡市、常州市、苏州市、南通市、扬州市、镇江市、泰州市和浙江地区的宁波市 9 个城市高于平均水平，其余 6 个城市低于平均水平，如图 5-17 所示。高于平均水平的 9 个城市的第二产业固定资产投资额占长三角核心区固定资产投资总额的 77.02%。

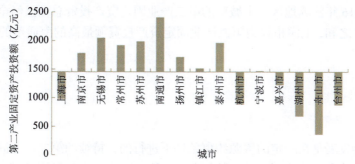

图 5-17　2016 年长三角核心区 15 个城市第二产业固定资产投资与平均值比较

5.6.2 从增速看发展

进入 2007 年，长三角核心区第二产业固定资产投资保持着较快的增长势头，总额由 2007 年的 9617.17 亿元增长到 2016 年的 21 827.11 亿元，按当年价格计算，增长了 1.27 倍，年均增长率为 9.53%，低于同期地区生产总值的增长速度。其中，上海市下降到七成，年均下降率为 3.84%；江苏地区增长了 1.68 倍，年均增长率为 11.58%；浙江地区增长了 1.20 倍，年均增长率为 9.18%，如表 5-16 所示。江苏地区增长较显著，如图 5-18 所示。

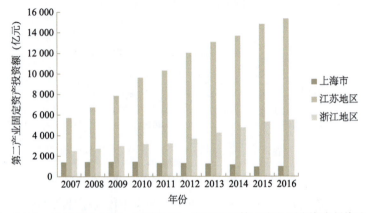

图 5-18　2007～2016 年上海市、江苏地区、浙江地区第二产业固定资产投资变化情况

2007 年以来，江苏地区和浙江地区第二产业固定资产投资维持着比较稳定的增长格局，未出现显著的波动，上海市 2012 年以后逐年下降。江苏地区第二产业固定资产投资额稳居长三角核心区首位，2007 年上海市第二产业固定资产投资额高于其他 14 个城市，但 2016 年江苏地区 8 个城市的第二产业固定资产投资总额已经全面超过上海市和浙江地区之和，上海市仅为第二产业固定资产投资额最高的南通市的 40.83%，如表 5-16 所示。

5.6.3 从构成看特征

经济社会发展是在一定的资源约束条件下进行的，持续的第二产业固定资产投资是促进区域经济发展的重要途径。长三角核心区 16 个城市的经济规模存在显著的差异，单纯的投资总量往往不能全面地反映经济的特征，如表 5-17 所示。因此，通过第二产业固定资产投资额占地区生产总值比重和人均第二产业固定资产投资额，从构成的角度来审视投资状况。表 5-18 表明，2016 年长三角核心区 15 个城市第二产业固定资产投资额占地区生产总值比重和人均第二产业固定资产投资额存在较显著的差异。泰州市第二产业固定资产投资额占地区生产总值比重最大，镇江市人均第二产业固定资产投资额最大，上海市这两个指标均处于最后位置。第二产业固定资产投资额最大的南通市，占地区生产总值比重处于前列，人均第二产业固定资产投资额处于中游位置。而第二产业固定资产投资额最小的舟山市，这两个指标都处于中游位置。

表 5-17　2000～2016 年长三角核心区 16 个城市第二产业固定资产投资情况（单位：亿元）

城市	2000 年	2001 年	2002 年	2003 年	2004 年	2005 年	2006 年	2007 年	2008 年
上海市	615.94	683.61	726.19	806.94	1010.25	1082.10	1212.71	1397.57	1420.82
南京市				357.72	481.50	586.43	738.12	936.79	1088.93
无锡市	232.51	226.09	253.99	520.43	679.97	791.04	813.40	885.56	945.75
常州市	60.48	83.77	125.21	259.13	345.13	464.86	565.35	687.03	839.20
苏州市	321.98	352.18	510.94	845.61	871.46	1050.63	1163.50	1218.66	1277.58
南通市			81.27	176.79	298.70	493.87	561.57	755.94	981.46
扬州市	54.91	60.38	80.64	113.31	157.50	233.05	320.67	452.50	634.56
镇江市								379.39	463.33
泰州市						216.80	306.66	406.02	505.96
杭州市	84.43	95.35	110.42	320.89	436.90	445.19	465.14	528.63	570.57
宁波市	148.40	176.00	244.23	399.18	536.19	725.84	720.59	735.49	755.55
嘉兴市				302.61	350.09	365.43	445.60	518.14	611.09
湖州市			67.27	95.60	139.25	149.25	166.30	216.40	275.17
绍兴市									
舟山市				24.27	36.29	41.81	58.21	93.18	129.12
台州市				132.00	181.09	243.75	320.33	405.87	390.46

城市	2009 年	2010 年	2011 年	2012 年	2013 年	2014 年	2015 年	2016 年
上海市	1427.50	1435.37	1290.89	1294.14	1242.02	1157.27	958.84	982.69
南京市	1311.31	1613.09	2056.42	2414.95	2518.53	2180.71	2093.35	1784.22
无锡市	1052.66	1210.82	1252.55	1423.59	1567.35	1746.58	1976.53	2048.65

续表

城市	2009 年	2010 年	2011 年	2012 年	2013 年	2014 年	2015 年	2016 年
常州市	978.81	1186.51	1295.82	1533.97	1545.03	1684.29	1759.97	1919.62
苏州市	1305.03	1564.85	1891.90	2184.89	2434.31	2308.10	2204.24	1987.31
南通市	1194.13	1411.17	1539.27	1710.04	1856.06	2046.82	2223.79	2406.95
扬州市	718.98	895.26	908.88	1063.34	1146.90	1330.68	1511.17	1714.93
镇江市	634.26	792.93	721.59	881.92	1014.34	1149.35	1391.74	1515.95
泰州市	652.03	956.09	633.40	800.81	992.22	1206.41	1641.27	1962.54
杭州市	611.55	687.58	748.68	853.16	912.53	915.25	931.78	886.90
宁波市	776.73	697.58	668.36	819.87	1066.23	1264.67	1501.39	1470.50
嘉兴市	716.71	811.90	768.49	786.11	895.67	1001.91	1118.26	1225.73
湖州市	314.16	380.94	442.09	529.78	529.22	569.61	612.70	680.96
绍兴市								
舟山市	142.72	151.68	170.19	188.80	242.13	297.18	318.35	362.23
台州市	408.99	437.36	428.06	503.46	610.83	731.88	821.73	877.93

表 5-18　2016 年长三角核心区 15 个城市第二产业固定资产投资额占地区生产总值比重
和人均第二产业固定资产投资额

城市	第二产业固定资产投资额（亿元）	地区生产总值（亿元）	第二产业固定资产投资额占地区生产总值比重（%）	总人口（万人）	人均第二产业固定资产投资额（万元）
上海市	982.69	28 178.7	3.49	1 450.0	0.68
南京市	1 784.22	10 503.0	16.99	662.8	2.69
无锡市	2 048.65	9 210.0	22.24	486.2	4.21
常州市	1 919.62	5 773.9	33.25	374.9	5.12
苏州市	1 987.31	15 475.1	12.84	678.2	2.93
南通市	2 406.95	6 768.2	35.56	766.7	3.14
扬州市	1 714.93	4 449.4	38.54	461.7	3.71
镇江市	1 515.95	3 833.8	39.54	272.0	5.57
泰州市	1 962.54	4 101.8	47.85	508.2	3.86

续表

城市	第二产业固定资产投资额（亿元）	地区生产总值（亿元）	第二产业固定资产投资额占地区生产总值比重（%）	总人口（万人）	人均第二产业固定资产投资额（万元）
杭州市	886.90	11 313.7	7.84	736.0	1.21
宁波市	1 470.50	8 686.5	16.93	591.0	2.49
嘉兴市	1 225.73	3 862.1	31.74	352.1	3.48
湖州市	680.96	2 284.4	29.81	264.8	2.57
舟山市	362.23	1 241.2	29.18	97.3	3.72
台州市	877.93	3 898.7	22.52	600.2	1.46

5.7　第三产业固定资产投资[①]

第三产业固定资产投资是以货币表现的用于第三产业进行建造和购置固定资产活动的工作量，它是反映第三产业固定资产投资规模、速度、比例关系和使用方向的综合指标。

5.7.1　从数字看形势

2016 年长三角核心区第三产业固定资产投资总额为 36 601.23 亿元。其中，上海市为 5769.11 亿元，占比为 15.76%；江苏地区为 17 703.70 亿元，占比为 48.37%；浙江地区为 13 128.42 亿元，占比为 35.87%，如表 5-19 所示。15 个城市中，上海市以 5769.11 亿元列第一位，湖州市以 899.94 亿元列最后一位，杭州市最为接近上海市。江苏地区 8 个城市的第三产业固定资产投资占长三角核心区近五成，南京市、苏州市占比均在 10% 左右，列江苏地区前两位。

---

① 绍兴市相关资料空缺，本节只分析 15 个城市。

表 5-19 2016 年长三角核心区 15 个城市第三产业固定资产投资及增长情况

城市	2016 年第三产业固定资产投资		2016 年比 2007 年增长倍数（倍）	2007～2016 年年均增长率（%）
	总额（亿元）	占比（%）		
上海市	5 769.11	15.76	0.89	7.33
南京市	3 708.57	10.13	3.03	16.75
无锡市	2 737.55	7.48	2.48	14.86
常州市	1 681.52	4.59	2.26	14.02
苏州市	3 660.27	10.00	2.20	13.79
南通市	1 812.00	4.95	5.91	23.96
扬州市	1 556.91	4.25	4.95	21.92
镇江市	1 352.14	3.69	6.37	24.84
泰州市	1 194.74	3.26	3.17	17.19
杭州市	4 916.16	13.43	3.67	18.68
宁波市	3 471.01	9.48	3.05	16.81
嘉兴市	1 526.24	4.17	3.03	16.75
湖州市	899.94	2.46	3.41	17.94
舟山市	940.32	2.57	4.09	19.83
台州市	1 374.75	3.76	5.36	22.81
上海市	5 769.11	15.76	0.89	7.33
江苏地区	17 703.70	48.37	3.06	16.84
浙江地区	13 128.42	35.87	3.54	18.30
总计	36 601.23	100.00	2.55	15.12

　　图 5-19 显示了长三角核心区 15 个城市 2007 年、2011 年、2016 年第三产业固定资产投资情况。图中显示，各城市的第三产业固定资产投资都处于增长状态，未出现投资规模萎缩的城市。2016 年，上海市、杭州市、南京市、苏州市、宁波市、无锡市列前六位。

　　2016 年，长三角核心区 15 个城市平均第三产业固定资产投资额为 2440.08 亿元。其中，上海市，江苏地区的南京市、无锡市、苏州市和浙江地区的杭州市、宁波市 6 个

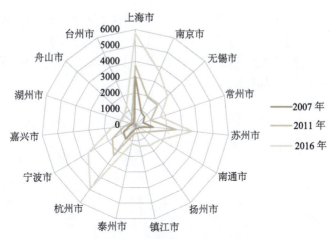

图 5-19　2007 年、2011 年、2016 年长三角核心区 15 个城市第三产业固定资产投资情况

图内数字表示第三产业固定资产投资额，单位为亿元

城市高于平均水平，其余 9 个城市低于平均水平，如图 5-20 所示。高于平均水平的 6 个城市的第三产业固定资产投资额占长三角核心区第三产业固定资产投资总额的 66.29%。

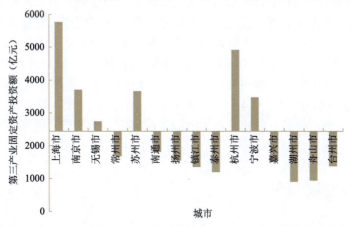

图 5-20　2016 年长三角核心区 15 个城市第三产业固定资产投资与平均值比较

5.7.2　从增速看发展

进入 2007 年，长三角核心区的第三产业固定资产投资保持着较快的增长势头，总额由 2007 年的 10 307.60 亿元增长到 2016 年的 36 601.23 亿元，按当年价格计算，增

长了 2.55 倍，年均增长率为 15.12%，高于同期地区生产总值的增长速度。其中，上海市增长了 0.89 倍，年均增长率为 7.33%；江苏地区增长了 3.06 倍，年均增长率为 16.84%；浙江地区增长了 3.54 倍，年均增长率为 18.30%，如表 5-19 所示。江苏地区和浙江地区增长较显著，如图 5-21 所示。

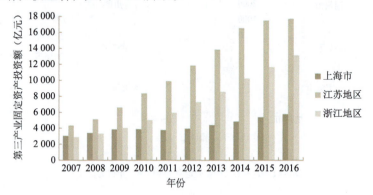

图 5-21 2007～2016 年上海市、江苏地区、浙江地区第三产业固定资产投资变化情况

2007 年以来，上海市、江苏地区、浙江地区第三产业固定资产投资维持着比较稳定的增长格局，未出现显著的波动。上海市第三产业固定资产投资稳居长三角核心区各城市首位，第三产业固定资产投资额占长三角核心区第三产业固定资产投资总额比重从 2007 年的 29.62%下降到 2016 年的 15.76%，与其他 14 个城市的差距在缩小。2007年上海市第三产业固定资产投资额远高于其他 14 个城市，是其他城市的 2.67～16.63倍，但 2016 年缩小为 1.17～6.41 倍。2016 年第三产业固定资产投资额占长三角核心区第三产业固定资产投资总额比重在 10%以上的城市为上海市、杭州市、南京市、苏州市。

5.7.3 从构成看特征

长三角核心区 16 个城市的经济规模存在显著差异，单纯的投资总量往往不能全面地反映经济的特征，如表 5-20 所示。因此，通过第三产业固定资产投资额占地区生产总值比重和人均第三产业固定资产投资额，从构成的角度来审视投资状况。表 5-21 表明，2016 年长三角核心区 15 个城市第三产业固定资产投资额占地区生产总值比重和人均第三产业固定资产投资额存在较显著的差异。第三产业固定资产投资额最大的上海市，其第三产业固定资产投资额占地区生产总值比重居于最后位置，仅为 20.47%，人均第三产业固定资产投资额处于中游位置。第三产业固定资产投资额最小的湖州市，这两个指标都处于中游位置。第三产业固定资产投资额靠后的舟山市，这两个指标都居 15 个城市的首位，其第三产业固定资产投资额占地区生产总值比重高达 75.76%。

表 5-20　2000～2016 年长三角核心区 16 个城市第三产业固定资产投资情况（单位：亿元）

城市	2000 年	2001 年	2002 年	2003 年	2004 年	2005 年	2006 年	2007 年	2008 年
上海市	1245.86	1304.61	1455.78	1640.99	2069.13	2454.87	2698.09	3052.67	3400.23
南京市				592.58	714.55	811.51	868.53	920.36	1052.81
无锡市	115.80	172.76	199.32	350.15	432.54	542.56	660.32	786.52	924.89
常州市	97.97	101.55	121.84	185.45	242.91	303.76	384.19	516.26	605.97
苏州市	150.98	210.24	298.75	560.41	680.28	817.36	941.29	1144.05	1328.78
南通市	30.73	87.92	103.78	141.31	144.56	172.90	225.31	262.22	327.25
扬州市	72.85	83.26	98.61	132.30	170.92	174.77	209.00	261.60	307.86
镇江市							72.18	183.53	222.69
泰州市							217.02	286.51	378.02
杭州市	292.14	368.08	451.26	573.27	669.70	831.21	906.52	1052.82	1308.64
宁波市			351.87	432.99	565.73	608.37	778.33	857.43	965.90
嘉兴市				215.90	280.46	331.75	349.98	378.82	391.97
湖州市			77.27	110.18	153.92	176.58	205.28	203.90	205.90
绍兴市									
舟山市				71.73	90.95	118.63	158.81	184.62	209.19
台州市				149.13	179.05	204.54	218.08	216.29	261.37

城市	2009 年	2010 年	2011 年	2012 年	2013 年	2014 年	2015 年	2016 年
上海市	3834.42	3865.90	3752.64	3949.04	4387.32	4847.30	5389.91	5769.11
南京市	1344.48	1671.75	1924.30	2244.91	2723.47	3244.45	3354.49	3708.57
无锡市	1320.70	1757.92	1902.50	2179.23	2432.38	2874.42	2914.45	2737.55
常州市	721.96	909.66	1033.09	1220.36	1352.33	1621.52	1636.65	1681.52
苏州市	1655.86	2044.64	2601.32	3071.59	3560.92	3918.25	3916.32	3660.27
南通市	441.52	600.75	836.62	1172.11	1440.75	1839.66	2143.70	1812.00
扬州市	333.65	421.95	550.48	702.40	851.73	1070.83	1329.50	1556.91
镇江市	293.18	404.27	502.28	614.18	737.96	991.02	1146.55	1352.14

续表

城市	2009 年	2010 年	2011 年	2012 年	2013 年	2014 年	2015 年	2016 年
泰州市	492.90	555.98	557.65	641.02	757.68	983.39	1048.21	1194.74
杭州市	1580.49	1960.10	2343.65	2865.33	3342.94	4018.38	4593.07	4916.16
宁波市	1213.11	1484.35	1698.75	2054.54	2335.55	2679.64	2957.36	3471.01
嘉兴市	505.35	661.80	707.16	842.12	997.99	1194.17	1365.30	1526.24
湖州市	166.00	290.46	357.28	433.00	534.01	666.51	781.62	899.94
绍兴市								
舟山市	256.91	260.08	300.12	374.86	494.85	654.06	807.85	940.32
台州市	318.72	399.48	566.91	728.93	885.71	1021.99	1162.60	1374.75

表 5-21 2016 年长三角核心区 15 个城市第三产业固定资产投资额占地区生产总值比重和人均第三产业固定资产投资额

城市	第三产业固定资产投资额（亿元）	地区生产总值（亿元）	第三产业固定资产投资额占地区生产总值比重（%）	总人口（万人）	人均第三产业固定资产投资额（万元）
上海市	5 769.11	28 178.7	20.47	1 450.0	3.98
南京市	3 708.57	10 503.0	35.31	662.8	5.60
无锡市	2 737.55	9 210.0	29.72	486.2	5.63
常州市	1 681.52	5 773.9	29.12	374.9	4.49
苏州市	3 660.27	15 475.1	23.65	678.2	5.40
南通市	1 812.00	6 768.2	26.77	766.7	2.36
扬州市	1 556.91	4 449.4	34.99	461.7	3.37
镇江市	1 352.14	3 833.8	35.27	272.0	4.97
泰州市	1 194.74	4 101.8	29.13	508.2	2.35
杭州市	4 916.16	11 313.7	43.45	736.0	6.68
宁波市	3 471.01	8 686.5	39.96	591.0	5.87
嘉兴市	1 526.24	3 862.1	39.52	352.1	4.33
湖州市	899.94	2 284.4	39.40	264.8	3.40
舟山市	940.32	1 241.2	75.76	97.3	9.66
台州市	1 374.75	3 898.7	35.26	600.2	2.29

5.8 制造业固定资产投资

制造业固定资产投资是以货币表现的用于制造业建造和购置固定资产活动的工作量，它是反映制造业固定资产投资规模、速度、比例关系和使用方向的综合指标。

5.8.1 从数字看形势

2016 年长三角核心区制造业固定资产投资总额为 21 123.17 亿元。其中，上海市为 761.33 亿元，占比为 3.60%；江苏地区为 14 464.73 亿元，占比为 68.48%；浙江地区为 5897.11 亿元，占比为 27.92%，如表 5-22 所示。16 个城市中，南通市以 2268.01 亿元列第一位，舟山市以 285.37 亿元列最后一位。江苏地区 8 个城市的制造业固定资产投资占长三角核心区近七成。

表 5-22　2016 年长三角核心区 16 个城市制造业固定资产投资及增长情况

城市	2016 年制造业固定资产投资		2016 年比 2003 增长倍数（倍）	2003～2016 年年均增长率（%）
	总额（亿元）	占比（%）		
上海市	761.33	3.60	1.36	6.83
南京市	1 690.53	8.00	11.98	21.80
无锡市	1 981.14	9.38	28.87	29.86
常州市	1 839.73	8.71	7.28	17.66
苏州市	1 830.76	8.67	1.42	7.02
南通市	2 268.01	10.74	13.09	22.57
扬州市	1 585.49	7.51	43.81	33.98
镇江市	1 401.94	6.64	342.34	56.70
泰州市	1 867.13	8.84	43.96	34.01
杭州市	701.94	3.32	1.42	7.03
宁波市	1 281.70	6.07	8.24	18.65
嘉兴市	1 109.01	5.25	18.01	25.43

续表

城市	2016 年制造业固定资产投资		2016 年比 2003 增长倍数（倍）	2003~2016 年年均增长率（%）
	总额（亿元）	占比（%）		
湖州市	579.65	2.74	4.86	14.58
绍兴市	1 219.46	5.77	3.25	11.78
舟山市	285.37	1.35	18.63	25.74
台州市	719.98	3.41	5.48	15.46
上海市	761.33	3.60	1.36	6.83
江苏地区	14 464.73	68.48	9.20	19.56
浙江地区	5 897.11	27.92	4.91	14.64
总计	21 123.17	100.00	6.71	17.01

图 5-22 显示了长三角核心区 16 个城市 2003 年、2012 年、2016 年制造业固定资产投资情况。上海市、南京市、苏州市、杭州市呈现先增长后下降的状态，常州市呈现先下降后增长的状态，其余 11 个城市的制造业固定资产投资处于增长状态。

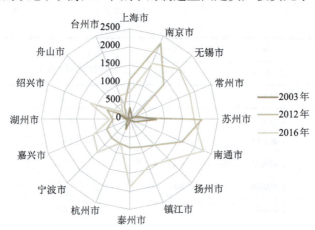

图 5-22 2003 年、2012 年、2016 年长三角核心区 16 个城市制造业固定资产投资情况
图内数字表示制造业固定资产投资额，单位为亿元

2016 年，长三角核心区 16 个城市平均制造业固定资产投资额为 1320.20 亿元。其中，江苏地区的 8 个城市高于平均水平，其余 8 个城市低于平均水平，如图 5-23 所示。高于平均水平的 8 个城市制造业固定投资额占长三角核心区制造业固定资产投资总额的 68.48%。

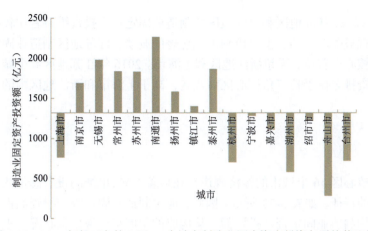

图 5-23 2016 年长三角核心区 16 个城市制造业固定资产投资与平均值比较

5.8.2 从增速看发展

进入 2012 年，长三角核心区的制造业固定资产投资保持着较快的增长势头，总额由 2012 年的 15 068.72 亿元增长到 2016 年的 21 123.17 亿元。2003～2016 年，上海市增长了 1.36 倍，年均增长率为 6.83%；江苏地区增长了 9.20 倍，年均增长率为 19.56%；浙江地区增长了 4.91 倍，年均增长率为 14.64%，如表 5-22 所示。江苏地区和浙江地区增长较显著，如图 5-24 所示。

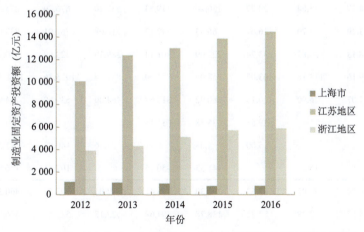

图 5-24 2012～2016 年上海市、江苏地区、浙江地区制造业固定资产投资变化情况

2003 年以来，江苏地区和浙江地区的制造业固定资产投资维持着比较稳定的增长格局，未出现显著的波动，上海市则出现显著的波动。江苏地区制造业固定资产投资稳居长三角核心区首位，远超浙江地区和上海市。2016 年江苏地区 8 个城市的制造业固定资产投资排名位于长三角核心区前八名，高于上海市和浙江地区内的任一城市。

5.8.3　从构成看特征

长三角核心区 16 个城市的经济规模存在显著差异，单纯的投资总量往往不能全面地反映经济的特征，如表 5-23 所示。因此，通过制造业固定资产投资额占地区生产总值比重和人均制造业固定资产投资额，从构成的角度来审视投资状况。表 5-24 表明，2016 年长三角核心区 16 个城市制造业固定资产投资额占地区生产总值比重和人均制造业固定资产投资额存在较显著的差异。泰州市制造业固定资产投资额占地区生产总值比重最大，镇江市人均制造业固定资产投资额最大。制造业固定资产投资额最小的舟山市，这两个指标都居 16 个城市的后列。而制造业固定资产投资额最大的南通市，这两个指标都居于中游位置，制造业固定资产投资额占地区生产总值比重为 33.51%。

表 5-23　2000～2016 年长三角核心区 16 个城市制造业固定资产投资情况（单位：亿元）

城市	2000 年	2001 年	2002 年	2003 年	2004 年	2005 年	2006 年	2007 年	2008 年
上海市	163.47	184.72	244.42	322.56	739.77	906.03	1029.33	1152.12	844.33
南京市	24.77	35.84	24.77	130.20	119.53	532.40	676.79	875.44	989.72
无锡市	3.29	3.79	16.67	66.33	577.12	716.08	752.01	833.08	853.25
常州市	18.18	20.87	33.74	222.09	301.14	389.19	523.60	650.14	774.21
苏州市	139.16	133.18	163.07	758.05	722.00	857.54	1025.36	1168.38	1208.25
南通市	27.07	26.90	70.13	160.92	319.67	464.00	539.60	724.90	942.04
扬州市			29.81	35.38	34.15				
镇江市			5.00	4.08	6.71	25.36	140.83	211.26	374.81
泰州市		18.27		41.53	50.15		107.41	156.04	177.10
杭州市	56.79	71.01	83.62	290.30	376.41	377.04	397.46	460.30	509.02
宁波市	44.57	52.48	82.73	138.78	397.69	522.12	523.59	536.73	585.62
嘉兴市	16.93	23.93	25.76	58.34	99.94	305.84	392.58	465.13	533.33

续表

城市	2000 年	2001 年	2002 年	2003 年	2004 年	2005 年	2006 年	2007 年	2008 年
湖州市		4.72	57.76	98.84	140.71	161.43	217.21	196.25	243.42
绍兴市	19.95	22.25	185.18	286.71	350.65	386.54	430.02	481.23	500.52
舟山市				14.53	24.07	34.04	50.53	78.26	113.08
台州市	0.85	2.77	8.12	111.05	142.89	188.26	246.51	300.93	335.92

城市	2009 年	2010 年	2011 年	2012 年	2013 年	2014 年	2015 年	2016 年
上海市	729.55	895.86	872.28	1122.17	1072.19	978.40	757.77	761.33
南京市	1178.17	1509.15	1905.98	2294.34	2393.99	2080.07	2006.79	1690.53
无锡市	983.37	1162.99	1202.28	1364.59	1533.65	1630.77	1870.88	1981.14
常州市	898.12	1139.36	1246.83	147.10	1489.74	1634.39	1696.27	1839.73
苏州市	1225.98	1461.50	1806.59	2047.57	2262.88	2231.90	2046.08	1830.76
南通市	1110.72	1288.47	1464.35	1601.36	1744.44	1950.25	2103.12	2268.01
扬州市				1003.24	1077.03	1241.13	1374.04	1585.49
镇江市	495.35	585.57	678.62	821.62	931.72	1104.12	1288.23	1401.94
泰州市	235.49	338.96	318.28	775.43	957.78	1139.74	1464.98	1867.13
杭州市	531.97	612.49	660.90	720.68	788.66	794.29	759.27	701.94
宁波市	622.19	559.75	603.10	726.06	955.66	1133.63	1350.10	1281.70
嘉兴市	577.83	661.53	622.14	711.06	811.18	863.40	1005.62	1109.01
湖州市	293.46	360.15	417.87	481.71	132.36	505.97	544.51	579.65
绍兴市	556.85	556.85	615.40	698.99	938.27	1043.43	1178.75	1219.46
舟山市	121.91	124.26	143.80	146.92	170.15	180.49	266.80	285.37
台州市	321.26	324.53	322.55	405.88	509.40	581.97	612.95	719.98

表 5-24　2016 年长三角核心区 16 个城市制造业固定资产投资额占地区生产总值比重
和人均制造业固定资产投资额

城市	制造业固定资产投资额（亿元）	地区生产总值（亿元）	制造业固定资产投资额占地区生产总值比重（%）	总人口（万人）	人均制造业固定资产投资额（万元）
上海市	761.33	28 178.7	2.70	1 450.0	0.53
南京市	1 690.53	10 503.0	16.10	662.8	2.55

城市	制造业固定资产投资额（亿元）	地区生产总值（亿元）	制造业固定资产投资额占地区生产总值比重（%）	总人口（万人）	人均制造业固定资产投资额（万元）
无锡市	1 981.14	9 210.0	21.51	486.2	4.07
常州市	1 839.73	5 773.9	31.86	374.9	4.91
苏州市	1 830.76	15 475.1	11.83	678.2	2.70
南通市	2 268.01	6 768.2	33.51	766.7	2.96
扬州市	1 585.49	4 449.4	35.63	461.7	3.43
镇江市	1 401.94	3 833.8	36.57	272.0	5.15
泰州市	1 867.13	4 101.8	45.52	508.2	3.67
杭州市	701.94	11 313.7	6.20	736.0	0.95
宁波市	1 281.70	8 686.5	14.76	591.0	2.17
嘉兴市	1 109.01	3 862.1	28.72	352.1	3.15
湖州市	579.65	2 284.4	25.37	264.8	2.19
绍兴市	1 219.46	4 789.0	25.46	444.5	2.74
舟山市	285.37	1 241.2	22.99	97.3	2.93
台州市	719.98	3 898.7	18.47	600.2	1.20

6 国内外贸易

6.1 社会消费品零售总额

社会消费品零售总额是指各种经济类型的批发零售贸易业、餐饮业和其他行业对城乡居民和社会集团的消费品零售额总和。该指标是研究人民生活、社会消费品购买力、货币流通等问题的重要指标。

6.1.1 从数字看形势

2016 年长三角核心区社会消费品零售总额为 48 445.80 亿元。其中，上海市为 10 946.57 亿元，占比为 22.60%；江苏地区为 21 694.17 亿元，占比为 44.78%；浙江地区为 15 805.06 亿元，占比为 32.62%，如表 6-1 所示。16 个城市中，上海市以 10 946.57 亿元列第一位，舟山市以 457.40 亿元列最后一位。16 个城市社会消费品零售总额中，上海市、杭州市、南京市、苏州市占比超过 10%。

表 6-1　2016 年长三角核心区 16 个城市社会消费品零售总额及增长情况

城市	2016 年社会消费品零售总额		2016 年比 2000 年增长倍数（倍）	2000～2016 年年均增长率（%）
	总额（亿元）	占比（%）		
上海市	10946.57	22.60	4.87	11.69
南京市	5088.20	10.50	8.99	15.47
无锡市	3119.56	6.44	6.25	13.18
常州市	2202.83	4.55	9.89	16.09
苏州市	4936.79	10.19	10.53	16.51
南通市	2632.87	5.43	9.53	15.85
扬州市	1358.80	2.80	7.94	14.67
镇江市	1236.78	2.55	8.20	14.88
泰州市	1118.34	2.31	7.37	14.20
杭州市	5176.20	10.68	9.06	15.52

续表

城市	2016 年社会消费品零售总额		2016 年比 2000 年增长倍数（倍）	2000～2016 年年均增长率（%）
	总额（亿元）	占比（%）		
宁波市	3 667.63	7.57	8.42	15.05
嘉兴市	1 638.49	3.38	7.18	14.04
湖州市	1 068.86	2.21	6.17	13.10
绍兴市	1 783.34	3.68	7.62	14.41
舟山市	457.40	0.94	6.69	13.60
台州市	2 013.14	4.16	8.23	14.90
上海市	10 946.57	22.60	4.87	11.69
江苏地区	21 694.17	44.78	8.68	15.25
浙江地区	15 805.06	32.62	8.09	14.79
总计	48 445.80	100.00	7.29	14.13

　　图 6-1 显示了长三角核心区 16 个城市 2000 年、2010 年、2016 年社会消费品零售总额情况。图中显示，各城市社会消费品零售总额都处于增长状态，未出现规模萎缩的城市。2016 年，上海市、杭州市、南京市、苏州市、宁波市、无锡市列前六位。

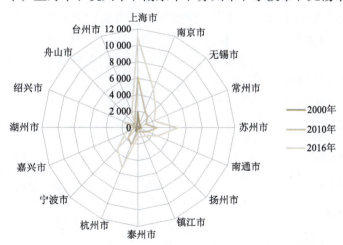

图 6-1　2000 年、2010 年、2016 年长三角核心区 16 个城市社会消费品零售总额情况

图内数字表示社会消费品零售总额，单位为亿元

2016 年，长三角核心区 16 个城市平均社会消费品零售总额为 3027.86 亿元。其中，上海市，江苏地区的南京市、无锡市、苏州市和浙江地区的杭州市、宁波市 6 个城市高于平均水平，其余 10 个城市低于平均水平，如图 6-2 所示。高于平均水平的 6 个城市社会消费品零售总额占长三角核心区总额的 67.98%。

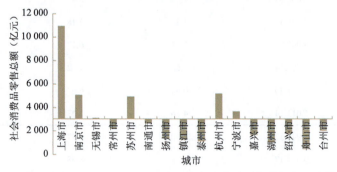

图 6-2　2016 年长三角核心区 16 个城市社会消费品零售总额与平均值比较

6.1.2　从增速看发展

进入 2000 年，长三角核心区的社会消费品零售总额保持着较快的增长势头，总额由 2000 年的 5843.42 亿元增长到 2016 年的 48 445.80 亿元，按当年价格计算，增长了 7.29 倍，年均增长率为 14.13%，高于同期地区生产总值的增长速度。其中，上海市增长了 4.87 倍，年均增长率为 11.69%；江苏地区增长了 8.68 倍，年均增长率为 15.25%；浙江地区增长了 8.09 倍，年均增长率为 14.79%，如表 6-1 所示。江苏地区和浙江地区增长比较显著，如图 6-3 所示。

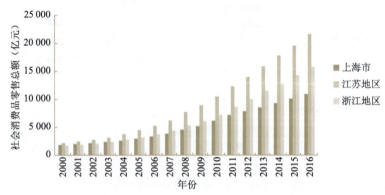

图 6-3　2000～2016 年上海市、江苏地区、浙江地区社会消费品零售总额变化情况

2000 年以来，上海市、江苏地区、浙江地区社会消费品零售总额维持着比较稳定的增长格局，未出现显著的波动。上海市社会消费品零售总额稳居长三角核心区各城市首位，2000 年上海市社会消费品零售总额远高于其他 15 个城市，是其他城市的 3.62～31.36 倍。但 2016 年杭州市社会消费品零售总额已经接近上海市的五成，上海市与社会消费品零售总额最小的舟山市的倍数差距也在缩小，如表 6-1 所示。

6.1.3 从构成看特征

经济社会发展是在一定的资源约束条件下进行的，持续的社会消费品零售总额是促进区域经济发展的重要途径。长三角核心区 16 个城市的经济规模存在显著差异，单纯的总量往往不能全面地反映经济的特征，如表 6-2 所示。因此，通过社会消费品零售总额占地区生产总值比重和人均社会消费品零售总额，从构成的角度来审视社会消费品零售状况。表 6-3 表明，2016 年长三角核心区 16 个城市社会消费品零售总额占地区生产总值比重和人均社会消费品零售总额存在较显著的差异。台州市社会消费品零售总额占地区生产总值比重最高，南京市、上海市、苏州市、杭州市 4 个城市的人均社会消费品零售总额位居前列。社会消费品零售总额第三小的泰州市，这两个指标都居 16 个城市的最后位置。

表 6-2　2000～2016 年长三角核心区 16 个城市社会消费品零售总额情况　（单位：亿元）

城市	2000 年	2001 年	2002 年	2003 年	2004 年	2005 年	2006 年	2007 年	2008 年
上海市	1 865.28	2 016.37	2 203.89	2 404.45	2 656.91	2 979.50	3 375.20	3 873.30	4 577.23
南京市	509.39	565.42	637.23	728.99	863.85	1 006.20	1 169.60	1 385.30	1 659.60
无锡市	430.05	478.15	543.56	595.89	708.62	816.40	941.70	1 103.40	1 340.50
常州市	202.31	222.61	248.80	280.65	324.05	444.94	517.83	614.41	764.06
苏州市	428.17	491.44	571.32	664.05	776.88	934.30	1 123.60	1 370.60	1 748.80
南通市	250.11	270.98	297.14	331.28	461.54	537.41	624.27	740.64	921.90
扬州市	152.04	178.68	202.56	230.23	265.18	307.90	358.10	422.97	527.90
镇江市	134.49	145.47	163.08	183.81	209.82	241.37	280.07	331.36	410.21
泰州市	133.57	146.16	154.56	173.76	200.69	233.81	271.33	321.07	395.73
杭州市	514.68	579.01	660.65	742.58	855.45	978.43	1 119.19	1 308.29	1 577.59
宁波市	389.29	414.18	462.87	521.53	666.78	762.16	887.96	1 045.01	1 253.26

续表

城市	2000 年	2001 年	2002 年	2003 年	2004 年	2005 年	2006 年	2007 年	2008 年
嘉兴市	200.33	223.74	249.21	279.39	325.34	375.59	432.37	505.87	607.01
湖州市	149.18	159.15	170.88	182.34	208.08	238.49	275.49	322.20	386.83
绍兴市	206.97	229.66	258.78	291.43	334.80	382.80	443.34	520.21	626.55
舟山市	59.48	65.40	74.07	75.11	87.52	100.45	114.67	133.61	159.78
台州市	218.08	245.83	283.90	326.44	378.87	441.25	514.69	601.65	718.43

城市	2009 年	2010 年	2011 年	2012 年	2013 年	2014 年	2015 年	2016 年
上海市	5 213.11	6 186.58	7 185.83	7 840.40	8 556.96	9 303.49	10 131.50	10 946.57
南京市	1 935.49	2 288.74	2 697.10	3 103.82	3 689.40	4 167.19	4 590.17	5 088.20
无锡市	1 493.15	1 708.91	1 946.35	2 145.82	2 340.00	2 607.90	2 847.61	3 119.56
常州市	891.54	1 054.39	1 236.10	1 413.33	1 597.01	1 804.19	1 990.45	2 202.83
苏州市	2 026.84	2 402.02	2 829.58	3 240.97	3 662.24	4 099.83	4 461.62	4 936.79
南通市	1 080.45	1 276.34	1 497.55	1 721.81	1 938.34	2 166.10	2 379.46	2 632.87
扬州市	601.33	699.02	809.28	904.94	1 006.62	1 128.10	1 236.96	1 358.80
镇江市	475.74	564.68	664.07	766.46	872.13	1 003.80	1 113.71	1 236.78
泰州市	469.89	550.29	645.27	737.60	837.12	903.60	1 001.64	1 118.34
杭州市	1 837.82	2 225.00	2 690.22	3 165.19	3 864.84	4 201.46	4 697.23	5 176.20
宁波市	1 434.41	1 704.51	2 018.86	2 329.26	2 635.71	2 992.03	3 349.63	3 667.63
嘉兴市	694.30	799.36	948.57	1 083.74	1 196.93	1 347.04	1 494.57	1 638.49
湖州市	442.57	516.09	609.89	703.87	766.22	871.20	963.92	1 068.86
绍兴市	717.90	852.89	1 006.75	1 158.66	1 318.39	1 487.14	1 621.06	1 783.34
舟山市	181.69	212.54	251.71	290.54	331.65	376.58	415.52	457.40
台州市	817.88	960.45	1 132.37	1 304.30	1 449.27	1 646.32	1 826.68	2 013.14

表 6-3　2016 年长三角核心区 16 个城市社会消费品零售总额占地区生产总值比重和人均社会消费品零售总额

城市	社会消费品零售总额（亿元）	地区生产总值（亿元）	社会消费品零售总额占地区生产总值比重（%）	总人口（万人）	人均社会消费品零售总额（万元）
上海市	10 946.57	28 178.7	38.85	1 450.0	7.55

城市	社会消费品零售总额（亿元）	地区生产总值（亿元）	社会消费品零售总额占地区生产总值比重（%）	总人口（万人）	人均社会消费品零售总额（万元）
南京市	5 088.20	10 503.0	48.45	662.8	7.68
无锡市	3 119.56	9 210.0	33.87	486.2	6.42
常州市	2 202.83	5 773.9	38.15	374.9	5.88
苏州市	4 936.79	15 475.1	31.90	678.2	7.28
南通市	2 632.87	6 768.2	38.90	766.7	3.43
扬州市	1 358.80	4 449.4	30.54	461.7	2.94
镇江市	1 236.78	3 833.8	32.26	272.0	4.55
泰州市	1 118.34	4 101.8	27.26	508.2	2.20
杭州市	5 176.20	11 313.7	45.75	736.0	7.03
宁波市	3 667.63	8 686.5	42.22	591.0	6.21
嘉兴市	1 638.49	3 862.1	42.42	352.1	4.65
湖州市	1 068.86	2 284.4	46.79	264.8	4.04
绍兴市	1 783.34	4 789.0	37.24	444.5	4.01
舟山市	457.40	1 241.2	36.85	97.3	4.70
台州市	2 013.14	3 898.7	51.64	600.2	3.35

6.2　进出口总额

　　进出口总额是指实际进出我国国境的货物总金额。我国规定出口货物按离岸价格统计，进口货物按到岸价格统计。进出口总额用以观察一个国家在对外贸易方面的总规模。

6.2.1　从数字看形势

　　2016 年长三角核心区进出口总额为 11 814.00 亿美元。其中，上海市为 4338.05 亿美元, 占比为 36.72%; 江苏地区为 4825.41 亿美元, 占比为 40.84%; 浙江地区为 2650.54 亿美元, 占比为 22.44%, 如表 6-4 所示。16 个城市中, 上海市以 4338.05 亿美元列第一位, 扬州市以 96.25 亿美元列最后一位。江苏地区 8 个城市的进出口总额占长三角核心区四成以上, 苏州市进出口总额最大, 为 2737.58 亿美元。

表 6-4 2016 年长三角核心区 16 个城市进出口总额及增长情况

城市	2016 年进出口总额		2016 年比 2002 年增长倍数（倍）	2002~2016 年年均增长率（%）
	总额（亿美元）	占比（%）		
上海市	4 338.05	36.72	4.97	13.61
南京市	502.12	4.25	3.97	12.14
无锡市	698.05	5.91	6.17	15.10
常州市	275.84	2.33	6.04	14.96
苏州市	2 737.58	23.17	6.52	15.50
南通市	308.59	2.61	6.92	15.93
扬州市	96.25	0.81	5.36	14.12
镇江市	103.17	0.87	3.92	12.05
泰州市	103.81	0.88	17.11	22.98
杭州市	679.92	5.76	4.19	12.48
宁波市	949.23	8.03	6.73	15.73
嘉兴市	329.04	2.79	7.90	16.90
湖州市	102.22	0.87	10.52	19.07
绍兴市	276.05	2.34	6.13	15.07
舟山市	105.53	0.89	20.25	24.40
台州市	208.55	1.77	8.52	17.46
上海市	4 338.05	36.72	4.97	13.61
江苏地区	4 825.41	40.84	6.07	15.00
浙江地区	2 650.54	22.44	6.26	15.21
总计	11 814.00	100.00	5.66	14.50

图 6-4 显示了长三角核心区 16 个城市 2002 年、2009 年、2016 年进出口总额情况。图中显示，各城市的进出口总额都处于增长状态，未出现规模萎缩的城市。2016 年，上海市、苏州市、宁波市、无锡市、杭州市、南京市列前六位。

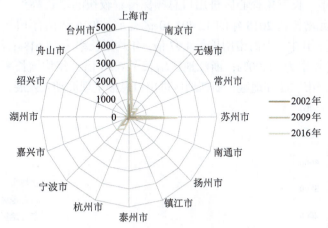

图 6-4　2002 年、2009 年、2016 年长三角核心区 16 个城市进出口总额情况

图内数字表示进出口总额，单位为亿美元

2016 年，长三角核心区 16 个城市进出口总额平均值为 738.38 亿美元。其中，上海市，江苏地区的苏州市和浙江地区的宁波市 3 个城市高于平均水平，其余 13 个城市低于平均水平，如图 6-5 所示。高于平均水平的 3 个城市的进出口总额占长三角核心区进出口总额的 67.93%。

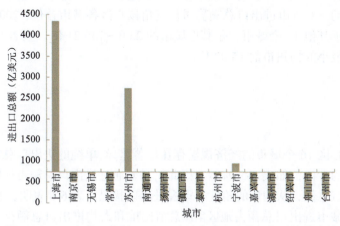

图 6-5　2016 年长三角核心区 16 个城市进出口总额与平均值比较

6.2.2　从增速看发展

　　进入 2002 年，长三角核心区进出口总额保持着较快的增长势头，总额由 2002 年的 1774.09 亿美元增长到 2015 年的 12 401.40 亿美元，2016 年稍有下降，进出口总额为 11 814.00 亿美元。其中，上海市增长了 4.97 倍，年均增长率为 13.61%；江苏地区增长了 6.07 倍，年均增长率为 15.00%；浙江地区增长了 6.26 倍，年均增长率为 15.21%，如表 6-4 所示。上海市、江苏地区、浙江地区进出口总额呈现波动式发展，如图 6-6 所示。

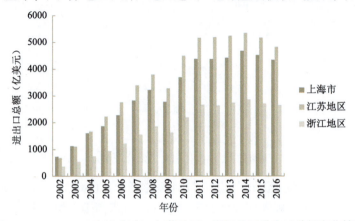

图 6-6　2002～2016 年上海市、江苏地区、浙江地区进出口总额变化情况

　　2002 年以来，上海市、江苏地区、浙江地区进出口总额总体维持着增长格局，中间出现小幅波动。上海市进出口总额稳居长三角核心区各城市首位，2002 年上海市进出口总额远高于其他 15 个城市，是其他城市的 2.00～146.21 倍，但 2016 年上海市仅是进出口总额最小的扬州市的 45.07 倍。

6.2.3　从构成看特征

　　长三角核心区 16 个城市的经济规模存在显著差异，单纯的进出口总量往往不能全面地反映经济的特征，如表 6-5 所示。因此，需要通过进出口总额占地区生产总值比重和人均进出口总额，从构成的角度来审视进出口状况。表 6-6 表明，2016 年长三角核心区 16 个城市进出口总额占地区生产总值比重和人均进出口总额存在较显著的差异。苏州市这两个指标均排名第一，进出口总额占地区生产总值比重达 111.19%，人均进出口总额为 4.04 万美元。进出口总额最小的扬州市，这两个指标几乎都处于最后的位置。进出口总额最高的上海市，这两个指标排名第二。

表 6-5　2000～2016 年长三角核心区 16 个城市进出口总额情况　（单位：亿美元）

城市	2000 年	2001 年	2002 年	2003 年	2004 年	2005 年	2006 年	2007 年	2008 年
上海市	547.10	608.98	726.64	1123.97	1600.26	1863.65	2274.89	2829.73	3221.38
南京市	91.02	95.88	100.94	147.12	206.39	270.90	315.35	362.00	405.92
无锡市	59.83	66.67	97.41	143.81	218.46	291.91	391.84	511.46	560.28
常州市	28.22	32.59	39.18	52.51	69.06	83.34	104.42	132.26	176.29
苏州市	200.70	236.62	363.90	656.63	1032.01	1405.89	1742.64	2117.96	2285.26
南通市	31.56	32.33	38.96	51.64	67.93	85.20	100.62	127.76	166.88
扬州市			15.14	20.23	24.18	27.90	32.68	44.59	61.80
镇江市	14.61	14.54	20.98	26.70	34.79	39.61	47.74	63.05	74.61
泰州市	4.48	5.32	5.73	8.81	12.56	19.28	28.64	39.56	63.42
杭州市	104.76	112.98	131.07	182.38	244.96	298.70	389.09	434.26	480.65
宁波市	75.41	88.92	122.73	188.10	261.12	334.94	422.12	564.99	678.40
嘉兴市	27.28	32.69	36.96	57.12	79.25	99.22	126.54	161.10	198.33
湖州市	6.93	7.49	8.87	12.18	16.98	22.71	30.10	42.65	55.88
绍兴市	16.62	24.71	38.70	59.61	86.62	104.85	139.49	192.95	238.27
舟山市	4.67	4.59	4.97	6.82	11.79	15.05	27.12	40.76	60.53
台州市	11.44	15.43	21.91	32.88	47.89	63.53	84.32	110.93	138.11

城市	2009 年	2010 年	2011 年	2012 年	2013 年	2014 年	2015 年	2016 年
上海市	2777.31	3688.69	4374.36	4367.58	4413.98	4666.22	4517.33	4338.05
南京市	337.45	456.01	573.44	552.35	557.57	572.21	532.40	502.12
无锡市	439.45	612.23	724.63	707.75	703.73	741.70	684.67	698.05
常州市	150.79	222.78	286.35	290.46	292.13	288.10	280.46	275.84
苏州市	2014.46	2740.76	3008.63	3056.92	3093.48	3113.06	3053.50	2737.58
南通市	162.59	210.96	258.44	263.25	298.14	316.37	315.79	308.59
扬州市	54.33	82.41	101.52	101.73	95.07	100.12	103.38	96.25
镇江市	60.33	81.54	100.73	114.14	99.50	103.07	100.64	103.17
泰州市	58.20	85.85	110.88	103.70	104.42	108.93	102.30	103.81

续表

城市	2009 年	2010 年	2011 年	2012 年	2013 年	2014 年	2015 年	2016 年
杭州市	404.20	523.55	639.72	616.83	650.71	679.98	665.66	679.92
宁波市	608.13	829.04	981.87	965.73	1003.29	1046.50	1004.66	949.23
嘉兴市	172.05	228.24	284.84	287.44	317.63	337.34	310.85	329.04
湖州市	48.33	69.28	86.62	87.23	95.33	99.89	102.07	102.22
绍兴市	204.90	270.16	335.05	320.98	333.70	346.84	299.02	276.05
舟山市	70.25	107.33	132.64	153.56	126.72	123.35	117.01	105.53
台州市	120.32	170.01	205.04	206.22	218.78	220.79	211.66	208.55

表 6-6 2016 年长三角核心区 16 个城市进出口总额占地区生产总值比重和人均进出口总额

城市	进出口总额（亿美元）	地区生产总值(亿元)	进出口总额占地区生产总值比重（%）	总人口（万人）	人均进出口总额（万美元）
上海市	4 338.05	28 178.7	96.76	1 450.0	2.99
南京市	502.12	10 503.0	30.05	662.8	0.76
无锡市	698.05	9 210.0	47.64	486.2	1.44
常州市	275.84	5 773.9	30.03	374.9	0.74
苏州市	2 737.58	15 475.1	111.19	678.2	4.04
南通市	308.59	6 768.2	28.66	766.7	0.40
扬州市	96.25	4 449.4	13.60	461.7	0.21
镇江市	103.17	3 833.8	16.91	272.0	0.38
泰州市	103.81	4 101.8	15.91	508.2	0.20
杭州市	679.92	11 313.7	37.77	736.0	0.92
宁波市	949.23	8 686.5	68.68	591.0	1.61
嘉兴市	329.04	3 862.1	53.55	352.1	0.93
湖州市	102.22	2 284.4	28.13	264.8	0.39
绍兴市	276.05	4 789.0	36.23	444.5	0.62
舟山市	105.53	1 241.2	53.44	97.3	1.08
台州市	208.55	3 898.7	33.62	600.2	0.35

注：汇率取 6.285，下同

6.3 出口总额

出口总额是指一定时期内一国从境内向境外出口的商品的全部价值总和，它是反映一个国家对外贸易规模的重要指标。

6.3.1 从数字看形势

2016 年长三角核心区出口总额为 6851.34 亿美元。其中，上海市为 1834.67 亿美元，占比为 26.78%；江苏地区为 3011.99 亿美元，占比为 43.96%；浙江地区为 2004.68 亿美元，占比为 29.26%，如表 6-7 所示。16 个城市中，上海市以 1834.67 亿美元列第一位，舟山市以 62.65 亿美元列最后一位。江苏地区 8 个城市的出口总额占长三角核心区四成以上，苏州市出口总额最大，最接近上海市。

表 6-7　2016 年长三角核心区 16 个城市出口总额及增长情况

城市	2016 年出口总额		2016 年比 2002 年增长倍数（倍）	2002～2016 年年均增长率（%）
	总额（亿美元）	占比（%）		
上海市	1834.67	26.78	4.72	13.27
南京市	295.92	4.32	3.92	12.06
无锡市	429.10	6.26	7.34	16.36
常州市	208.60	3.04	6.85	15.86
苏州市	1639.41	23.93	7.85	16.85
南通市	230.11	3.36	8.09	17.08
扬州市	72.59	1.06	8.07	17.06
镇江市	69.52	1.01	5.88	14.77
泰州市	66.74	0.97	14.89	21.84
杭州市	502.59	7.34	4.93	13.55
宁波市	660.97	9.65	7.10	16.11
嘉兴市	246.62	3.60	8.68	17.60

续表

城市	2016 年出口总额		2016 年比 2002 年增长倍数（倍）	2002～2016 年年均增长率（%）
	总额（亿美元）	占比（%）		
湖州市	90.16	1.32	11.71	19.92
绍兴市	255.64	3.73	7.81	16.82
舟山市	62.65	0.91	13.10	20.81
台州市	186.05	2.72	9.32	18.14
上海市	1834.67	26.78	4.72	13.27
江苏地区	3011.99	43.96	7.12	16.14
浙江地区	2004.68	29.26	7.00	16.02
总计	6851.34	100.00	6.27	15.23

图 6-7 显示了长三角核心区 16 个城市 2002 年、2009 年、2016 年出口总额情况。图中显示，各城市的出口总额都处于增长状态，未出现规模萎缩的城市。2016 年，上海市、苏州市、宁波市、杭州市列前四位。

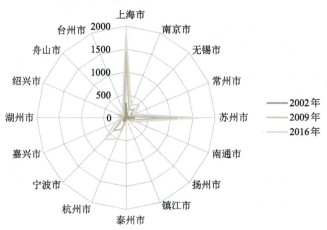

图 6-7 2002 年、2009 年、2016 年长三角核心区 16 个城市出口总额情况
图内数字表示出口总额，单位为亿美元

2016 年，长三角核心区 16 个城市平均出口总额为 428.21 亿美元。其中，上海市，江苏地区的无锡市、苏州市和浙江地区的杭州市、宁波市 5 个城市高于平均水平，其余 11 个城市低于平均水平，如图 6-8 所示。高于平均水平的 5 个城市的出口总额占长三角核心区出口总额的 73.95%。

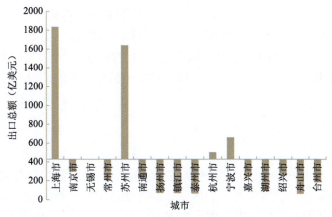

图 6-8　2016 年长三角核心区 16 个城市出口总额与平均值比较

6.3.2　从增速看发展

　　进入 2002 年，长三角核心区的出口总额保持着较快的增长势头，总额由 2002 年的 941.98 亿美元增长到 2016 年的 6851.34 亿美元，按当年价格计算，增长了 6.27 倍，年均增长率为 15.23%，高于同期地区生产总值的增长速度。其中，上海市增长了 4.72 倍，年均增长率为 13.27%；江苏地区增长了 7.12 倍，年均增长率为 16.14%；浙江地区增长了 7.00 倍，年均增长率为 16.02%，如表 6-7 所示。上海市、江苏地区、浙江地区出口总额呈现波动式发展，如图 6-9 所示。

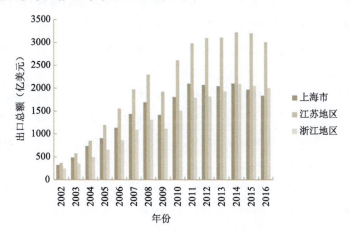

图 6-9　2002～2016 年上海市、江苏地区、浙江地区出口总额变化情况

2002 年以来,上海市、江苏地区、浙江地区出口总额维持着总体稳定的增长格局,未出现显著的波动。上海市出口总额稳居长三角核心区各城市首位,2002 年上海市出口总额远高于其他 15 个城市,是其他城市的 1.73～76.32 倍。但 2016 年苏州市出口总额已经接近上海市,同时上海市仅是出口总额最小的舟山市的 29.28 倍。

6.3.3　从构成看特征

长三角核心区 16 个城市的经济规模存在显著差异,单纯的出口总量往往不能全面地反映经济的特征,如表 6-8 所示。因此,需要通过出口总额占地区生产总值比重和人均出口总额,从构成的角度来审视出口状况。表 6-9 表明,2016 年长三角核心区 16 个城市出口总额占地区生产总值比重和人均出口总额存在较显著的差异。苏州市出口总额占地区生产总值比重和人均出口总额均最大。出口总额最大的上海市,这两个指标都处于前列。出口总额最小的舟山市,这两个指标都处于中游位置。

表 6-8　2000～2016 年长三角核心区 16 个城市出口总额情况　（单位：亿美元）

城市	2000 年	2001 年	2002 年	2003 年	2004 年	2005 年	2006 年	2007 年	2008 年
上海市	253.54	276.28	320.55	484.82	735.20	907.42	1135.73	1439.28	1693.50
南京市	53.69	57.51	60.11	76.65	104.60	142.45	173.65	206.46	235.97
无锡市	33.67	36.00	51.45	73.25	110.22	155.46	214.40	293.21	357.85
常州市	18.60	21.66	26.56	35.30	47.16	61.24	78.91	98.44	132.44
苏州市	104.81	123.07	185.21	326.34	507.74	727.75	946.85	1188.84	1317.23
南通市	20.35	20.84	25.31	32.85	43.49	57.93	72.13	90.23	117.52
扬州市			8.01	11.12	13.51	19.05	23.61	32.52	45.67
镇江市	6.59	7.46	10.11	12.89	15.19	20.35	26.63	36.87	42.52
泰州市	3.29	3.85	4.20	6.34	9.54	13.41	22.04	29.57	48.87
杭州市	69.65	72.84	84.81	109.55	151.75	198.04	262.28	299.66	336.14
宁波市	51.68	62.45	81.63	120.74	166.90	222.33	287.71	382.55	463.26
嘉兴市	18.90	22.17	25.48	36.16	51.06	70.44	91.76	116.74	141.04
湖州市	4.63	5.76	7.09	10.11	14.48	19.96	26.68	36.76	49.01
绍兴市	12.77	18.75	29.00	45.33	66.09	81.42	105.03	138.12	174.95

续表

城市	2000 年	2001 年	2002 年	2003 年	2004 年	2005 年	2006 年	2007 年	2008 年
舟山市	4.12	4.02	4.44	5.40	8.14	10.69	16.22	23.86	32.86
台州市	8.69	11.79	18.02	26.51	37.99	51.96	70.35	93.65	117.64

城市	2009 年	2010 年	2011 年	2012 年	2013 年	2014 年	2015 年	2016 年
上海市	1419.14	1807.84	2097.89	2068.07	2042.44	2102.77	1969.69	1834.67
南京市	184.59	248.85	308.65	319.01	322.66	326.28	315.03	295.92
无锡市	260.12	362.72	423.11	413.14	411.49	442.31	422.32	429.10
常州市	108.66	155.58	193.61	199.62	203.74	213.84	212.58	208.60
苏州市	1140.85	1531.08	1672.33	1746.89	1757.06	1811.78	1814.59	1639.41
南通市	111.80	141.07	180.30	187.86	212.78	224.80	228.26	230.11
扬州市	40.13	60.57	73.23	81.72	75.51	76.82	77.11	72.59
镇江市	35.41	47.51	56.19	77.37	62.23	66.02	68.73	69.52
泰州市	42.15	58.77	74.78	69.47	62.92	61.78	63.77	66.74
杭州市	271.80	353.37	415.21	412.62	447.66	491.66	500.67	502.59
宁波市	386.51	519.67	608.32	614.45	657.10	730.97	714.29	660.97
嘉兴市	123.41	160.40	192.72	196.03	215.12	236.51	229.27	246.62
湖州市	40.76	58.61	73.56	73.96	80.88	88.06	88.55	90.16
绍兴市	157.61	210.84	259.86	255.57	279.16	297.51	271.42	255.64
舟山市	37.39	69.37	74.73	92.24	66.49	57.76	61.85	62.65
台州市	100.67	139.63	170.35	172.39	187.21	193.51	188.29	186.05

表 6-9　2016 年长三角核心区 16 个城市出口总额占地区生产总值比重和人均出口总额

城市	出口总额（亿美元）	地区生产总值（亿元）	出口总额占地区生产总值比重(%)	总人口（万人）	人均出口总额（万美元）
上海市	1 834.67	28 178.7	40.92	1 450.0	1.27
南京市	295.92	10 503.0	17.71	662.8	0.45
无锡市	429.10	9 210.0	29.28	486.2	0.88
常州市	208.60	5 773.9	22.71	374.9	0.56

续表

城市	出口总额（亿美元）	地区生产总值（亿元）	出口总额占地区生产总值比重(%)	总人口（万人）	人均出口总额（万美元）
苏州市	1 639.41	15 475.1	66.59	678.2	2.42
南通市	230.11	6 768.2	21.37	766.7	0.30
扬州市	72.59	4 449.4	10.25	461.7	0.16
镇江市	69.52	3 833.8	11.40	272.0	0.26
泰州市	66.74	4 101.8	10.23	508.2	0.13
杭州市	502.59	11 313.7	27.92	736.0	0.68
宁波市	660.97	8 686.5	47.83	591.0	1.12
嘉兴市	246.62	3 862.1	40.14	352.1	0.70
湖州市	90.16	2 284.4	24.81	264.8	0.34
绍兴市	255.64	4 789.0	33.55	444.5	0.58
舟山市	62.65	1 241.2	31.73	97.3	0.64
台州市	186.05	3 898.7	29.99	600.2	0.31

6.4 进 口 总 额

进口总额是指一定时期内一国从境外向境内进口商品的全部价值总和，它是反映一个国家对外贸易规模的重要指标。

6.4.1 从数字看形势

2016 年长三角核心区进口总额为 4962.77 亿美元。其中，上海市为 2503.38 亿美元，占比为 50.44%；江苏地区为 1813.44 亿美元，占比为 36.54%；浙江地区为 645.95 亿美元，占比为 13.02%，如表 6-10 所示。16 个城市中，上海市以 2503.38 亿美元列第一位，湖州市以 12.07 亿美元列最后一位。江苏地区 8 个城市的进口总额占长三角核心区近四成，其中苏州市进口总额最大，占比为 22.13%。

表 6-10　2016 年长三角核心区 16 个城市进口总额及增长情况

城市	2016 年进口总额		2016 年比 2002 年增长倍数（倍）	2002～2016 年年均增长率（%）
	总额（亿美元）	占比（%）		
上海市	2503.38	50.44	5.16	13.87
南京市	206.20	4.15	4.05	12.26
无锡市	268.95	5.42	4.85	13.45
常州市	67.25	1.36	4.33	12.69
苏州市	1098.18	22.13	5.15	13.85
南通市	78.48	1.58	4.75	13.31
扬州市	23.66	0.48	2.32	8.94
镇江市	33.65	0.68	2.10	8.41
泰州市	37.07	0.75	23.20	25.56
杭州市	177.34	3.57	2.83	10.07
宁波市	288.27	5.81	6.01	14.93
嘉兴市	82.48	1.66	6.18	15.13
湖州市	12.07	0.24	5.77	14.64
绍兴市	20.41	0.41	1.11	5.46
舟山市	42.88	0.86	80.82	36.97
台州市	22.50	0.45	4.79	13.36
上海市	2503.38	50.44	5.16	13.87
江苏地区	1813.44	36.54	4.83	13.41
浙江地区	645.95	13.02	4.63	13.14
总计	4962.77	100.00	4.96	13.60

　　图 6-10 显示了长三角核心区 16 个城市 2002 年、2009 年、2016 年进口总额情况。图中显示，除绍兴市外，各城市的进口总额都处于增长状况，未出现规模萎缩的城市。2016 年，上海市、苏州市列前两位。

　　2016 年，长三角核心区 16 个城市平均进口总额为 310.17 亿美元。其中，上海市和苏州市两个城市高于平均水平，其余 14 个城市低于平均水平，如图 6-11 所示。高于平均水平的两个城市的进口总额占长三角核心区进口总额的 72.57%。

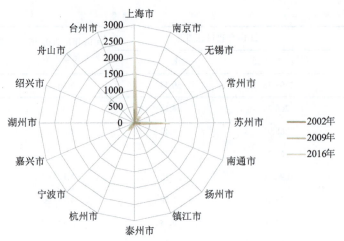

图 6-10 2002 年、2009 年、2016 年长三角核心区 16 个城市进口总额情况

图内数字表示进口总额,单位为亿美元

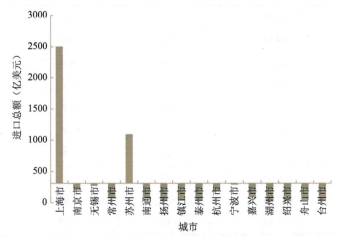

图 6-11 2016 年长三角核心区 16 个城市进口总额与平均值比较

6.4.2 从增速看发展

进入 2002 年,长三角核心区的进口总额保持着较快的增长势头,总额由 2002 年的 832.10 亿美元增长到 2014 年的 5442.08 亿美元,2015~2016 年有小幅下降。其中,至 2016 年上海市增长了 5.16 倍,年均增长率为 13.87%;江苏地区增长了 4.83 倍,年

均增长率为 13.41%；浙江地区增长了 4.63 倍，年均增长率为 13.14%，如表 6-10 所示。上海市、江苏地区、浙江地区增长均较显著，如图 6-12 所示。

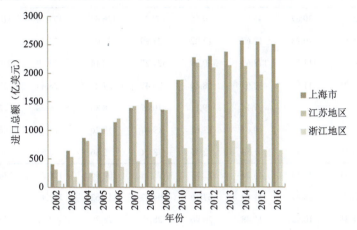

图 6-12　2002～2016 年上海市、江苏地区、浙江地区进口总额变化情况

　　2002 年以来，上海市、江苏地区、浙江地区进口总额维持着总体稳定的增长格局。上海市进口总额稳居长三角核心区各城市首位，2002 年上海市进口总额远高于其他 15 个城市，是其他城市的 2.27～780.94 倍。但 2016 年，上海市仅是进口总额最小的湖州市的 207.41 倍，差距在缩小，如表 6-10 所示。

6.4.3　从构成看特征

　　长三角核心区 16 个城市的经济规模存在显著差异，单纯的出口总量往往不能全面地反映经济的特征，如表 6-11 所示。因此，需要通过进口总额占地区生产总值比重和人均进口总额，从构成的角度来审视进口状况。表 6-12 表明，2016 年长三角核心区 16 个城市进口总额占地区生产总值比重和人均进口总额存在较显著的差异。进口总额最大的上海市，这两个指标均排名第一；进口总额第二的苏州市，这两个指标均排名第二。进口总额最小的湖州市，这两个指标几乎都处于最后的位置。

表 6-11　2000～2016 年长三角核心区 16 个城市进口总额情况　（单位：亿美元）

城市	2000 年	2001 年	2002 年	2003 年	2004 年	2005 年	2006 年	2007 年	2008 年
上海市	293.56	332.70	406.09	639.15	865.06	956.23	1139.16	1390.45	1527.88
南京市	37.33	38.37	40.83	70.47	101.79	128.45	141.70	155.53	169.95

续表

城市	2000 年	2001 年	2002 年	2003 年	2004 年	2005 年	2006 年	2007 年	2008 年
无锡市	26.17	30.67	45.96	70.55	108.23	136.45	177.44	218.25	202.43
常州市	9.62	10.93	12.62	17.22	21.89	22.09	25.51	33.82	43.85
苏州市	95.89	113.55	178.69	330.29	524.27	678.14	795.79	929.11	968.03
南通市	11.21	11.50	13.65	18.80	24.43	27.27	28.49	37.53	49.36
扬州市			7.14	9.11	10.67	8.85	9.08	12.08	13.13
镇江市			10.87	13.81	19.61	19.26	21.11	26.18	32.09
泰州市	1.19	1.47	1.53	2.46	3.01	5.86	6.61	9.99	14.55
杭州市	35.11	40.14	46.26	72.83	93.21	100.66	126.81	134.60	144.51
宁波市	23.73	26.47	41.10	67.36	94.23	112.62	134.41	182.44	215.14
嘉兴市	8.38	10.52	11.48	20.96	28.19	28.79	34.78	44.36	57.29
湖州市	2.30	1.73	1.78	2.06	2.50	2.75	3.42	5.90	6.87
绍兴市	3.85	5.96	9.69	14.28	20.54	23.43	34.46	54.82	63.32
舟山市	0.56	0.57	0.52	0.81	1.97	4.36	10.90	16.90	27.67
台州市	2.76	3.64	3.89	6.37	9.90	11.57	13.97	17.28	20.47

城市	2009 年	2010 年	2011 年	2012 年	2013 年	2014 年	2015 年	2016 年
上海市	1358.17	1880.85	2276.47	2299.51	2371.54	2563.45	2547.64	2503.38
南京市	152.86	207.16	264.79	233.34	234.91	245.93	217.38	206.20
无锡市	179.33	249.51	301.53	294.61	292.24	299.39	262.35	268.95
常州市	42.13	67.19	92.74	90.84	88.39	74.26	67.88	67.25
苏州市	873.61	1209.68	1336.29	1310.03	1336.41	1301.28	1238.90	1098.18
南通市	50.79	69.89	78.14	75.39	85.37	91.57	87.53	78.48
扬州市	14.20	21.84	28.29	20.01	19.56	23.30	26.27	23.66
镇江市	24.92	34.03	44.54	36.77	37.27	37.05	31.90	33.65
泰州市	16.04	27.08	36.10	34.23	41.50	47.15	38.53	37.07
杭州市	132.40	170.18	224.50	204.22	203.05	188.32	165.00	177.34
宁波市	221.62	309.37	373.55	351.27	346.19	315.53	290.36	288.27
嘉兴市	48.64	67.84	92.13	91.41	102.51	100.83	81.58	82.48
湖州市	7.57	10.67	13.06	13.26	14.45	11.83	13.52	12.07

城市	2009 年	2010 年	2011 年	2012 年	2013 年	2014 年	2015 年	2016 年
绍兴市	47.29	59.29	75.23	65.41	54.53	49.32	27.60	20.41
舟山市	32.85	37.95	57.91	61.32	60.23	65.59	55.16	42.88
台州市	19.65	30.39	34.69	33.83	31.57	27.28	23.37	22.50

表 6-12　2016 年长三角核心区 16 个城市进口总额占地区生产总值比重和人均进口总额

城市	进口总额（亿美元）	地区生产总值（亿元）	进口总额占地区生产总值比重（％）	总人口（万人）	人均进口总额（万美元）
上海市	2 503.38	28 178.7	55.84	1 450.0	1.73
南京市	206.20	10 503.0	12.34	662.8	0.31
无锡市	268.95	9 210.0	18.35	486.2	0.55
常州市	67.25	5 773.9	7.32	374.9	0.18
苏州市	1 098.18	15 475.1	44.60	678.2	1.62
南通市	78.48	6 768.2	7.29	766.7	0.10
扬州市	23.66	4 449.4	3.34	461.7	0.05
镇江市	33.65	3 833.8	5.52	272.0	0.12
泰州市	37.07	4 101.8	5.68	508.2	0.07
杭州市	177.34	11 313.7	9.85	736.0	0.24
宁波市	288.27	8 686.5	20.86	591.0	0.49
嘉兴市	82.48	3 862.1	13.42	352.1	0.23
湖州市	12.07	2 284.4	3.32	264.8	0.05
绍兴市	20.41	4 789.0	2.68	444.5	0.05
舟山市	42.88	1 241.2	21.71	97.3	0.44
台州市	22.50	3 898.7	3.63	600.2	0.04

6.5　新批外商投资企业

外商投资企业是指依照中国法律在中国境内设立的，由中国投资者与外国投资者共同投资，或者由外国投资者单独投资的企业。新批外商投资企业即新批准成立的外商投资企业。

6.5.1　从数字看形势

2016 年长三角核心区新批外商投资企业为 8887 个。其中，上海市为 5153 个，占比为 57.98%；江苏地区为 2091 个，占比为 23.53%；浙江地区为 1643 个，占比为 18.49%，如表 6-13 所示。16 个城市中，上海市以 5153 个列第一位，舟山市以 25 个列最后一位。江苏地区 8 个城市的新批外商投资企业占长三角核心区两成以上，苏州市新批外商投资企业个数最多。

表 6-13　2016 年长三角核心区 16 个城市新批外商投资企业个数及增长情况

城市	2016 年新批外商投资企业		2016 年比 2002 年增长倍数（倍）	2002~2016 年年均增长率（%）
	个数（个）	占比（%）		
上海市	5153	57.98	0.71	3.91
南京市	346	3.89	−0.46	−4.36
无锡市	230	2.59	−0.69	−8.05
常州市	169	1.90	−0.53	−5.31
苏州市	784	8.82	−0.68	−7.86
南通市	329	3.70	−0.11	−0.82
扬州市	70	0.79	−0.67	−7.67
镇江市	106	1.19	−0.70	−8.16
泰州市	57	0.64	−0.63	−6.85
杭州市	462	5.20	−0.21	−1.70
宁波市	458	5.15	−0.55	−5.54
嘉兴市	275	3.09	−0.42	−3.83
湖州市	110	1.24	−0.62	−6.62
绍兴市	277	3.12	−0.43	−3.91
舟山市	25	0.28	−0.04	−0.28
台州市	36	0.41	−0.79	−10.61

续表

城市	2016 年新批外商投资企业		2016 年比 2002 年增长倍数（倍）	2002～2016 年年均增长率（%）
	个数（个）	占比（%）		
上海市	5153	57.98	0.71	3.91
江苏地区	2091	23.53	−0.61	−6.43
浙江地区	1643	18.49	−0.46	−4.32
总计	8887	100.00	−0.22	−1.74

图 6-13 显示了长三角核心区 16 个城市 2002 年、2009 年、2016 年新批外商投资企业情况。图中显示，除上海市外，各城市的新批外商投资企业个数都处于减少状态，出现规模萎缩。2016 年，上海市、苏州市、杭州市、宁波市、南京市、南通市列前六位。

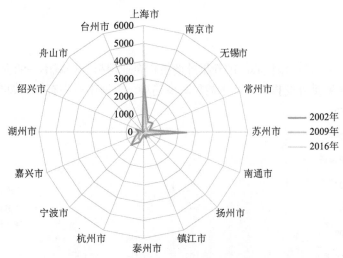

图 6-13　2002 年、2009 年、2016 年长三角核心区 16 个城市新批外商投资企业情况
图内数字表示新批外商投资企业个数，单位为个

2016 年，长三角核心区 16 个城市平均新批外商投资企业为 555 个。其中，上海市和江苏地区的苏州市两个城市高于平均水平，其余 14 个城市低于平均水平，如图 6-14 所示。高于平均水平的两个城市的新批外商投资企业个数占长三角核心区新批外商投资企业总数的 66.81%。

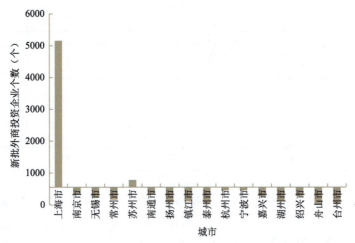

图 6-14　2016 年长三角核心区 16 个城市新批外商投资企业与平均值比较

6.5.2　从增速看发展

　　进入 2002 年，长三角核心区的新批外商投资企业保持着增减不一的变动趋势，江苏地区和浙江地区新批外商投资企业个数呈减少趋势，上海市稳中有升，如图 6-15 所示。

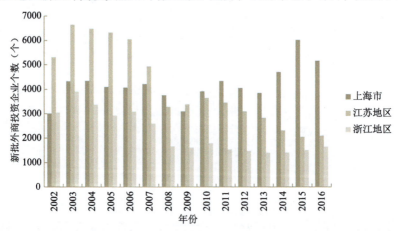

图 6-15　2002～2016 年上海市、江苏地区、浙江地区新批外商投资企业变化情况

　　2002 年以来，上海市、江苏地区、浙江地区新批外商投资企业出现显著的波动。上海市新批外商投资企业稳居长三角核心区各城市首位，2002 年上海市新批外商投资企业远高于其他 15 个城市，是其他城市的 1.22～115.85 倍。2016 年上海市新

批外商投资企业依然远远高于其他 15 个城市，是其他城市的 6.57～206.12 倍，差距在变大。

6.5.3 从人均看特征

长三角核心区 16 个城市的经济规模存在显著差异，单纯的新批外商投资企业个数往往不能全面地反映经济的特征，如表 6-14 所示。因此，需要通过人均新批外商投资企业个数来审视新批外商投资状况。表 6-15 表明，2016 年长三角核心区 16 个城市人均新批外商投资企业个数存在较显著的差异。新批外商投资企业个数最多的上海市，人均新批外商投资企业个数居首位。新批外商投资企业个数最少的舟山市，人均新批外商投资企业个数居于靠后位置。

表 6-14　2000～2016 年长三角核心区 16 个城市新批外商投资企业情况　（单位：个）

城市	2000 年	2001 年	2002 年	2003 年	2004 年	2005 年	2006 年	2007 年	2008 年
上海市	1814	2458	3012	4321	4334	4091	4061	4206	3748
南京市	313	410	646	843	803	728	604	475	268
无锡市	359	512	745	1007	897	811	759	496	282
常州市	167	281	363	533	438	509	505	401	245
苏州市	943	1362	2465	2399	2282	2181	2281	2022	1462
南通市	234	233	369	906	1033	998	964	744	416
扬州市	55	145	214	295	333	368	399	364	318
镇江市			349	440	477	471	263	272	146
泰州市	67	104	154	217	214	253	268	153	139
杭州市	315	483	587	869	802	756	747	574	483
宁波市	550	806	1017	1209	1081	873	1034	854	528
嘉兴市	188	292	475	634	574	440	468	420	242
湖州市	115	256	287	360	340	302	276	255	173
绍兴市		210	484	568	431	416	400	369	182
舟山市	23	35	26	60	20	21	16	18	7
台州市	120	107	173	200	123	117	139	95	38

续表

城市	2009 年	2010 年	2011 年	2012 年	2013 年	2014 年	2015 年	2016 年
上海市	3090	3906	4329	4043	3842	4697	6007	5153
南京市	333	387	336	461	533	314	250	346
无锡市	273	331	255	203	236	237	212	230
常州市	252	327	308	298	255	201	146	169
苏州市	1426	1537	1516	1189	936	905	860	784
南通市	401	364	327	349	354	305	315	329
扬州市	360	335	350	267	191	101	81	70
镇江市	164	138	125	142	162	120	93	106
泰州市	166	219	229	178	156	117	83	57
杭州市	554	545	500	510	415	408	475	462
宁波市	403	495	411	437	442	468	444	458
嘉兴市	255	300	260	234	248	246	249	275
湖州市	179	170	129	108	119	86	107	110
绍兴市	174	235	195	134	138	141	196	277
舟山市	12	5	12	10	4	14	19	25
台州市	25	28	20	25	29	40	17	36

表 6-15　2016 年长三角核心区 16 个城市人均新批外商投资企业个数

城市	新批外商投资企业个数（个）	总人口（万人）	人均新批外商投资企业个数（个/万人）
上海市	5153	1450.0	3.55
南京市	346	662.8	0.52
无锡市	230	486.2	0.47
常州市	169	374.9	0.45
苏州市	784	678.2	1.16
南通市	329	766.7	0.43
扬州市	70	461.7	0.15
镇江市	106	272.0	0.39

续表

城市	新批外商投资企业个数（个）	总人口（万人）	人均新批外商投资企业个数（个/万人）
泰州市	57	508.2	0.11
杭州市	462	736.0	0.63
宁波市	458	591.0	0.78
嘉兴市	275	352.1	0.78
湖州市	110	264.8	0.42
绍兴市	277	444.5	0.62
舟山市	25	97.3	0.26
台州市	36	600.2	0.06

6.6 实际使用外资

实际使用外资是指我国在和外商签订合同后，实际到达的外资款项。只有实际使用外资才能真正体现我国的外资利用水平。

6.6.1 从数字看形势

2016 年长三角核心区实际使用外资为 569.4 亿美元。其中，上海市为 185.1 亿美元，占比为 32.50%；江苏地区为 216.8 亿美元，占比为 38.07%；浙江地区为 167.6 亿美元，占比为 29.43%，如表 6-16 所示。16 个城市中，上海市以 185.1 亿美元列第一位，舟山市以 2.1 亿美元列最后一位。16 个城市中，上海市、杭州市和苏州市实际使用外资额占比超过 10%。

表 6-16　2016 年长三角核心区 16 个城市实际使用外资总额及增长情况

城市	2016 年实际使用外资		2016 年比 2000 年增长倍数（倍）	2000~2016 年年均增长率（%）
	总额（亿美元）	占比（%）		
上海市	185.1	32.50	1.90	6.87

续表

城市	2016 年实际使用外资		2016 年比 2000 年增长倍数（倍）	2000～2016 年年均增长率（%）
	总额（亿美元）	占比（%）		
南京市	34.8	6.11	2.53	8.19
无锡市	34.1	5.99	2.15	7.44
常州市	25.0	4.39	2.57	8.28
苏州市	60.0	10.54	1.08	4.69
南通市	23.9	4.19	15.27	19.05
扬州市	12.0	2.11	17.09	19.84
镇江市	13.5	2.37	3.55	9.93
泰州市	13.4	2.36	12.04	17.41
杭州市	72.1	12.66	15.73	19.25
宁波市	45.1	7.92	6.26	13.19
嘉兴市	26.9	4.73	16.58	19.62
湖州市	10.0	1.76	11.20	16.92
绍兴市	8.0	1.41	5.90	12.83
舟山市	2.1	0.37	18.55	20.42
台州市	3.4	0.59	5.63	12.55
上海市	185.1	32.50	1.90	6.87
江苏地区	216.7	38.07	2.46	8.07
浙江地区	167.6	29.43	10.44	16.45
总计	569.4	100.00	3.03	9.11

图 6-16 显示了长三角核心区 16 个城市 2000 年、2010 年、2016 年实际使用外资情况。图中显示，各城市 2000～2010 年实际使用外资都处于增长状态，2010～2016 年苏州市、扬州市、镇江市、常州市、绍兴市、泰州市 6 个城市实际使用外资处于减少状态，其余 10 个城市处于增长状态。

2016 年，长三角核心区 16 个城市平均实际使用外资额为 35.6 亿美元。其中，上海市，江苏地区的苏州市和浙江地区的杭州市、宁波市 4 个城市高于平均水平，其余 12 个城市低于平均水平，如图 6-17 所示。高于平均水平的 4 个城市的实际使用外资额占长三角核心区实际使用外资总额的 63.61%。

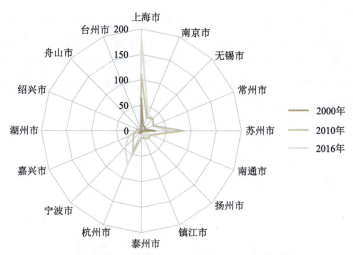

图 6-16 2000 年、2010 年、2016 年长三角核心区 16 个城市实际使用外资情况

图内数字表示实际使用外资额，单位为亿美元

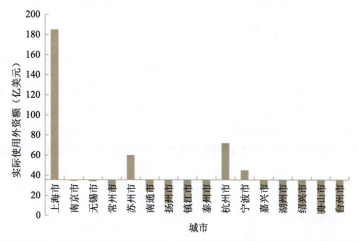

图 6-17 2016 年长三角核心区 16 个城市实际使用外资与平均值比较

6.6.2 从增速看发展

2000～2013 年，长三角核心区实际使用外资总额保持着较快的增长势头，总额由 2000 年的 141.2 亿美元增长到 2013 年的 581.5 亿美元，按当年价格计算，增长了 3.12 倍，年均增长率为 11.50%，低于同期地区生产总值的增长速度。2014 年长三角核心

区实际使用外资额为 568.6 亿美元，比 2013 年有所下降，2015～2016 年实际使用外资规模逐步增加。2000～2016 年，上海市增长了 1.90 倍，年均增长率为 6.87%；江苏地区增长了 2.46 倍，年均增长率为 8.07%；浙江地区增长了 10.44 倍，年均增长率为 16.45%，如表 6-16 所示。浙江地区增长较显著，江苏地区从 2002 年以来总体规模高于上海市，如图 6-18 所示。

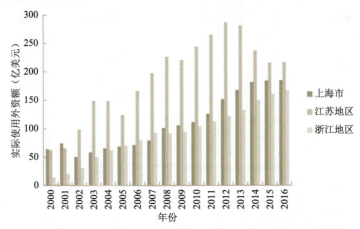

图 6-18　2000～2016 年上海市、江苏地区、浙江地区实际使用外资变化情况

2000 年以来，上海市和浙江地区实际使用外资维持着比较稳定的增长格局，未出现显著的波动，江苏地区 2014～2015 年实际使用外资总额有小幅下降。上海市实际使用外资额稳居长三角核心区各城市首位，2000 年上海市实际使用外资额远高于其他 15 个城市，是其他城市的 2.22～594.42 倍，但 2016 年仅是实际使用外资额最小的舟山市的 88.14 倍。

6.6.3　从构成看特征

长三角核心区 16 个城市的经济规模存在显著差异，单纯的实际使用外资总量往往不能全面地反映经济的特征，如表 6-17 所示。因此，通过实际使用外资额占地区生产总值比重和人均实际使用外资额，从构成的角度来审视实际使用外资状况。表 6-18 表明，2016 年长三角核心区 16 个城市实际使用外资额占地区生产总值比重和人均实际使用外资额存在较显著的差异。嘉兴市、上海市、杭州市实际使用外资额占地区生产总值比重位居前三位，上海市人均实际使用外资额最大。实际使用外资额最大的上海市，这两个指标都处于靠前的位置。实际使用外资额最小的舟山市，这两个指标都处于靠后的位置。

表 6-17　2000～2016 年长三角核心区 16 个城市实际使用外资情况　（单位：万美元）

城市	2000 年	2001 年	2002 年	2003 年	2004 年	2005 年	2006 年	2007 年	2008 年
上海市	639 000	741 000	503 000	585 022	654 100	685 000	710 700	792 000	1 008 400
南京市	98 693	84 559	155 398	221 022	256 636	141 778	170 211	206 100	237 203
无锡市	108 240	135 746	174 019	270 057	325 778	200 740	275 233	277 177	316 651
常州市	70 006	62 192	56 102	85 522	58 000	73 120	125 145	183 481	204 002
苏州市	288 338	302 183	481 398	680 511	503 314	511 607	610 462	716 471	813 262
南通市	14 669	17 523	23 848	73 092	101 986	153 162	257 497	311 745	293 710
扬州市	6 654	9 968	25 498	48 097	75 177	52 579	76 099	87 515	172 003
镇江市	29 703	32 637	52 276	80 554	121 462	59 590	73 034	106 354	120 175
泰州市	10 313	12 071	18 060	30 269	41 662	46 752	76 588	87 541	104 988
杭州市	43 093	50 324	52 186	100 850	140 982	171 274	225 536	280 181	331 154
宁波市	62 186	87 446	124 696	172 727	210 322	231 079	243 018	250 518	253 789
嘉兴市	15 318	27 067	44 478	79 683	102 187	115 666	122 178	166 228	135 975
湖州市	8 205	20 972	35 949	53 734	61 121	65 072	75 702	84 363	80 206
绍兴市	11 598	15 777	38 167	74 271	82 344	90 095	97 188	110 476	77 235
舟山市	1 075	1 141	1 148	1 755	2 341	3 120	5 003	7 516	15 855
台州市	5 083	5 568	11 800	21 588	21 684	25 107	31 138	31 150	23 890
城市	2009 年	2010 年	2011 年	2012 年	2013 年	2014 年	2015 年	2016 年	
上海市	1 054 000	1 112 100	1 260 055	1 518 453	1 677 958	1 816 600	1 845 900	1 851 400	
南京市	239 199	281 601	356 440	413 031	403 262	329 074	333 459	347 937	
无锡市	320 308	330 007	350 480	400 953	333 886	311 619	321 100	341 274	
常州市	226 129	267 000	305 238	336 073	353 000	312 072	248 700	250 020	
苏州市	822 653	853 511	891 222	916 490	869 805	811 978	701 920	600 300	
南通市	200 481	206 056	216 644	220 542	228 743	232 309	231 559	238 724	
扬州市	151 870	205 645	210 264	213 808	182 788	150 208	84 841	120 389	
镇江市	144 081	161 462	180 759	221 410	309 678	129 508	130 516	135 068	
泰州市	105 626	136 254	141 726	145 018	132 259	93 945	106 550	134 448	

续表

城市	2009 年	2010 年	2011 年	2012 年	2013 年	2014 年	2015 年	2016 年
杭州市	401370	435627	472230	496061	527633	633460	711253	720915
宁波市	220541	232336	280929	285252	327483	402514	423375	451333
嘉兴市	133460	160994	172066	178159	220676	249577	268427	269240
湖州市	81095	91905	94038	102599	105860	98419	94188	100131
绍兴市	81117	95327	80468	95400	80782	67130	94152	80031
舟山市	10595	6719	10788	18339	20930	19962	7792	21017
台州市	18806	13206	14301	47520	40001	27705	11635	33683

表 6-18　2016 年长三角核心区 16 个城市实际使用外资额占地区生产总值比重和人均实际使用外资额

城市	实际使用外资额（亿美元）	地区生产总值（亿元）	实际使用外资额占地区生产总值比重（%）	总人口（万人）	人均实际使用外资额（美元）
上海市	185.1	28 178.7	4.13	1 450.0	1 276.8
南京市	34.8	10 503.0	2.08	662.8	525.0
无锡市	34.1	9 210.0	2.33	486.2	701.9
常州市	25.0	5 773.9	2.72	374.9	666.9
苏州市	60.0	15 475.1	2.44	678.2	885.1
南通市	23.9	6 768.2	2.22	766.7	311.4
扬州市	12.0	4 449.4	1.70	461.7	260.8
镇江市	13.5	3 833.8	2.21	272.0	496.6
泰州市	13.4	4 101.8	2.06	508.2	264.6
杭州市	72.1	11 313.7	4.01	736.0	979.5
宁波市	45.1	8 686.5	3.27	591.0	763.7
嘉兴市	26.9	3 862.1	4.38	352.1	764.6
湖州市	10.0	2 284.4	2.76	264.8	378.1
绍兴市	8.0	4 789.0	1.05	444.5	180.0
舟山市	2.1	1 241.2	1.06	97.3	215.9
台州市	3.4	3 898.7	0.54	600.2	56.1

7 交通、邮电和旅游

7.1　旅客运输量[①]

旅客运输量是指在一定时期内，各种运输工具实际运送的旅客数量。它是反映运输业为国民经济和人民生活服务的数量指标，也是制订和检查运输生产计划、研究运输发展规模和速度的重要指标。旅客运输量按人计算，旅客不论行程远近或票价多少，均按一人一次旅客运输量统计，半价票、儿童票也按一人统计。

7.1.1　从数字看形势

2013年江苏地区和浙江地区旅客运输量为337 406万人。其中，江苏地区为217 589万人，占比为64.49%；浙江地区为119 817万人，占比为35.51%，如表7-1所示。15个城市中，苏州市以71 798万人列第一位，扬州市以4769万人列最后一位。苏州市、南京市、杭州市旅客运输量较大，占比均超过10%。

表 7-1　2013 年长三角核心区 15 个城市旅客运输量及增长情况

城市	2013 年旅客运输量		2013 年比 2001 年增长倍数（倍）	2001～2013 年年均增长率（%）
	运输量（万人）	占比（%）		
南京市	49 407	14.64	2.05	9.74
无锡市	25 978	7.70	0.57	3.81
常州市	8 401	2.49	−0.20	−1.85
苏州市	71 798	21.28	2.68	11.47
南通市	22 421	6.65	1.83	9.07
扬州市	4 769	1.41	−0.25	−2.36
镇江市	24 461	7.25	3.14	12.58
泰州市	10 354	3.07	6.19	17.86
杭州市	36 409	10.79	0.79	4.97

① 上海市只统计旅客发送量数据，2014 年起运输量统计方法调整，故本节分析不包含上海市及2014 年以后的数据。

续表

城市	2013 年旅客运输量		2013 年比 2001 年增长倍数（倍）	2001～2013 年年均增长率（%）
	运输量（万人）	占比（%）		
宁波市	24 793	7.35	0.07	0.55
嘉兴市	12 579	3.73	0.57	3.82
湖州市	8 363	2.48	0.19	1.47
绍兴市	17 546	5.20	0.39	2.77
舟山市	4 923	1.46	−0.35	−3.53
台州市	15 204	4.51	0.49	3.39
江苏地区	217 589	64.49	1.58	8.21
浙江地区	119 817	35.51	0.35	2.51
总计	337 406	100.00	0.95	5.70

图 7-1 显示了长三角核心区 15 个城市 2001 年、2007 年、2013 年旅客运输量情况。图中显示，各城市的旅客运输量存在显著差异，常州市、扬州市、宁波市、嘉兴市、湖州市、舟山市 6 个城市呈现先增长后减少的状态，其余 9 个城市处于稳定增长状态。

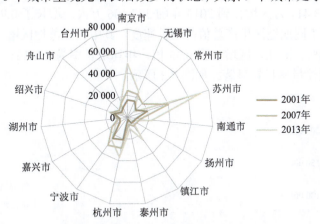

图 7-1 2001 年、2007 年、2013 年长三角核心区 15 个城市旅客运输量情况
图内数字表示旅客运输量，单位为万人

2013 年，长三角核心区 15 个城市平均旅客运输量为 22 494 万人。其中，江苏地区的南京市、无锡市、苏州市、镇江市和浙江地区的杭州市、宁波市 6 个城市高于平均水平，其余 9 个城市低于平均水平，如图 7-2 所示。高于平均水平的 6 个城市的旅

客运输量占长三角核心区旅客运输总量的 69.01%。

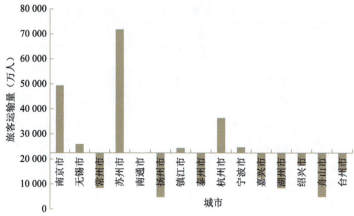

图 7-2　2013 年长三角核心区 15 个城市旅客运输量与平均值比较

7.1.2　从增速看发展

进入 2001 年，江苏地区和浙江地区的旅客运输量保持着总体的增长势头，运输量由 2001 年的 173 411 万人增长到 2013 年的 337 406 万人，增长了 0.95 倍，年均增长率为 5.70%，低于同期地区生产总值的增长速度。其中，江苏地区增长了 1.58 倍，年均增长率为 8.21%；浙江地区增长了 0.35 倍，年均增长率为 2.51%，如表 7-1 所示。江苏地区旅客运输量增长较显著，如图 7-3 所示。

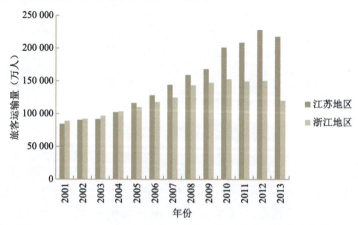

图 7-3　2001～2013 年江苏地区和浙江地区旅客运输量变化情况

2001 年以来，江苏地区和浙江地区旅客运输量维持着比较稳定的增长格局，2013 年有小幅下降。2005 年以来，苏州市旅客运输量稳居长三角核心区各城市首位，2013 年是旅客运输量最小的扬州市的 15.06 倍。

7.1.3 从人均看特征

长三角核心区 16 个城市的经济规模存在显著差异，单纯的旅客运输量往往不能全面地反映经济的特征，如表 7-2 所示。因此，需要通过人均旅客运输量来审视旅客运输状况。表 7-3 表明，2013 年长三角核心区 15 个城市人均旅客运输量存在较显著的差异。旅客运输量最大的苏州市，人均旅客运输量排名第一。旅客运输量最小的扬州市，人均旅客运输量排名最后。

表 7-2　2000～2016 年长三角核心区 16 个城市旅客运输量情况　（单位：万人）

城市	2001 年	2002 年	2003 年	2004 年	2005 年	2006 年	2007 年	2008 年
上海市	6324	7326	7212	8968	9487	9619	10371	10927
南京市	16197	16868	16800	19394	20537	22123	24810	26641
无锡市	16586	16885	15877	17469	20435	22431	23354	24248
常州市	10507	11216	11413	12679	15235	16719	19096	21018
苏州市	19508	21031	22921	25292	30707	35186	40163	45386
南通市	7912	7940	8059	8860	9319	10092	11719	13672
扬州市	6353	6590	6897	7473	8144	8703	9619	10564
镇江市	5904	6148	6150	6669	7223	7965	9238	10632
泰州市	1441	3728	3480	4238	4670	4855	5939	6775
杭州市	20342	21089	21348	22833	24124	25810	28026	29084
宁波市	23225	23752	24938	27291	28412	29146	30693	32250
嘉兴市	8020	8095	11102	13627	16218	16878	16503	17166
湖州市	7016	7164	6985	7266	7563	8393	8942	9260
绍兴市	12634	13020	12946	13739	14202	14989	15878	16340
舟山市	7579	7781	7479	7990	8832	10374	10274	10603
台州市	10187	11294	11921	10646	10892	12143	14320	28470

续表

城市	2009 年	2010 年	2011 年	2012 年	2013 年	2014 年	2015 年	2016 年
上海市	11 136	13 456	13 519	14 547	15 933	17 560	18 571	19 564
南京市	36 071	39 104	42 289	46 255	49 407	15 269	15 929	16 301
无锡市	25 847	27 330	30 643	32 996	25 978	9 751	8 882	8 638
常州市	24 778	29 361	15 845	17 257	8 401	8 458	7 572	7 205
苏州市	39 338	56 475	63 793	68 998	39 584	39 958	34 645	32 130
南通市	14 099	16 715	19 851	21 621	22 421	10 345	10 322	7 296
扬州市	6 507	7 276	8 194	8 908	4 769	4 804	4 159	3 852
镇江市	13 837	15 868	18 898	22 452	24 461	5 486	4 919	4 629
泰州市	7 384	8 680	8 959	9 300	10 354	9 147	9 241	7 641
杭州市	30 116	33 772	34 778	35 819	36 409	24 070	23 942	20 541
宁波市	33 791	33 911	28 745	28 053	24 793	16 508	14 229	10 450
嘉兴市	11 674	11 955	12 160	12 343	12 579	10 780	10 068	4 468
湖州市	9 752	9 964	9 996	9 476	8 363	6 307	6 047	5 006
绍兴市	17 088	17 398	17 415	17 512	17 546	9 824	10 020	3 081
舟山市	15 474	15 073	15 555	16 108	4 923	6 550	5 372	5 233
台州市	29 201	30 317	30 577	30 874	15 204	13 869	12 851	11 086

表 7-3 2013 年长三角核心区 15 个城市人均旅客运输量

城市	2013 年旅客运输量（万人）	总人口（万人）	人均旅客运输量（万人/万人）
南京市	49 407	643.1	77
无锡市	25 978	472.2	55
常州市	8 401	365.9	23
苏州市	71 798	653.8	110
南通市	22 421	766.5	29
扬州市	4 769	459.8	10
镇江市	24 461	271.8	90
泰州市	10 354	507.8	20

续表

城市	2013 年旅客运输量（万人）	总人口（万人）	人均旅客运输量（万人/万人）
杭州市	36 409	706.6	52
宁波市	24 793	580.2	43
嘉兴市	12 579	345.9	36
湖州市	8 363	262.5	32
绍兴市	17 546	441.7	40
舟山市	4 923	97.3	51
台州市	15 204	594.0	26

7.2　旅客周转量[①]

旅客周转量是指在一定时期内，由各种运输工具运送的旅客数量与其相应运输距离的乘积的总和。它是反映运输业生产总成果的重要指标，也是编制和检查运输生产计划，计算运输效率、劳动生产率及核算运输单位成本的主要基础资料。计算旅客周转量通常按发出站与到达站之间的最短距离，也就是计费距离计算。

7.2.1　从数字看形势

2013 年长三角核心区旅客周转量为 3117.43 亿人千米。其中，上海市为 1343.73 亿人千米，占比为 43.10%；江苏地区为 1290.02 亿人千米，占比为 41.38%；浙江地区为 483.68 亿人千米，占比为 15.52%，如表 7-4 所示。16 个城市中，上海市以 1343.73 亿人千米列第一位，舟山市以 12.36 亿人千米列最后一位。江苏地区 8 个城市的旅客周转量占长三角核心区四成以上，南京市和苏州市旅客周转量较大，占比均超过 10%。

---

① 2014 年起运输量统计方法调整，新口径不包括公交车和出租车的数据，故本节分析不包含 2014 年及以后的数据。

表 7-4　2013 年长三角核心区 16 个城市旅客周转量及增长情况

城市	2013 年旅客周转量		2013 年比 2002 年增长倍数（倍）	2002～2013 年年均增长率（%）
	周转量（亿人千米）	占比（%）		
上海市	1343.73	43.10	3.05	13.55
南京市	453.32	14.54	1.24	7.60
无锡市	134.13	4.30	0.84	5.69
常州市	41.94	1.35	−0.12	−1.12
苏州市	321.23	10.30	0.68	9.37
南通市	69.88	2.24	−0.02	−0.17
扬州市	36.14	1.16	−0.13	−1.22
镇江市	155.25	4.98	5.20	18.05
泰州市	78.13	2.51	2.74	12.74
杭州市	157.33	5.05	0.65	4.64
宁波市	124.28	3.99	0.43	3.29
嘉兴市	36.98	1.19	0.35	2.78
湖州市	28.38	0.91	0.00	−0.04
绍兴市	49.59	1.59	0.16	1.39
舟山市	12.36	0.40	−0.21	−2.08
台州市	74.76	2.40	0.41	3.17
上海市	1343.73	43.10	3.05	13.55
江苏地区	1290.02	41.38	1.15	7.19
浙江地区	483.68	15.52	0.38	2.99
总计	3117.43	100.00	1.43	8.40

　　图 7-4 显示了长三角核心区 16 个城市 2002 年、2007 年、2013 年旅客周转量情况。图中显示，各城市的旅客运输量存在显著差异，无锡市、常州市、南通市、扬州市、嘉兴市、湖州市、绍兴市、舟山市 8 个城市呈现先增长后减少的状态，其余 8 个城市处于稳定增长状态。

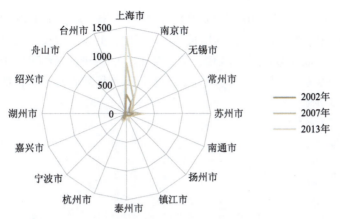

图 7-4　2002 年、2007 年、2013 年长三角核心区 16 个城市旅客周转量情况
图内数字表示旅客周转量，单位为亿人千米

2013 年，长三角核心区 16 个城市 2013 年平均旅客周转量为 194.84 亿人千米。其中，上海市和江苏地区的南京市、苏州市 3 个城市高于平均水平，其余 13 个城市低于平均水平，如图 7-5 所示。高于平均水平的 3 个城市的旅客周转量占长三角核心区旅客周转总量的 67.95%。

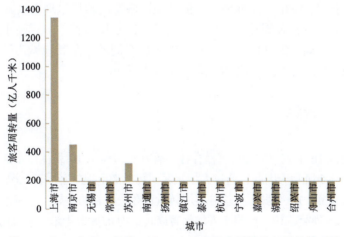

图 7-5　2013 年长三角核心区 16 个城市旅客周转量与平均值比较

7.2.2　从增速看发展

进入 2002 年，长三角核心区旅客周转量保持着总体增长的势头，周转量由 2002 年

的 1283.10 亿人千米增长到 2013 年的 3117.43 亿人千米，增长了 1.43 倍，年均增长率为 8.40%，低于同期地区生产总值的增长速度。其中，上海市增长了 3.05 倍，年均增长率为 13.55%；江苏地区增长了 1.15 倍，年均增长率为 7.19%；浙江地区增长了 0.38 倍，年均增长率为 2.99%，如表 7-4 所示。上海市和江苏地区增长较显著，如图 7-6 所示。

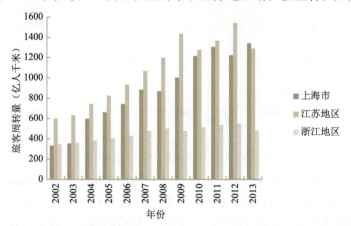

图 7-6　2002～2013 年上海市、江苏地区、浙江地区旅客周转量变化情况

2002 年以来，上海市、江苏地区、浙江地区旅客周转量呈现出增减不一的状况。2002 年以来，上海市旅客周转量稳居长三角核心区各城市首位，远高于其他 15 个城市，是其他城市的 1.64～21.33 倍。2013 年上海市旅客周转量是其他城市的 2.96～108.72 倍，上海市与其他 15 个城市的旅客周转量差距越来越大。

7.2.3　从人均看特征

长三角核心区 16 个城市的经济规模存在显著差异，单纯的总量往往不能全面地反映经济的特征，如表 7-5 所示。因此，通过人均旅客周转量来审视旅客周转状况。表 7-6 表明，2013 年长三角核心区 16 个城市人均旅客周转量存在较显著的差异。上海市人均旅客周转量为 0.94 万千米，列第一位。扬州市人均旅客周转量为 0.08 万千米，列最后一位。

表 7-5　2000～2016 年长三角核心区 16 个城市旅客周转量情况　（单位：亿人千米）

城市	2000 年	2001 年	2002 年	2003 年	2004 年	2005 年	2006 年	2007 年	2008 年
上海市	234.72	286.93	332.12	353.62	599.62	663.93	742.87	883.25	869.07
南京市	170.83	186.89	202.50	197.93	232.42	243.52	271.53	308.88	330.63
无锡市	69.67	71.50	72.94	68.80	93.74	129.46	159.57	169.96	177.63

续表

城市	2000 年	2001 年	2002 年	2003 年	2004 年	2005 年	2006 年	2007 年	2008 年
常州市	44.04	45.42	47.49	47.92	58.00	64.09	76.60	88.83	99.23
苏州市	101.36	106.40	119.92	151.81	179.23	191.91	214.94	249.86	285.50
南通市	68.17	70.86	71.20	72.27	77.32	81.64	87.63	101.88	113.00
扬州市	37.43	39.66	41.38	43.40	46.68	51.57	55.17	61.12	92.17
镇江市			25.02	25.36	28.34	30.71	33.37	45.19	53.55
泰州市		15.50	20.89	25.29	29.94	34.54	36.25	42.64	47.81
杭州市	79.70	83.74	95.53	96.42	104.18	106.59	114.56	124.77	126.20
宁波市	80.02	82.23	87.05	92.19	99.30	104.23	106.01	121.34	123.56
嘉兴市	19.64	25.75	27.35	31.17	39.92	47.20	51.52	55.13	56.09
湖州市	26.75	27.53	28.50	28.17	28.84	29.42	31.97	34.85	35.32
绍兴市	37.64	40.90	42.60	43.26	45.87	47.56	49.07	53.98	54.93
舟山市	14.86	14.74	15.57	14.81	17.26	18.14	18.54	19.73	20.36
台州市	60.92	57.39	53.04	55.23	48.69	49.77	56.87	69.77	85.62

城市	2009 年	2010 年	2011 年	2012 年	2013 年	2014 年	2015 年	2016 年
上海市	1002.59	1214.25	1307.56	1223.05	1343.73	1427.10	1661.03	1903.39
南京市	290.90	329.78	367.32	414.32	453.32	377.25	403.42	437.49
无锡市	197.56	211.41	235.29	272.36	134.13	105.05	105.53	101.40
常州市	128.64	154.12	89.78	97.68	41.94	42.05	40.34	37.24
苏州市	167.91	241.28	274.63	307.74	321.23	137.98	132.38	122.23
南通市	113.47	135.43	159.90	174.45	69.88	70.36	70.08	63.90
扬州市	405.88	45.83	53.40	58.20	36.14	36.30	34.91	32.23
镇江市	80.16	97.98	119.05	142.20	155.25	25.41	24.37	22.49
泰州市	52.16	62.65	69.62	74.53	78.13	53.78	54.68	46.84
杭州市	132.15	142.23	152.95	159.85	157.33	115.16	108.58	94.39
宁波市	124.56	136.20	138.31	143.18	124.28	78.04	65.07	55.35
嘉兴市	31.44	34.74	36.07	36.50	36.98	31.69	30.45	21.02
湖州市	32.43	33.29	33.81	32.85	28.38	22.14	20.91	17.87
绍兴市	45.27	45.90	47.53	48.00	49.59	35.84	34.44	30.85

续表

城市	2009 年	2010 年	2011 年	2012 年	2013 年	2014 年	2015 年	2016 年
舟山市	24.53	24.11	25.02	24.99	12.36	12.77	15.51	15.33
台州市	89.76	97.71	103.83	106.24	74.76	77.32	77.26	72.84

表 7-6　2013 年长三角核心区 16 个城市人均旅客周转量

城市	旅客周转量（亿人千米）	总人口（万人）	人均旅客周转量（万千米）
上海市	1343.73	1432.3	0.94
南京市	453.32	643.1	0.70
无锡市	134.13	472.2	0.28
常州市	41.94	365.9	0.11
苏州市	321.23	653.8	0.49
南通市	69.88	766.5	0.09
扬州市	36.14	459.8	0.08
镇江市	155.25	271.8	0.57
泰州市	78.13	507.8	0.15
杭州市	157.33	706.6	0.22
宁波市	124.28	580.2	0.21
嘉兴市	36.98	345.9	0.11
湖州市	28.38	262.5	0.11
绍兴市	49.59	441.7	0.11
舟山市	12.36	97.3	0.13
台州市	74.76	594.0	0.13

7.3　货物运输量[①]

货物运输量是指在一定时期内，各种运输工具实际运送的货物数量。它是反映运

---

① 2014 年货运口径进行调整，新口径公路货运量不包括农用机和拖拉机运输量，故本节分析不包含 2014 年及以后的数据。

输业为国民经济和人民生活服务的数量指标，也是制订和检查运输生产计划、研究运输发展规模和速度的重要指标。货物运输量按吨计算，货物不论运输距离长短、货物类别，均按实际重量统计。

7.3.1　从数字看形势

2013 年长三角核心区货物运输量为 410378 万吨。其中，上海市为 91535 万吨，占比为 22.31%；江苏地区为 167657 万吨，占比为 40.85%；浙江地区为 151186 万吨，占比为 36.84%，如表 7-7 所示。16 个城市中，上海市以 91535 万吨列第一位，绍兴市以 9871 万吨列最后一位。江苏地区 8 个城市的货物运输量占长三角核心区四成以上，南京市货物运输量最大，占比超过 10%。

表 7-7　2013 年长三角核心区 16 个城市货物运输量及增长情况

城市	2013 年货物运输量		2013 年比 2001 年增长倍数（倍）	2001～2013 年年均增长率（%）
	运输量（万吨）	占比（%）		
上海市	91535	22.31	0.85	5.25
南京市	44052	10.73	1.80	8.95
无锡市	18398	4.48	1.45	7.76
常州市	11713	2.85	1.43	7.66
苏州市	18504	4.51	1.32	7.25
南通市	30347	7.39	3.32	12.98
扬州市	10528	2.57	1.16	6.64
镇江市	16610	4.05	2.90	12.01
泰州市	17505	4.27	72.37	43.04
杭州市	30734	7.49	1.47	7.83
宁波市	35409	8.63	2.14	10.00
嘉兴市	17266	4.21	1.90	9.28
湖州市	16628	4.05	1.29	7.14
绍兴市	9871	2.41	0.51	3.47

续表

城市	2013 年货物运输量		2013 年比 2001 年增长倍数（倍）	2001～2013 年年均增长率（%）
	运输量（万吨）	占比（%）		
舟山市	21 814	5.32	6.03	17.65
台州市	19 464	4.74	2.57	11.19
上海市	91 535	22.31	0.85	5.25
江苏地区	167 657	40.85	2.20	10.17
浙江地区	151 186	36.84	1.90	9.29
总计	410 378	100.00	1.66	8.51

图 7-7 显示了长三角核心区 16 个城市 2001 年、2007 年、2013 年货物运输量情况。图中显示，各城市的货物运输量都处于增长状态，未出现规模萎缩的城市。2013 年，上海市、南京市、宁波市、杭州市、南通市列前五位。

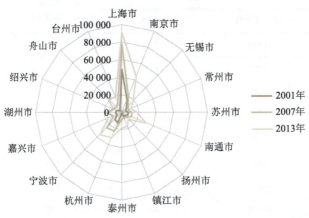

图 7-7 2001 年、2007 年、2013 年长三角核心区 16 个城市货物运输量情况
图内数字表示货物运输量，单位为万吨

2013 年，长三角核心区 16 个城市 2013 年平均货物运输量为 25 649 万吨。其中，上海市，江苏地区的南京市、南通市和浙江地区的杭州市、宁波市 5 个城市高于平均水平，其余 11 个城市低于平均水平，如图 7-8 所示。高于平均水平的 5 个城市的货物运输量占长三角核心区货物运输量总量的 56.55%。

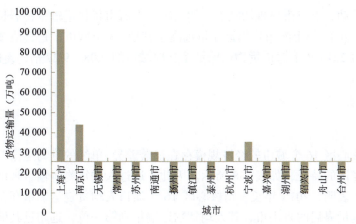

图 7-8　2013 年长三角核心区 16 个城市货物运输量与平均值比较

7.3.2　从增速看发展

进入 2001 年，长三角核心区货物运量量保持着较快的增长势头，运输量由 2001 年的 154 052 万吨增长到 2013 年的 410 378 万吨，增长了 1.66 倍，年均增长率为 8.51%，低于同期地区生产总值的增长速度。其中，上海市增长了 0.85 倍，年均增长率为 5.25%；江苏地区增长了 2.20 倍，年均增长率为 10.17%；浙江地区增长了 1.90 倍，年均增长率为 9.29%，如表 7-7 所示。江苏地区和浙江地区增长较显著，如图 7-9 所示。

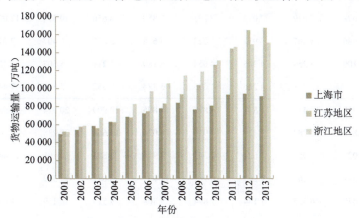

图 7-9　2001～2013 年上海市、江苏地区、浙江地区货物运输量变化情况

2001 年以来，江苏地区和浙江地区的货物运输量维持着比较稳定的增长格局，未

出现显著的波动，上海市呈现增减不一的状况。上海市货物运输量稳居长三角核心区各城市首位，2001 年上海市货物运输量远高于其他 15 个城市，是其他城市的 3.15～207.65 倍。但 2013 年上海市货物运输量是其他城市的 2.08～9.27 倍，差距在缩小。

7.3.3 从人均看特征

长三角核心区 16 个城市的经济规模存在显著差异，单纯的货物运输总量往往不能全面地反映经济的特征，如表 7-8 所示。因此，通过人均货物运输量来审视货物运输状况。表 7-9 表明，2013 年长三角核心区 16 个城市人均货物运输量存在较显著的差异。货物运输量靠后的舟山市，其人均货物运输量列第一位，远超过其他 15 个城市。而货物运输量最高的上海市，人均货物运输量仅为 63.91 吨，列第三位。

表 7-8　2000～2016 年长三角核心区 16 个城市货物运输量情况　（单位：万吨）

城市	2000 年	2001 年	2002 年	2003 年	2004 年	2005 年	2006 年	2007 年	2008 年
上海市	47 954	49 545	54 196	58 669	63 180	68 741	72 617	78 108	84 347
南京市	14 102	15 749	16 275	15 147	16 942	18 083	18 402	19 861	24 118
无锡市	7 443	7 500	7 493	7 097	7 431	8 430	10 330	10 769	11 475
常州市	4 696	4 830	5 140	5 437	5 648	6 032	6 855	8 083	8 729
苏州市	7 816	7 988	8 350	7 354	8 833	10 393	11 099	11 834	12 631
南通市	6 678	7 019	7 073	7 293	7 859	8 650	10 574	12 027	12 307
扬州市	4 686	4 867	4 933	5 223	5 518	5 855	6 407	7 270	8 057
镇江市	4 100	4 259	4 385	4 654	5 189	5 231	5 507	6 325	7 263
泰州市		239	4 220	4 093	5 374	5 553	5 818	7 444	9 325
杭州市	11 459	12 443	14 347	16 815	18 895	19 909	20 924	22 569	22 550
宁波市	10 819	11 283	12 429	13 919	16 026	17 664	22 238	24 363	27 508
嘉兴市	6 024	5 955	6 624	7 343	7 919	6 881	10 101	10 463	10 670
湖州市	6 541	7 267	9 269	10 764	11 952	13 811	15 369	16 379	16 604
绍兴市	6 470	6 555	7 134	7 894	9 308	9 559	10 119	11 032	11 273
舟山市	2 947	3 101	3 265	3 777	5 430	6 717	8 202	9 299	10 205
台州市	4 688	5 452	5 971	7 380	8 655	8 629	10 318	12 006	16 143

续表

城市	2009 年	2010 年	2011 年	2012 年	2013 年	2014 年	2015 年	2016 年
上海市	76 967	81 023	93 318	94 376	91 535	90 341	91 239	88 689
南京市	26 014	34 225	35 737	41 999	44 052	31 798	29 824	31 558
无锡市	12 178	13 376	15 387	18 268	18 398	15 318	15 353	15 830
常州市	11 206	13 109	15 644	17 154	11 713	12 836	12 953	13 396
苏州市	11 370	13 417	15 602	17 325	18 504	12 953	13 005	13 508
南通市	15 942	20 301	24 213	26 815	30 347	18 558	19 244	20 456
扬州市	8 022	9 333	11 112	12 244	10 528	11 596	12 162	12 324
镇江市	9 613	10 435	12 335	14 485	16 610	8 544	8 629	8 632
泰州市	9 798	12 342	14 659	16 775	17 505	16 980	17 607	19 313
杭州市	22 372	25 915	28 831	30 089	30 734	29 335	29 384	30 170
宁波市	29 028	30 553	34 385	32 616	35 409	40 407	42 083	46 258
嘉兴市	14 853	16 004	16 869	16 876	17 266	18 185	18 477	20 095
湖州市	16 353	18 108	20 103	19 467	16 628	13 202	13 565	14 526
绍兴市	8 528	8 931	8 899	9 274	9 871	11 481	12 271	12 447
舟山市	12 184	13 829	17 887	19 941	21 814	22 284	25 068	28 176
台州市	15 830	18 155	19 685	21 245	19 464	20 222	21 215	22 902

表 7-9   2013 年长三角核心区 16 个城市人均货物运输量

城市	货物运输量（万吨）	总人口（万人）	人均货物运输量（吨）
上海市	91 535	1 432.3	63.91
南京市	44 052	643.1	68.50
无锡市	18 398	472.2	38.96
常州市	11 713	365.9	32.01
苏州市	18 504	653.8	28.30
南通市	30 347	766.5	39.59
扬州市	10 528	459.8	22.90
镇江市	16 610	271.8	61.11
泰州市	17 505	507.8	34.47
杭州市	30 734	706.6	43.50

续表

城市	货物运输量（万吨）	总人口（万人）	人均货物运输量（吨）
宁波市	35 409	580.2	61.03
嘉兴市	17 266	345.9	49.92
湖州市	16 628	262.5	63.34
绍兴市	9 871	441.7	22.35
舟山市	21 814	97.3	224.19
台州市	19 464	594.0	32.77

7.4 港口货物吞吐量①

港口货物吞吐量是指一段时期内经水运输出、输入港区并经过装卸作业的货物总量，是反映港口生产经营活动成果的重要数量指标。港口货物吞吐量是衡量港口规模大小的最重要指标，是反映在一定的技术装备和劳动组织条件下，一定时间内港口为船舶装卸货物的数量，以吨数来表示。

7.4.1 从数字看形势

2016 年长三角核心区港口货物吞吐量为 318 904 万吨。其中，上海市为 70 177 万吨，占比为 22.01%；江苏地区为 149 747 万吨，占比为 46.96%；浙江地区为 98 980 万吨，占比为 31.04%，如表 7-10 所示。10 个城市中，上海市以 70 177 万吨列第一位，台州市以 6771 万吨列最后一位。江苏地区 6 个城市的港口货物吞吐量占长三角核心区港口货物吞吐量超过 45%，苏州市港口货物吞吐量最大，最接近上海市。

表 7-10　2016 年长三角核心区 10 个城市港口货物吞吐量及增长情况

城市	2016 年港口货物吞吐量		2016 年比 2003 年增长倍数（倍）	2003～2016 年年均增长率（%）
	吞吐量（万吨）	占比（%）		
上海市	70 177	22.01	1.22	6.32

① 无锡市、常州市、杭州市、嘉兴市、湖州市、绍兴市 6 个城市未统计该数据，故本节不做数据分析。

续表

城市	2016 年港口货物吞吐量		2016 年比 2003 年增长倍数（倍）	2003～2016 年年均增长率（%）
	吞吐量（万吨）	占比（%）		
南京市	22 768	7.14	21.66	7.81
苏州市	57 937	18.17	4.61	14.18
南通市	22 614	7.09	3.51	12.29
扬州市	12 160	3.81	5.87	15.98
镇江市	14 887	4.67	3.03	11.33
泰州市	19 381	6.08	8.27	18.69
宁波市	49 619	15.56	1.68	7.87
舟山市	42 590	13.36	6.44	16.70
台州市	6 771	2.12	3.20	11.67
上海市	70 177	22.01	1.22	6.32
江苏地区	149 747	46.96	3.76	12.75
浙江地区	98 980	31.04	2.82	10.87
总计	318 904	100.00	2.59	10.32

图 7-10 显示了长三角核心区 10 个城市 2003 年、2009 年、2016 年港口货物吞吐量情况。图中显示，各城市的港口货物吞吐量都处于增长状态，未出现规模萎缩的城市。2016 年，上海市、苏州市、宁波市、舟山市、南京市、南通市列前六位。

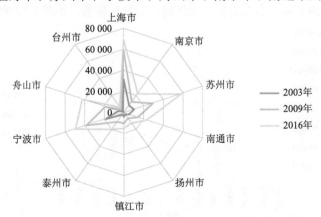

图 7-10　2003 年、2009 年、2016 年长三角核心区 10 个城市港口货物吞吐量情况

图内数字表示港口货物吞吐量，单位为万吨

2016 年，长三角核心区 10 个城市平均港口货物吞吐量为 31 890 万吨。其中，上海市，江苏地区的苏州市和浙江地区的宁波市、舟山市 4 个城市高于平均水平，其余 6 个城市低于平均水平，如图 7-11 所示。高于平均水平的 4 个城市的港口货物吞吐量占长三角核心区港口货物吞吐量的 69.09%。

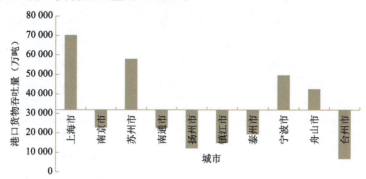

图 7-11　2016 年长三角核心区 10 个城市港口货物吞吐量与平均值比较

7.4.2　从增速看发展

进入 2003 年，长三角核心区港口货物吞吐量保持着较快的增长势头，吞吐量由 2003 年的 88 951 万吨增长到 2016 年的 318 904 万吨，增长了 2.59 倍，年均增长率为 10.32%，低于同期地区生产总值的增长速度。其中，上海市增长了 1.22 倍，年均增长率为 6.32%；江苏地区增长了 3.76 倍，年均增长率为 12.75%；浙江地区增长了 2.82 倍，年均增长率为 10.87%，如表 7-10 所示。江苏地区和浙江地区增长较显著，如图 7-12 所示。

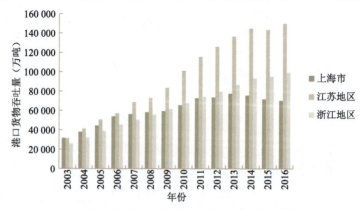

图 7-12　2003～2016 年上海市、江苏地区、浙江地区港口货物吞吐量变化情况

2003 年以来，浙江地区港口货物吞吐量维持着稳定的增长格局，未出现显著的波动，上海市和江苏地区呈现先增长后下降的趋势。上海市港口货物吞吐量稳居长三角核心区各城市首位，2003 年上海市港口货物吞吐量远高于其他 9 个城市，是其他城市的 1.71～16.38 倍，但 2016 年是其他城市的 1.21～10.36，差距在缩小。

7.4.3　从人均看特征

长三角核心区 16 个城市的经济规模存在显著差异，单纯的港口货物吞吐量往往不能全面地反映经济的特征，如表 7-11 所示。因此，通过人均港口货物吞吐量来审视货物吞吐状况。表 7-12 表明，2016 年长三角核心区 10 个城市人均港口货物吞吐量存在较显著的差异。港口货物吞吐量最大的上海市，其人均港口货物吞吐量处于中游位置。港口货物吞吐量最小的台州市，其人均港口货物吞吐量最小。舟山市人均港口货物吞吐量最大，达到 437.72 吨。

表 7-11　2000～2016 年长三角核心区 16 个城市港口货物吞吐量情况　（单位：万吨）

城市	2000 年	2001 年	2002 年	2003 年	2004 年	2005 年	2006 年	2007 年	2008 年
上海市	20 440	22 099	26 384	31 621	37 897	44 317	53 748	56 144	58 170
南京市	6 825	5 963	6 398	8 564	10 428	11 610	10 729	11 612	12 013
无锡市									
常州市									
苏州市	8 028		9 308	10 329	13 088	15 743	19 011	23 215	24 723
南通市	2 748	3 511	3 746	5 010	7 218	8 327	10 386	12 339	13 214
扬州市	1 429	1 506	1 611	1 769	2 256	4 658	5 133	5 549	5 787
镇江市	2 996	2 949	3 247	3 690	5 342	6 001	6 863	8 849	10 055
泰州市				2 090	2 848	4 231	4 899	7 046	7 208
杭州市									
宁波市	11 547	12 852	15 398	18 543	22 586	26 881	30 969	34 519	36 185
嘉兴市									
湖州市									
绍兴市									

续表

城市	2000 年	2001 年	2002 年	2003 年	2004 年	2005 年	2006 年	2007 年	2008 年
舟山市	3 189	3 281	4 068	5 722	7 359	9 052	11 418	12 818	15 862
台州市	1 134	1 271	1 398	1 613	2 150	2 722	2 819	3 027	3 507

城市	2009 年	2010 年	2011 年	2012 年	2013 年	2014 年	2015 年	2016 年
上海市	59 205	65 339	72 758	73 559	77 575	75 529	71 740	70 177
南京市	12 932	15 826	18 936	19 197	21 106	21 001	22 217	22 768
无锡市								
常州市								
苏州市	29 596	37 382	42 859	48 302	50 939	55 033	53 990	57 937
南通市	13 641	15 070	17 331	18 526	20 495	22 019	22 077	22 614
扬州市	6 423	7 385	8 453	8 823	10 007	12 138	11 026	12 160
镇江市	10 132	12 054	13 336	15 140	15 906	15 877	14 788	14 887
泰州市	10 697	13 471	14 397	15 622	17 941	18 550	19 226	19 381
杭州市								
宁波市	38 385	41 217	43 339	45 303	49 592	52 646	51 005	49 619
嘉兴市								
湖州市								
绍兴市								
舟山市	19 300	22 084	26 054	29 099	31 387	34 700	37 925	42 590
台州市	3 898	4 294	4 706	5 099	5 358	5 628	6 237	6 771

表 7-12　2016 年长三角核心区 10 个城市人均港口货物吞吐量

城市	港口货物吞吐量（万吨）	总人口（万人）	人均港口货物吞吐量（吨）
上海市	70 177	1450.0	48.40
南京市	22 768	662.8	34.35
苏州市	57 937	678.2	85.43
南通市	22 614	766.7	29.50
扬州市	12 160	461.7	26.34
镇江市	14 887	272.0	54.73

续表

城市	港口货物吞吐量（万吨）	总人口（万人）	人均港口货物吞吐量（吨）
泰州市	19381	508.2	38.14
宁波市	49619	591.0	83.96
舟山市	42590	97.3	437.72
台州市	6771	600.2	11.28

7.5 高速公路里程[①]

高速公路里程是指在一定时期能适应年平均昼夜小客车交通量为 25 000 辆以上、专供汽车分道高速行驶并全部控制出入的公路，同时经公路主管部门正式验收交付使用的公路里程数。一般来说，高速公路能适应 120 千米/时或者更高的速度，路面有 4 个以上车道的宽度。

7.5.1 从数字看形势

2013 年长三角核心区高速公路里程为 5990 千米。其中，上海市为 815 千米，占比为 13.61%；江苏地区为 2731 千米，占比为 45.59%；浙江地区为 2444 千米，占比为 40.80%，如表 7-13 所示。15 个城市中，上海市以 815 千米列第一位，镇江市以 182 千米列最后一位。江苏地区 8 个城市的高速公路里程占长三角核心区四成以上，南京市和苏州市高速公路里程较长，占比超过 9%。

表 7-13 2013 年长三角核心区 15 个城市高速公路里程及增长情况

城市	2013 年高速公路里程		2013 年比 2003 年增长倍数（倍）	2003～2013 年年均增长率（%）
	里程（千米）	占比（%）		
上海市	815	13.61	2.40	13.00

---

① 因无锡市 2014～2016 年统计数据缺失，故统计到 2013 年。同时，舟山市大部分数据未收集到，本节只分析其他 15 个城市。

续表

城市	2013 年高速公路里程		2013 年比 2003 年增长倍数（倍）	2003～2013 年年均增长率（%）
	里程（千米）	占比（%）		
南京市	585	9.77	1.24	8.41
无锡市	274	4.57	0.97	7.02
常州市	268	4.47	3.47	16.14
苏州市	550	9.19	2.43	13.11
南通市	298	4.98	6.84	22.87
扬州市	318	5.31	0.63	5.01
镇江市	182	3.04	1.25	8.43
泰州市	256	4.27	0.29	2.55
杭州市	550	9.18	1.89	11.21
宁波市	496	8.28	1.70	10.42
嘉兴市	391	6.53	1.61	10.05
湖州市	289	4.83	2.36	12.88
绍兴市	420	7.00	1.04	7.42
台州市	298	4.98	1.33	8.82
上海市	815	13.61	2.40	13.00
江苏地区	2731	45.59	1.41	9.19
浙江地区	2444	40.80	1.59	9.99
总计	5990	100.00	1.59	9.96

图 7-13 显示了长三角核心区 15 个城市 2003 年、2008 年、2013 年高速公路里程情况。图中显示，各城市的高速公路里程都处于增长状态，未出现规模萎缩的城市。2013 年，上海市、南京市、苏州市、杭州市列前四位，苏州市和杭州市并列。

2013 年，长三角核心区 15 个城市平均高速公路里程为 399 千米。其中，上海市，江苏地区的南京市、苏州市和浙江地区的杭州市、宁波市、绍兴市 6 个城市高于平均水平，其余 9 个城市低于平均水平，如图 7-14 所示。高于平均水平的 6 个城市的高速公路里程占长三角核心区高速公路总里程的 57.03%。

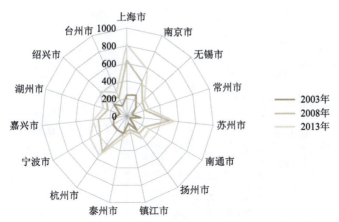

图7-13　2003年、2008年、2013年长三角核心区15个城市高速公路里程情况

图内数字表示高速公路里程，单位为千米

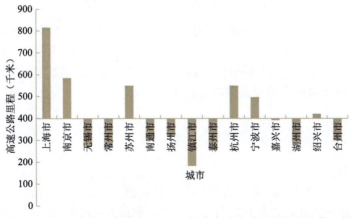

图7-14　2013年长三角核心区15个城市高速公路里程与平均值比较

7.5.2　从增速看发展

进入2003年，长三角核心区高速公路里程保持着较快的增长势头，高速公路里程由2003年的2317千米，增长到2013年的5990千米，增长了1.59倍，年均增长率为9.96%，低于同期地区生产总值的增长速度。其中，上海市增长了2.40倍，年均增长率为13.00%；江苏地区增长了1.41倍，年均增长率为9.19%；浙江地区增长了1.59倍，年均增长率为9.99%，如表7-13所示。上海市、江苏地区、浙江地区增长均较显著，如图7-15所示。

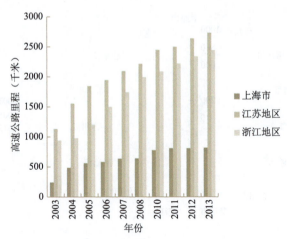

图 7-15　2003～2013 年上海市、江苏地区、浙江地区高速公路里程变化情况

2009 年，无锡市和扬州市数据缺失，故未列入图中

　　2003 年以来，上海市、江苏地区、浙江地区高速公路里程维持着比较稳定的增长格局，未出现显著的波动。2004 年以来，上海市高速公路里程稳居长三角核心区各城市首位，2004 年上海市高速公路里程远高于其他 14 个城市，是其他城市的 1.62～5.91 倍。2013 年上海市高速公路里程依然远高于其他 14 个城市。

7.5.3　从人均看特征

　　长三角核心区 16 个城市的经济规模存在显著差异，单纯的高速公路里程往往不能全面地反映经济的特征，如表 7-14 所示。因此，通过人均高速公路里程来审视经济发展状况。表 7-15 表明，2013 年长三角核心区 15 个城市人均高速公路里程存在较显著的差异。高速公路里程最长的上海市，人均高速公路里程处于靠后的位置。而高速公路里程最短的镇江市，人均高速公路里程处于中游的位置。

表 7-14　2000～2016 年长三角核心区 16 个城市高速公路里程情况　（单位：千米）

城市	2000 年	2001 年	2002 年	2003 年	2004 年	2005 年	2006 年	2007 年	2008 年
上海市	98	110	240	240	485	560	581	635	637
南京市	219	234	234	261	261	309	391	400	430
无锡市			86	139	221	221	240	240	240

续表

城市	2000 年	2001 年	2002 年	2003 年	2004 年	2005 年	2006 年	2007 年	2008 年
常州市	43	43	43	60	117	117	117	221	221
苏州市	124			161	299	434	434	432	491
南通市	38	38	38	38	145	217	217	217	241
扬州市			195	195	230	241	241	241	241
镇江市			81	81	82	106	105	146	153
泰州市				199	200	200	200	200	200
杭州市	73	98	167	190	227	335	484	484	494
宁波市	184	184	184	184	184	226	226	326	366
嘉兴市	88	88	150	150	150	150	150	233	336
湖州市		34	86	86	86	86	174	235	235
绍兴市	147	148	205	205	205	279	279	279	331
舟山市									
台州市	90	128	128	128	128	128	188	188	230

城市	2009 年	2010 年	2011 年	2012 年	2013 年	2014 年	2015 年	2016 年
上海市	768	775	806	806	815	825	825	825
南京市	434	480	482	507	585	613	613	614
无锡市		273	274	274	274			
常州市	221	221	247	268	268	268	306	306
苏州市	518	535	535	535	550	550	550	535
南通市	245	277	298	298	298	298	334	334
扬州市		267	267	318	318	318	271	271
镇江市	153	152	152	182	182	182	182	182
泰州市	202	244	245	256	256	256	256	284
杭州市	503	502	503	550	550	582	615	632
宁波市	370	370	416	463	496	496	496	496
嘉兴市	350	349	348	348	391	393	393	393
湖州市	264	264	264	289	289	289	289	289

续表

城市	2009 年	2010 年	2011 年	2012 年	2013 年	2014 年	2015 年	2016 年
绍兴市	331	332	394	394	420	420	420	420
舟山市		32	32	32	32	42	42	42
台州市	274	274	298	298	298	298	298	298

表 7-15　2013 年长三角核心区 15 个城市人均高速公路里程

城市	高速公路里程（千米）	总人口（万人）	人均高速公路里程（千米/万人）
上海市	815	1432.3	0.57
南京市	585	643.1	0.91
无锡市	274	472.2	0.58
常州市	268	365.9	0.73
苏州市	550	653.8	0.84
南通市	298	766.5	0.39
扬州市	318	459.8	0.69
镇江市	182	271.8	0.67
泰州市	256	507.8	0.50
杭州市	550	706.6	0.78
宁波市	496	580.2	0.85
嘉兴市	391	345.9	1.13
湖州市	289	262.5	1.10
绍兴市	420	441.7	0.95
台州市	298	594.0	0.50

7.6　邮政电信业务总量[①]

邮政电信业务总量是以价值量形式表现的邮电通信企业为社会提供各类邮电通信

---

① 因部分城市 2014～2016 年统计数据部分缺失，故本节分析到 2013 年。

服务的总数量。邮政电信业务总量按专业分类包括函件、包件、汇票、报刊发行、邮政快件、特快专递、邮政储蓄、集邮、公众电报、用户电报、传真、长途电话、出租电路、无线寻呼、移动电话、分组交换数据通信、出租代维等。邮政电信业务总量综合反映一定时期邮政电信业务发展的总成果，是研究邮政电信业务总量构成和发展趋势的重要指标。

7.6.1　从数字看形势

2013 年长三角核心区邮政电信业务总量为 2220.36 亿元。其中，上海市为 746.09 亿元，占比为 33.60%；江苏地区为 864.74 亿元，占比为 38.95%；浙江地区为 609.53 亿元，占比为 27.45%，如表 7-16 所示。16 个城市中，上海市以 746.09 亿元列第一位，舟山市以 17.27 亿元列最后一位。江苏地区 8 个城市的邮政电信业务总量中，苏州市邮政电信业务总量最大，占比超过 10%。

表 7-16　2013 年长三角核心区 16 个城市邮政电信业务总量及增长情况

城市	2013 年邮政电信业务总量		2013 年比 2000 年增长倍数（倍）	2000～2013 年年均增长率（%）
	总量（亿元）	占比（%）		
上海市	746.09	33.60	3.35	11.96
南京市	182.29	8.21	2.54	10.21
无锡市	128.26	5.78	2.90	11.04
常州市	73.52	3.31	1.59	7.59
苏州市	266.58	12.01	5.50	15.48
南通市	85.72	3.86	7.55	17.95
扬州市	48.23	2.17	2.28	9.56
镇江市	37.41	1.69	2.41	9.89
泰州市	42.73	1.92	1.61	7.67
杭州市	175.23	7.89	8.84	19.23
宁波市	122.55	5.52	6.09	16.26
嘉兴市	87.35	3.93	2.84	10.90
湖州市	73.52	3.31	1.59	7.59
绍兴市	61.80	2.78	2.16	9.25

续表

城市	2013 年邮政电信业务总量		2013 年比 2000 年增长倍数（倍）	2000～2013 年年均增长率（%）
	总量（亿元）	占比（%）		
舟山市	17.27	0.78	2.25	9.50
台州市	71.81	3.23	0.98	5.40
上海市	746.09	33.60	3.35	11.96
江苏地区	864.74	38.95	3.20	11.67
浙江地区	609.53	27.45	3.14	11.54
总计	2220.36	100.00	3.23	11.73

图 7-16 显示了长三角核心区 16 个城市 2000 年、2007 年、2013 年邮政电信业务总量情况。图中显示，泰州市、台州市邮政电信业务总量处于先增长后减少的状态，其余 14 个城市的邮政电信业务总量都处于增长状态，未出现规模萎缩的城市。2013年，上海市、苏州市、南京市、杭州市列前四位。

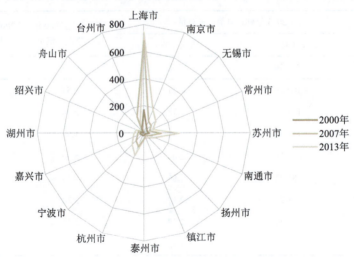

图 7-16　2000 年、2007 年、2013 年长三角核心区 16 个城市邮政电信业务总量情况
图内数字表示邮政电信业务总量，单位为亿元

2013 年，长三角核心区 16 个城市平均邮政电信业务总量为 138.77 亿元。其中，上海市，江苏地区的南京市、苏州市和浙江地区的杭州市 4 个城市高于平均水平，其余 12 个城市低于平均水平，如图 7-17 所示。高于平均水平的 4 个城市的邮政电信业

务总量占长三角核心区邮政电信业务总量的 61.71%。

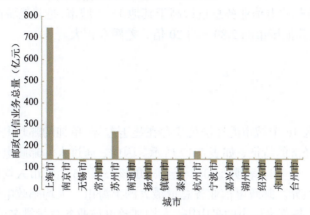

图 7-17　2013 年长三角核心区 16 个城市邮政电信业务总量与平均值比较

7.6.2　从增速看发展

进入 2000 年，长三角核心区邮政电信业务总量保持着稳定增长的势头，2011 年稍微下降。2000～2013 年，上海市增长了 3.35 倍，年均增长率为 11.96%；江苏地区增长了 3.20 倍，年均增长率为 11.67%；浙江地区增长了 3.14 倍，年均增长率为 11.54%，如表 7-16 所示。上海市、江苏地区、浙江地区增长均较显著，如图 7-18 所示。

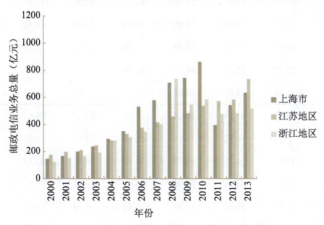

图 7-18　2000～2013 年上海市、江苏地区、浙江地区邮政电信业务总量变化情况

2000 年以来，上海市、江苏地区、浙江地区邮政电信业务总量维持着比较稳定的

增长格局，未出现显著的波动。上海市邮政电信业务总量稳居长三角核心区各城市首位，2000 年上海市邮政电信业务总量远高于其他 15 个城市，是其他城市的 3.33～32.34 倍，但 2013 年是其他城市的 2.80～43.20 倍，差距在扩大。

7.6.3　从人均看特征

　　长三角核心区 16 个城市的经济规模存在显著差异，单纯的邮政电信业务总量往往不能全面地反映经济的特征，如表 7-17 所示。因此，通过人均邮政电信业务总量来审视经济发展状况。表 7-18 表明，2013 年长三角核心区 16 个城市人均邮政电信业务总量存在较显著的差异。邮政电信业务总量最大的上海市，人均邮政电信业务总量列第一位。邮政电信业务总量最小的舟山市，人均邮政电信业务总量排名处于中游的位置。

表 7-17　2000～2016 年长三角核心区 16 个城市邮政电信业务总量情况　（单位：亿元）

城市	2000 年	2001 年	2002 年	2003 年	2004 年	2005 年	2006 年	2007 年	2008 年
上海市	171.70	195.52	235.80	278.87	347.46	414.26	624.59	682.48	833.80
南京市	51.51	30.80	41.50	46.05	52.39	71.78	93.55	93.77	104.60
无锡市	32.89	33.56	40.06	45.31	57.96	62.45	67.46	78.35	81.67
常州市	28.41	19.21	24.74	28.19	31.82	34.87	39.20	45.17	50.52
苏州市	41.02	43.30	52.82	71.73	82.73	98.68	112.39	131.17	146.52
南通市	10.03	9.72	24.61	26.86	30.26	35.71	40.41	46.20	51.18
扬州市	14.71	19.97	15.44	16.99	18.30	20.51	21.73	23.90	27.04
镇江市	10.98	12.40	15.00	16.26	18.89	21.42	25.03	27.21	28.77
泰州市	16.36	26.44	34.60	39.92	41.50	44.64	44.44	44.64	50.20
杭州市	17.81	45.01	61.59	68.08	78.60	84.67	96.44	107.21	305.06
宁波市	17.28	36.63	19.82	21.14	62.51	71.45	73.60	82.02	247.49
嘉兴市	22.75	19.55	20.71	26.50	34.23	38.52	47.35	52.89	59.76
湖州市	28.41	19.21	24.74	28.19	31.82	34.87	39.20	45.17	50.52
绍兴市	19.58	19.53	23.14	18.20	32.44	34.19	36.50	41.24	45.69
舟山市	5.31	6.61	7.13	7.86	8.11	9.61	10.81	12.87	13.12
台州市	36.23	33.28	40.03	59.01	83.68	88.93	106.35	131.88	146.33

续表

城市	2009 年	2010 年	2011 年	2012 年	2013 年	2014 年	2015 年	2016 年
上海市	875.46	1016.44	465.45	638.18	746.09	907.52	1166.07	1074.22
南京市	121.72	139.07	151.45	134.81	182.29	211.17	250.92	306.42
无锡市	89.15	103.94	94.34	100.80	128.26	124.80	159.02	196.07
常州市	53.81	57.41	59.47	64.48	73.52	75.70	82.01	95.23
苏州市	156.53	172.69	203.65	207.66	266.58	275.25	293.79	326.78
南通市	57.64	59.06	65.30	72.18	85.72	76.17	75.00	15.38
扬州市	31.65	33.85	37.83	40.42	48.23	50.64	64.32	
镇江市	30.25	38.21	28.92	31.73	37.41	46.70	71.85	109.87
泰州市	28.68	30.52	32.90	35.45	42.73	65.83	71.92	
杭州市	126.17	132.59	166.99	159.73	175.23	287.75	333.35	406.00
宁波市	184.63	218.26	116.63	116.04	122.55			
嘉兴市	66.48	70.60	77.52	82.55	87.35	85.43	82.41	92.91
湖州市	53.81	57.41	59.47	64.48	73.52	75.70	82.01	
绍兴市	47.34	48.87	53.64	58.10	61.80	60.77	57.11	59.97
舟山市	13.12	14.51	15.34	16.41	17.27	16.85	14.85	15.77
台州市	153.62	146.71	73.08	71.65	71.81			

表 7-18　2013 年长三角核心区 16 个城市人均邮政电信业务总量

城市	邮政电信业务总量（亿元）	总人口（万人）	人均邮政电信业务总量（万元）
上海市	746.09	1432.3	0.52
南京市	182.29	643.1	0.28
无锡市	128.26	472.2	0.27
常州市	73.52	365.9	0.20
苏州市	266.58	653.8	0.41
南通市	85.72	766.5	0.11
扬州市	48.23	459.8	0.10
镇江市	37.41	271.8	0.14
泰州市	42.73	507.8	0.08

续表

城市	邮政电信业务总量（亿元）	总人口（万人）	人均邮政电信业务总量（万元）
杭州市	175.23	706.6	0.25
宁波市	122.55	580.2	0.21
嘉兴市	87.35	345.9	0.25
湖州市	73.52	262.5	0.28
绍兴市	61.80	441.7	0.14
舟山市	17.27	97.3	0.18
台州市	71.81	594.0	0.12

7.7　邮政行业业务总量[①]

邮政行业业务总量是指邮政行业为社会提供服务产品总数量的货币表现。它综合反映了一定时期邮政工作的总成果，是研究邮政业务发展趋势的重要指标。

7.7.1　从数字看形势

2012 年长三角核心区邮政行业业务总量为 361.06 亿元。其中，上海市为 190.83 亿元，占比为 52.85%；江苏地区为 93.01 亿元，占比为 25.76%；浙江地区为 77.22 亿元，占比为 21.39%，如表 7-19 所示。16 个城市中，上海市以 190.83 亿元列第一位，舟山市以 1.25 亿元列最后一位。江苏地区 8 个城市中，苏州市邮政行业业务总量最大，占比为 14.00%。

表 7-19　2012 年长三角核心区 16 个城市邮政行业业务总量及增长情况

城市	2012 年邮政行业业务总量		2012 年比 2000 年增长倍数（倍）	2000～2012 年年均增长率（%）
	总量（亿元）	占比（%）		
上海市	190.83	52.85	7.52	19.55

---

① 因部分城市 2013～2016 年统计数据部分缺失，故本节分析到 2012 年。

续表

城市	2012 年邮政行业业务总量		2012 年比 2000 年增长倍数（倍）	2000～2012 年年均增长率（%）
	总量（亿元）	占比（%）		
南京市	8.88	2.46	0.98	5.88
无锡市	6.61	1.83	1.78	8.89
常州市	5.28	1.46	1.34	7.33
苏州市	50.56	14.00	14.96	25.97
南通市	8.84	2.45	3.34	13.00
扬州市	5.50	1.52	1.50	7.94
镇江市	3.03	0.84	1.72	8.69
泰州市	4.30	1.19	2.19	10.14
杭州市	53.31	14.76	7.82	19.89
宁波市	7.61	2.11	4.11	14.56
嘉兴市	3.63	1.01	4.22	14.76
湖州市	2.53	0.70	2.29	10.43
绍兴市	4.21	1.17	1.67	8.54
舟山市	1.25	0.35	2.00	9.58
台州市	4.68	1.30	3.91	14.18
上海市	190.83	52.85	7.52	19.55
江苏地区	93.01	25.76	3.90	14.16
浙江地区	77.22	21.39	5.47	16.83
总计	361.06	100.00	5.77	17.28

　　图 7-19 显示了长三角核心区 16 个城市 2000 年、2006 年、2012 年邮政行业业务总量情况。图中显示，各城市的邮政行业业务总量呈现增减不一的状态，除杭州市、泰州市外，其余 14 个城市都处于增长状态。2012 年，上海市、杭州市、苏州市列前三位。

　　2012 年，长三角核心区 16 个城市邮政行业业务总量平均值为 22.57 亿元。其中，上海市，江苏地区的苏州市和浙江地区的杭州市 3 个城市高于平均水平，其余 13 个城市低于平均水平，如图 7-20 所示。高于平均水平的 3 个城市的邮政行业业务总量占长三角核心区邮政行业业务总量的 81.62%。

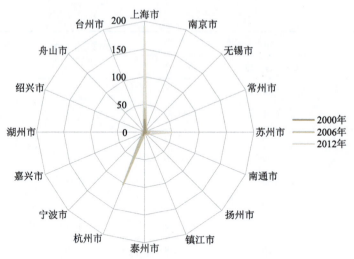

图 7-19　2000 年、2006 年、2012 年长三角核心区 16 个城市邮政行业业务总量情况
图内数字表示邮政行业业务总量,单位为亿元

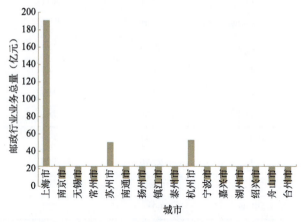

图 7-20　2012 年长三角核心区 16 个城市邮政行业业务总量与平均值比较

7.7.2　从增速看发展

进入 2000 年,长三角核心区邮政行业业务总量保持着较快的增长势头,总量由 2000 年的 53.32 亿元增长到 2012 年的 361.06 亿元,按当年价格计算,增长了 5.77 倍,年均增长率为 17.28%,高于同期地区生产总值的增长速度。其中,上海市增长了 7.52 倍,年均增长率为 19.55%;江苏地区增长了 3.90 倍,年均增长率为 14.16%;浙江地

区增长了 5.47 倍，年均增长率为 16.83%，如表 7-19 所示。上海市、江苏地区、浙江地区增长均较显著，如图 7-21 所示。

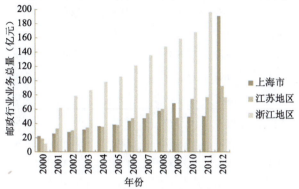

图 7-21　2000～2012 年上海、江苏地区、浙江地区邮政行业业务总量变化情况

2000 年以来，上海市、江苏地区、浙江地区邮政行业业务总量呈现出增减不一的格局。上海市邮政行业业务总量稳居长三角核心区各城市首位，2000 年上海市邮政行业业务总量远高于其他 15 个城市，是其他城市的 3.71～53.33 倍，2012 年上海市是邮政行业业务总量最小的舟山市的 152.66 倍，差距在扩大。

7.7.3　从构成看特征

长三角核心区 16 个城市的经济规模存在显著差异，单纯的邮政行业业务总量往往不能全面地反映经济的特征，如表 7-20 所示。因此，通过邮政行业业务总量占地区生产总值比重和人均邮政行业业务总量，从构成的角度来审视邮政行业业务总量状况。表 7-21 表明，2012 年长三角核心区 16 个城市邮政行业业务总量占地区生产总值比重和人均邮政行业业务总量存在较显著的差异。邮政行业业务总量最大的上海市，这两个指标均列第一位，而邮政行业业务总量最小的舟山市，这两个指标都处于中游的位置。

表 7-20　2000～2016 年长三角核心区 16 个城市邮政行业业务总量情况　（单位：亿元）

城市	2000 年	2001 年	2002 年	2003 年	2004 年	2005 年	2006 年	2007 年	2008 年
上海市	22.40	25.92	28.10	31.47	36.26	38.49	43.59	47.48	57.70
南京市	4.47	10.98	6.15	6.26	6.51	7.24	7.99	8.60	9.17
无锡市	2.38	4.33	4.66	5.35	5.11	5.62	6.52	7.27	8.04
常州市	2.26	2.44	2.69	2.99	3.02	3.44	4.04	5.28	5.74

续表

城市	2000 年	2001 年	2002 年	2003 年	2004 年	2005 年	2006 年	2007 年	2008 年
苏州市	3.17	4.70	5.43	6.67	7.09	8.04	9.50	11.33	14.22
南通市	2.04	3.33	3.81	4.22	4.78	5.84	7.40	8.67	10.34
扬州市	2.20	2.66	3.01	3.37	3.66	4.28	4.96	5.49	6.18
镇江市	1.11	1.82	1.88	2.38	2.13	22.95	2.70	2.91	3.35
泰州市	1.35	2.56	2.91	3.20	3.30	3.72	4.42	4.80	3.43
杭州市	6.04	50.07	67.17	74.16	84.59	90.93	103.53	115.56	124.78
宁波市	1.49	3.95	4.27	4.72	5.04	5.46	6.56	7.44	8.34
嘉兴市	0.70	2.80	1.59	1.83	1.95	2.17	2.52	2.96	3.49
湖州市	0.77	0.91	0.95	1.07	1.09	1.15	1.29	1.45	1.76
绍兴市	1.57	1.77	1.99	2.27	2.49	2.75	3.08	3.49	3.92
舟山市	0.42	0.49	0.53	0.60	0.63	0.69	0.99	1.13	1.25
台州市	0.95	2.01	2.22	2.45	2.70	2.87	3.42	3.80	4.25

城市	2009 年	2010 年	2011 年	2012 年	2013 年	2014 年	2015 年	2016 年
上海市	68.60	49.48	50.45	190.83	258.70	310.53	385.75	564.25
南京市	6.08	11.18	7.69	8.88	47.40	64.96		102.89
无锡市	6.93	9.43	5.91	6.61	23.74	28.58	57.76	84.02
常州市	4.45	6.93	4.57	5.28	17.10	21.81		
苏州市	12.83	19.52	35.87	50.56	65.38	79.11	108.53	192.64
南通市	6.05	9.55	8.00	8.84	22.20	28.22		
扬州市	3.43	7.71	8.63	5.50	12.30	5.50	20.60	
镇江市	3.75	4.14	2.42	3.03	3.26	9.98	12.95	16.62
泰州市	4.54	6.19	3.91	4.30	4.51	4.48	14.74	18.25
杭州市	135.54	144.06	157.36	53.31	70.27	117.67	159.69	215.17
宁波市	9.66	9.33	8.87	7.61	8.80	8.26	8.22	10.41
嘉兴市	4.19	4.16	9.90	3.63	4.07			
湖州市	1.54	1.83	4.34	2.53				
绍兴市	4.20	3.32	3.79	4.21	4.69	5.07	5.15	5.86
舟山市	0.90	1.01	1.54	1.25	1.32	2.52	2.75	3.36
台州市	2.98	4.31	10.68	4.68	6.49			

表 7-21　2012 年长三角核心区 16 个城市邮政行业业务总量占地区生产总值比重
和人均邮政行业业务总量

城市	邮政行业业务总量（亿元）	地区生产总值（亿元）	邮政行业业务总量占地区生产总值比重（%）	总人口（万人）	人均邮政行业业务总量（元）
上海市	190.83	20 181.7	0.95	1 426.9	1337.37
南京市	8.88	7 201.6	0.12	638.5	139.08
无锡市	6.61	7 568.2	0.09	470.1	140.61
常州市	5.28	3 969.9	0.13	364.8	144.74
苏州市	50.56	12 011.7	0.42	647.8	780.49
南通市	8.84	4 558.7	0.19	765.2	115.53
扬州市	5.50	2 933.2	0.19	458.4	129.98
镇江市	3.03	2 630.4	0.12	271.4	111.64
泰州市	4.30	2 701.7	0.16	506.4	84.91
杭州市	53.31	7 833.6	0.68	700.5	761.03
宁波市	7.61	6 582.2	0.12	577.7	131.73
嘉兴市	3.63	2 890.6	0.13	344.5	105.37
湖州市	2.53	1 664.4	0.15	261.4	96.79
绍兴市	4.21	3 654.0	0.12	440.8	95.51
舟山市	1.25	853.2	0.15	97.2	128.60
台州市	4.68	2 911.3	0.16	591.0	79.19

7.8　电信业务总量[①]

　　电信业务总量是指以货币形式表示的电信企业为社会提供的各类电信服务的总数量，它综合反映了一定时期电信企业工作的总成果，是研究电信企业发展趋势的重要指标。

---

　　① 因部分城市 2014～2016 年统计数据部分缺失，故本节分析到 2013 年。

7.8.1 从数字看形势

2013 年长三角核心区电信业务总量为 1678.67 亿元。其中,上海市为 487.39 亿元,占比为 29.03%;江苏地区为 724.73 亿元,占比为 43.17%;浙江地区为 466.55 亿元,占比为 27.79%,如表 7-22 所示。16 个城市中,上海市以 487.39 亿元列第一位,舟山市以 15.95 亿元列最后一位。江苏地区 8 个城市中,苏州市电信业务总量最大,占比超过 10%。

表 7-22　2013 年长三角核心区 16 个城市电信业务总量及增长情况

城市	2013 年电信业务总量		2013 年比 2001 年增长倍数(倍)	2001～2013 年年均增长率(%)
	总量(亿元)	占比(%)		
上海市	487.39	29.03	1.87	9.20
南京市	140.23	8.35	1.45	7.76
无锡市	112.75	6.72	2.86	11.91
常州市	70.34	4.19	7.12	19.07
苏州市	201.20	11.99	3.65	13.66
南通市	75.10	4.47	6.72	18.57
扬州市	48.23	2.87	1.41	7.62
镇江市	34.15	2.03	0.62	4.10
泰州市	42.73	2.55	0.62	4.08
杭州市	175.23	10.44	2.89	11.99
宁波市	83.27	4.96	3.14	12.57
嘉兴市	31.59	1.88	0.95	5.73
湖州市	31.59	1.88	0.95	5.73
绍兴市	57.11	3.40	1.73	8.72
舟山市	15.95	0.95	1.61	8.31
台州市	71.81	4.28	1.30	7.20
上海市	487.39	29.03	1.87	9.20
江苏地区	724.73	43.17	2.36	10.63
浙江地区	466.55	27.79	2.00	9.58
总计	1678.67	100.00	2.10	9.90

图 7-22 显示了长三角核心区 16 个城市 2001 年、2007 年、2013 年电信业务总量情况。图中显示，各城市的电信业务总量呈现增减不一的状态，除上海市、泰州市、嘉兴市、台州市外，其余 12 个城市都处于增长状态。2013 年，上海市、苏州市、杭州市、南京市、无锡市列前五位。

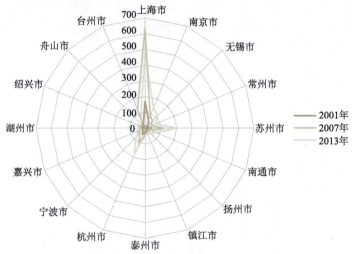

图 7-22 2001 年、2007 年、2013 年长三角核心区 16 个城市电信业务总量情况

图内数字表示电信业务总量，单位为亿元

2013 年，长三角核心区 16 个城市电信业务总量平均值为 104.92 亿元。其中，上海市，江苏地区的南京市、无锡市、苏州市和浙江地区的杭州市 5 个城市高于平均水平，其余 11 个城市低于平均水平，如图 7-23 所示。高于平均水平的 5 个城市的电信业务总量占长三角核心区电信业务总量的 66.53%。

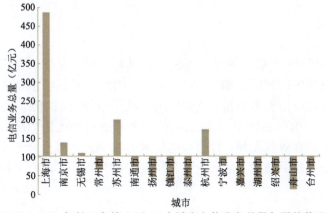

图 7-23 2013 年长三角核心区 16 个城市电信业务总量与平均值比较

7.8.2 从增速看发展

进入 2001 年，长三角核心区电信业务总量呈现出增减不一的状态，总量由 2001 年的 540.94 亿元增长到 2008 年的 1947.46 亿元，2010～2013 年呈现先下降后增长的趋势。2001～2013 年，江苏地区保持着稳定的增长格局，上海市和浙江地区呈现出增减不一的势头，如图 7-24 所示。

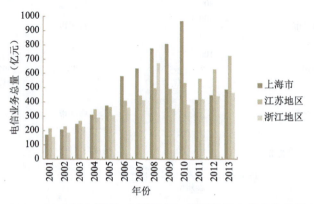

图 7-24　2001～2013 年上海市、江苏地区、浙江地区电信业务总量变化情况

2001 年以来，上海市电信业务总量稳居长三角核心区各城市首位，远高于其他 15 个城市。2001 年上海市电信业务总量是其他城市的 2.96～27.71 倍，2013 年为 2.42～30.56 倍，2013 年上海市是电信业务总量最小的舟山市的 30.56 倍。

7.8.3 从构成看特征

长三角核心区 16 个城市的经济规模存在显著差异，单纯的电信业务总量往往不能全面地反映经济的特征，如表 7-23 所示。因此，通过电信业务总量占地区生产总值比重和人均电信业务总量，从构成的角度来审视电信业务总量状况。表 7-24 表明，2013 年长三角核心区 16 个城市电信业务总量占地区生产总值比重和人均电信业务总量存在较显著的差异。台州市电信业务总量占地区生产总值比重最大，上海市人均电信业务总量最大。电信业务总量最小的舟山市，这两个指标都处于中游位置。

表 7-23　2000～2016 年长三角核心区 16 个城市电信业务总量情况（单位：亿元）

城市	2000 年	2001 年	2002 年	2003 年	2004 年	2005 年	2006 年	2007 年	2008 年
上海市	149.30	169.60	207.70	247.40	311.20	375.77	581.00	635.00	776.10
南京市		57.22	35.34	39.79	37.31	64.54	85.60	85.80	95.43
无锡市	30.51	29.23	35.40	40.95	52.90	56.83	60.94	66.28	73.64
常州市	15.99	8.66	21.77	25.20	28.80	31.43	35.20	39.90	44.78
苏州市	41.02	43.30	52.82	65.04	75.90	91.26	103.90	121.12	135.80
南通市	10.03	9.72	11.37	11.41	78.40	37.23	35.60	40.25	45.15
扬州市	14.71	19.97	15.44	16.99	18.30	20.51	21.73	23.90	27.04
镇江市	15.09	21.09	23.35	30.63	16.76	19.12	22.33	24.29	25.43
泰州市	16.36	26.44	34.60	39.92	41.50	44.64	44.44	44.64	50.20
杭州市	17.81	45.01	61.59	68.08	78.60	84.67	96.44	107.21	305.06
宁波市	17.28	20.10	18.01	24.68	32.20	36.13	44.82	49.93	56.27
嘉兴市	22.05	16.18	16.63	23.16	30.20	30.75	37.32	56.50	75.23
湖州市	8.53	16.18	16.63	23.16	30.20	30.75	37.32	22.65	24.33
绍兴市	17.03	20.95	27.93	25.93	29.95	31.44	33.42	37.75	41.77
舟山市	4.89	6.12	6.78	7.26	9.81	8.24	9.81	11.74	13.15
台州市	35.28	31.17	37.80	56.57	80.98	86.11	102.93	128.10	158.08

城市	2009 年	2010 年	2011 年	2012 年	2013 年	2014 年	2015 年	2016 年
上海市	806.86	966.96	415.00	447.35	487.39	596.99	780.32	509.97
南京市	87.26	91.80	97.17	120.28	140.23	172.98	258.36	
无锡市	76.32	82.64	88.43	94.18	112.75	129.07	182.80	
常州市	47.57	50.48	54.90	59.20	70.34	89.09	120.83	
苏州市	143.70	157.35	169.15	187.35	201.20	196.14	185.26	192.64
南通市	51.60	52.93	57.16	62.81	75.10	95.71	131.90	
扬州市	31.65	33.85	37.83	40.42	48.23	67.27	82.77	
镇江市	26.51	34.08	26.50	28.70	34.15	36.71	58.90	93.25
泰州市	28.61	30.52	32.90	35.45	42.73	65.83	71.92	

续表

城市	2009 年	2010 年	2011 年	2012 年	2013 年	2014 年	2015 年	2016 年
杭州市	126.17	142.06	166.99	159.73	175.23	170.08	173.66	190.83
宁波市	62.29	66.44	53.38	78.92	83.27			
嘉兴市	25.25	26.08	33.01	31.23	31.59			87.92
湖州市	25.25	26.08	28.30	31.23	31.59	31.35	31.30	32.61
绍兴市	43.15	45.56	49.85	53.89	57.11	55.71	51.96	54.11
舟山市	12.23	13.58	15.73	15.16	15.95			
台州市	59.56	61.99	73.08	71.65	71.81			

表 7-24　2013 年长三角核心区 16 个城市电信业务总量占地区生产总值比重和人均电信业务总量

城市	电信业务总量 （亿元）	地区生产总值 （亿元）	电信业务总量占地区 生产总值比重（%）	总人口（万人）	人均电信业务总量 （元）
上海市	487.39	21 602.1	2.26	1 432.3	3 402.85
南京市	140.23	8 011.8	1.75	643.1	2 180.53
无锡市	112.75	7 770.2	1.45	472.2	2 387.76
常州市	70.34	4 360.9	1.61	365.9	1 922.38
苏州市	201.20	13 015.7	1.55	653.8	3 077.39
南通市	75.10	5 038.9	1.49	766.5	979.78
扬州市	48.23	3 252.0	1.48	459.8	1 048.93
镇江市	34.15	2 927.3	1.17	271.8	1 256.43
泰州市	42.73	3 006.9	1.42	507.8	841.47
杭州市	175.23	8 398.6	2.09	706.6	2 479.90
宁波市	83.27	7 128.9	1.17	580.2	1 435.19
嘉兴市	31.59	3 147.7	1.00	345.9	913.27
湖州市	31.59	1 812.9	1.74	262.5	1 203.43
绍兴市	57.11	3 967.3	1.44	441.7	1 292.96
舟山市	15.95	930.8	1.71	97.3	1 639.26
台州市	71.81	3 153.3	2.28	594.0	1 208.92

7.9 接待境内外游客①

接待境内外游客是指旅游接待地区在一定时期内接待的境内外全部旅客人次，它反映了一个地区旅游业总体发达程度。

7.9.1 从数字看形势

2012 年长三角核心区接待境内外游客为 73 648.63 万人次。其中，上海市为 1018.27 万人次，占比为 1.38%；江苏地区为 37 892.62 万人次，占比为 51.45%；浙江地区为 34 737.74 万人次，占比为 47.17%，如表 7-25 所示。16 个城市中，苏州市以 8624.43 万人次列第一位，上海市以 1018.27 万人次列最后一位。江苏地区 8 个城市接待境内外游客占长三角核心区一半以上，苏州市和南京市接待境内外游客较多，占比均超过 10%。

表 7-25　2012 年长三角核心区 16 个城市接待境内外游客及增长情况

城市	2012 年接待境内外游客		2012 年比 2000 年增长倍数（倍）	2000~2012 年年均增长率（%）
	总量（万人次）	占比（%）		
上海市	1 018.27	1.38	3.74	13.85
南京市	7 950.00	10.79	4.30	14.90
无锡市	6 365.25	8.64	4.64	15.51
常州市	4 003.84	5.44	8.28	20.40
苏州市	8 624.43	11.71	4.76	15.72
南通市	2 407.46	3.27	6.53	18.32
扬州市	3 572.47	4.85	7.18	19.14
镇江市	3 502.00	4.76	6.91	18.80
泰州市	1 467.17	1.99	4.13	14.60

① 因部分城市 2013~2016 年统计数据部分缺失，故本节分析到 2012 年。

续表

城市	2012 年接待境内外游客		2012 年比 2000 年增长倍数（倍）	2000～2012 年年均增长率（%）
	总量（万人次）	占比（%）		
杭州市	8 568.00	11.63	2.61	11.28
宁波市	5 748.00	7.80	3.67	13.71
嘉兴市	4 101.00	5.57	8.88	21.03
湖州市	4 190.80	5.69	10.97	22.99
绍兴市	4 866.00	6.61	5.67	17.14
舟山市	2 771.02	3.76	5.03	16.15
台州市	4 492.92	6.10	7.81	19.88
上海市	1 018.27	1.38	3.74	13.85
江苏地区	37 892.62	51.45	5.27	16.53
浙江地区	34 737.74	47.17	4.72	15.65
总计	73 648.63	100.00	4.97	16.06

图 7-25 显示了长三角核心区 16 个城市 2000 年、2006 年、2012 年接待境内外游客情况。图中显示，各城市接待境内外游客都处于增长状态，未出现规模萎缩的城市。2012 年，苏州市、杭州市、南京市、无锡市、宁波市列前五位。

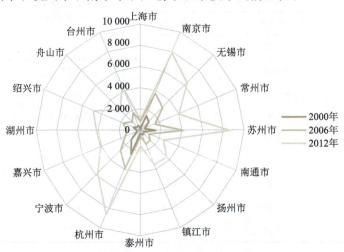

图 7-25　2000 年、2006 年、2012 年长三角核心区 16 个城市接待境内外游客情况
图内数字表示接待境内外游客总量，单位为万人次

2012 年，长三角核心区 16 个城市平均接待境内外游客为 4603.04 万人次。其中，江苏地区的南京市、无锡市、苏州市和浙江地区的杭州市、宁波市、绍兴市 6 个城市高于平均水平，其余 10 个城市低于平均水平，如图 7-26 所示。高于平均水平的 6 个城市接待境内外游客占长三角核心区接待境内外游客的 57.19%。

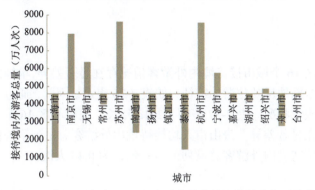

图 7-26　2012 年长三角核心区 16 个城市接待境内外游客与平均值比较

7.9.2　从增速看发展

进入 2000 年，长三角核心区接待境内外游客保持着较快的增长势头，总量由 2000 年的 12 326.39 万人次增长到 2012 年的 73 648.63 万人次，按当年价格计算，增长了 4.97 倍，年均增长率为 16.06%，高于同期地区生产总值的增长速度。其中，上海市增长了 3.74 倍，年均增长率为 13.85%；江苏地区增长了 5.27 倍，年均增长率为 16.53%；浙江地区增长了 4.72 倍，年均增长率为 15.65%，如表 7-25 所示。上海市、江苏地区、浙江地区增长均较显著，如图 7-27 所示。

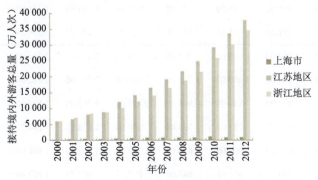

图 7-27　2000～2012 年上海市、江苏地区、浙江地区接待境内外游客变化情况

2000 年以来，江苏地区、浙江地区接待境内外游客维持着比较稳定的增长格局，未出现显著的波动，上海市接待境内外游客呈现出先增加后减少再增加的变动趋势。

7.9.3 从构成看特征

长三角核心区 16 个城市接待境内外游客情况存在显著差异，单纯的接待境内外游客总量往往不能全面地反映旅游的特征，如表 7-26 表示。因此，通过人均接待境内外游客总量来审视旅游状况。表 7-27 表明，2012 年长三角核心区 16 个城市人均接待境内外游客总量存在显著差异。舟山市人均接待境内外游客总量列第一位，为 24.31 人次；上海市人均接待境内外游客总量列最后一位，为 0.43 人次。

表 7-26　2000～2016 年长三角核心区 16 个城市接待境内外游客情况（单位：万人次）

城市	2000 年	2001 年	2002 年	2003 年	2004 年	2005 年	2006 年	2007 年	2008 年
上海市	214.73	400.14	537.76	431.84	633.47	750.89	880.24	904.73	853.95
南京市	1 501.00	1 776.98	2 132.13	2 206.00	2 800.00	3 220.00	3 800.00	4 489.00	4 960.00
无锡市	1 127.77	1 167.42	1 501.27	1 765.16	2 201.56	2 637.50	3 032.89	3 350.76	3 682.44
常州市	431.64	508.88	526.97	388.69	1 054.98	1 300.98	1 523.86	1 771.77	2 066.47
苏州市	1 496.05	1 671.92	2 010.10	2 350.20	3 157.00	3 657.00	4 135.34	4 792.39	5 286.88
南通市	319.88	359.38	450.33	514.97	628.76	743.08	882.87	1 072.13	1 275.31
扬州市	436.66	484.72	633.33	685.33	903.51	1 113.05	1 316.10	1 522.42	1 844.24
镇江市	443.00	486.00	610.00	670.00	971.00	1 167.00	1 381.00	1 590.00	1 904.00
泰州市	286.02	291.29	331.31	352.00	423.42	491.21	570.58	664.75	792.07
杭州市	2 376.00	2 592.00	2 758.00	2 862.00	3 139.00	3 417.00	3 864.00	4 320.00	4 773.00
宁波市	1 230.00	1 384.00	1 600.00	1 720.00	2 010.00	2 352.00	2 685.00	3 074.00	3 465.00
嘉兴市	415.00	707.00	859.00	905.00	1 117.00	1 363.00	1 595.00	1 850.00	2 140.00
湖州市	350.00	530.01	787.60	704.44	850.94	1 078.38	1 288.27	1 667.50	1 948.43
绍兴市	729.00	841.00	1 007.00	1 028.00	1 121.00	1 503.00	1 808.00	2 192.00	2 435.00
舟山市	459.72	550.16	631.98	645.09	837.07	1 001.71	1 152.84	1 305.00	1 516.48

续表

城市	2000 年	2001 年	2002 年	2003 年	2004 年	2005 年	2006 年	2007 年	2008 年
台州市	509.92	642.97	925.49	1 068.64	1 243.90	1 615.03	1 812.69	2 182.97	2 605.23

城市	2009 年	2010 年	2011 年	2012 年	2013 年	2014 年	2015 年	2016 年
上海市	885.92	1 239.28	962.88	1 018.27	868.80	763.08	816.00	807.62
南京市	5 520.00	6 366.00	7 181.00	7 950.00	8 674.00	9 419.00	10 234.00	11 206.00
无锡市	4 310.48	5 067.27	5 725.23	6 365.25				
常州市	2 373.37	2 838.34	3 402.19	4 003.84	4 436.35	5 001.38	5 455.70	6 004.20
苏州市	5 869.67	7 004.88	7 775.38	8 624.43	9 416.33	10 028.84	10 605.45	11 300.37
南通市	1 483.26	1 756.79	2 108.97	2 407.46				
扬州市	2 265.50	2 647.22	3 166.65	3 572.47				
镇江市	2 242.00	2 607.00	3 100.00	3 502.00	3 895.00	4 385.00	4 803.00	5 348.00
泰州市	940.06	1 072.80	1 284.66	1 467.17	1 643.12	1 848.68	2 037.34	2 282.32
杭州市	5 324.00	6 581.00	7 487.00	8 568.00	9 725.00	10 933.00	12 382.00	14 059.00
宁波市	3 962.00	4 624.00	5 181.00	5 748.00	6 226.00	6 875.00	7 920.00	9 198.00
嘉兴市	2 492.00	3 070.00	3 536.00	4 101.00	4 660.00	5 321.00	6 310.00	7 894.00
湖州市	2 321.69	2 855.68	3 519.53	4 190.80	4 903.45	5 896.47	7 000.24	8 752.19
绍兴市	2 851.00	3 436.00	4 128.00	4 866.00	5 614.00	6 255.00	7 202.00	8 288.00
舟山市	1 752.93	2 139.00	2 460.53	2 771.02	3 067.47	3 397.96	3 876.22	4 610.61
台州市	2 895.87	3 295.95	3 977.70	4 492.92	5 176.43	6 094.38	7 436.03	8 930.73

表 7-27　2012 年长三角核心区 16 个城市人均接待境内外游客总量情况

城市	常住人口（万人）	接待境内外游客总量（万人次）	人均接待境内外游客总量（人次）
上海市	2380	1018.27	0.43
南京市	816	7950.00	9.74
无锡市	647	6365.25	9.84
常州市	469	4003.84	8.54
苏州市	1055	8624.43	8.17

城市	常住人口（万人）	接待境内外游客总量（万人次）	人均接待境内外游客总量（人次）
南通市	730	2407.46	3.30
扬州市	447	3572.47	7.99
镇江市	315	3502.00	11.12
泰州市	463	1467.17	3.17
杭州市	880	8568.00	9.74
宁波市	764	5748.00	7.52
嘉兴市	454	4101.00	9.03
湖州市	291	4190.80	14.40
绍兴市	494	4866.00	9.85
舟山市	114	2771.02	24.31
台州市	601	4492.92	7.48

7.10　旅游业总收入[①]

旅游业总收入是指旅游接待地区在一定时期内通过销售旅游商品而获取的全部货币收入，它反映了某一地区旅游业总体规模和发达程度，是一项重要的综合性指标。

7.10.1　从数字看形势

2016 年长三角核心区旅游业总收入为 15 206.69 亿元。其中，上海市为 1165.81 亿元，占比为 7.67%；江苏地区为 5813.72 亿元，占比为 38.23%；浙江地区为 8227.16 亿元，占比为 54.10%，如表 7-28 所示。13 个城市中，杭州市以 2571.80 亿元列第一位，泰州市以 282.66 亿元列最后一位。江苏地区 5 个城市中，苏州市旅游业总收入最多，接近杭州市。

---

① 因未收集到无锡市、南通市、扬州市 3 个城市的统计数据，故本节分析未含这 3 个城市。

表 7-28 2016 年长三角核心区 13 个城市旅游业总收入及增长情况

城市	2016 年旅游业总收入		2016 年比 2003 年增长倍数（倍）	2003～2016 年年均增长率（%）
	总收入（亿元）	占比（%）		
上海市	1 165.81	7.67	16.0	24.35
南京市	1 909.26	12.56	6.8	17.15
常州市	833.60	5.48	21.8	27.19
苏州市	2 082.01	13.69	8.8	19.22
镇江市	706.19	4.64	12.1	21.88
泰州市	282.66	1.86	9.1	19.46
杭州市	2 571.80	16.91	6.9	17.22
宁波市	1 446.40	9.51	7.8	18.23
嘉兴市	851.00	5.60	13.2	22.63
湖州市	882.55	5.80	20.4	26.55
绍兴市	871.14	5.73	10.3	20.51
舟山市	661.62	4.35	17.6	25.20
台州市	942.65	6.20	9.9	20.15
上海市	1 165.81	7.67	16.0	24.35
江苏地区	5 813.72	38.23	9.1	19.49
浙江地区	8 227.16	54.10	9.4	19.74
总计	15 206.69	100.00	9.6	19.92

图 7-28 显示了长三角核心区 13 个城市 2000 年、2010 年、2016 年旅游业总收入情况。图中显示，各城市旅游业总收入都处于增长状态，未出现规模萎缩的城市。2016年，杭州市、苏州市、南京市、宁波市、上海市列前五位。

2016 年，长三角核心区 13 个城市平均旅游业总收入为 1169.75 亿元。其中，南京市、苏州市、杭州市、宁波市 4 个城市高于平均水平，其余 9 个城市低于平均水平，如图 7-29 所示。高于平均水平的 4 个城市旅游业总收入占长三角核心区旅游业总收入的 52.67%。

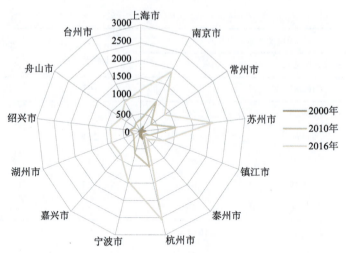

图 7-28 2000 年、2010 年、2016 年长三角核心区 13 个城市旅游业总收入情况

图内数字表示旅游业总收入，单位为亿元

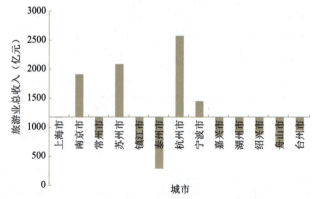

图 7-29 2016 年长三角核心区 13 个城市旅游业总收入与平均值比较

7.10.2 从增速看发展

进入 2003 年，长三角核心区旅游业总收入保持着较快的增长势头，总收入由 2003 年的 1433.67 亿元增长到 2016 年的 15 206.69 亿元，按当年价格计算，增长了 9.6 倍，年均增长率为 19.92%，高于同期地区生产总值的增长速度。其中，上海市增长了 16.0 倍，年均增长率为 24.35%；江苏地区增长了 9.1 倍，年均增长率为 19.49%；浙江地区增长了 9.4 倍，年均增长率为 19.74%，如表 7-28 所示。上海市、江苏地区、浙江地区

增长均较显著，如图 7-30 所示。

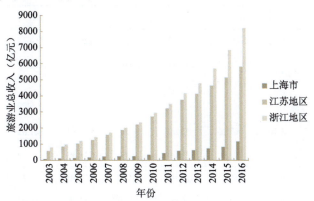

图 7-30　2003～2016 年上海市、江苏地区、浙江地区旅游业总收入变化情况

　　2003 年以来，上海市、江苏地区、浙江地区旅游业总收入维持着比较稳定的增长格局，未出现显著的波动。杭州市旅游业总收入稳居长三角核心区各城市首位，2003 年杭州市旅游业总收入远高于其他 12 个城市，但 2016 年苏州市旅游业总收入已经接近杭州市。

7.10.3　从构成看特征

　　长三角核心区 16 个城市的旅游业总收入存在显著差异，单纯的总量往往不能全面地反映旅游经济的特征，如表 7-29 所示。因此，通过旅游业总收入占地区生产总值比重和人均旅游业总收入，从构成的角度来审视旅游业发展状况。表 7-30 表明，2016 年长三角核心区 13 个城市旅游业总收入占生产总值比重和人均旅游业总收入存在较显著的差异。旅游业总收入最小的泰州市，这两个指标均处于靠后的位置。旅游业总收入最大的杭州市，旅游业总收入占地区生产总值列第四位，人均旅游业总收入列第二位。

表 7-29　2000～2016 年长三角核心区 16 个城市旅游业总收入情况　（单位：亿元）

城市	2000 年	2001 年	2002 年	2003 年	2004 年	2005 年	2006 年	2007 年	2008 年
上海市	50.08	58.47	74.22	68.54	108.22	132.43	169.49	228.84	234.52
南京市	155.99	180.73	220.40	244.00	320.00	379.00	462.80	585.45	714.30
无锡市									

续表

城市	2000 年	2001 年	2002 年	2003 年	2004 年	2005 年	2006 年	2007 年	2008 年
常州市	38.10	47.02	29.50	36.60	101.49	126.18	154.37	199.28	233.98
苏州市	141.88		175.33	211.87	295.69	380.28	465.46	570.34	665.38
南通市									
扬州市									
镇江市	41.90	43.10	47.50	54.00	86.00	103.50	127.61	153.91	185.07
泰州市					28.00	36.66	43.39	53.39	65.33	79.82
杭州市	214.30	249.70	294.40	325.90	410.10	465.10	543.70	630.10	707.20
宁波市	116.00	130.60	151.40	164.06	205.20	258.20	316.00	380.20	450.20
嘉兴市	24.42	44.50	55.70	60.00	78.20	104.60	122.09	148.00	180.00
湖州市	22.58	33.33	46.05	41.32	50.15	65.68	78.90	102.01	131.72
绍兴市	54.65	63.26	75.50	77.05	90.75	110.58	140.08	177.36	204.14
舟山市	22.62	29.32	35.39	35.62	51.18	61.41	91.52	108.18	131.90
台州市	38.62	48.70	74.93	86.71	100.40	139.09	150.32	175.28	208.59

城市	2009 年	2010 年	2011 年	2012 年	2013 年	2014 年	2015 年	2016 年
上海市	247.57	341.88	433.78	574.28	612.43	723.73	826.72	1165.81
南京市	822.16	951.61	1106.23	1272.78	1360.67	1520.83	1688.12	1909.26
无锡市								
常州市	282.37	349.72	425.90	520.34	571.45	654.29	730.96	833.60
苏州市	772.79	1018.19	1196.21	1376.24	1522.90	1697.78	1863.60	2082.01
南通市								
扬州市								
镇江市	234.30	285.59	345.63	410.14	474.50	543.93	614.12	706.19
泰州市	99.59	120.61	145.66	170.81	190.86	218.46	245.29	282.66
杭州市	803.10	1025.70	1191.00	1392.30	1603.70	1886.30	2200.70	2571.80
宁波市	530.53	650.80	751.30	862.80	953.50	1068.10	1233.30	1446.40
嘉兴市	216.00	281.00	338.00	402.00	470.00	551.00	664.00	851.00
湖州市	166.24	214.16	263.15	323.79	393.61	503.24	700.03	882.55

续表

城市	2009 年	2010 年	2011 年	2012 年	2013 年	2014 年	2015 年	2016 年
绍兴市	242.25	305.84	399.60	491.11	569.25	636.73	746.12	871.14
舟山市	154.87	201.21	235.48	266.76	300.12	477.20	552.18	661.62
台州市	230.04	273.23	329.25	412.18	493.37	583.55	749.25	942.65

表 7-30   2016 年长三角核心区 13 个城市旅游业总收入占地区生产总值比重和人均旅游业总收入

城市	旅游业总收入 （亿元）	地区生产总值 （亿元）	旅游业总收入占 地区生产总值比 重（%）	总人口（万人）	人均旅游业总收入 （万元）
上海市	1 165.81	28 178.7	4.14	1 450.0	0.80
南京市	1 909.26	10 503.0	18.18	662.8	2.88
常州市	833.60	5773.9	14.44	374.9	2.22
苏州市	2 082.01	15 475.1	13.45	678.2	3.07
镇江市	706.19	3 833.8	18.42	272.0	2.60
泰州市	282.66	4 101.8	6.89	508.2	0.56
杭州市	2 571.80	11 313.7	22.73	736.0	3.49
宁波市	1 446.40	8 686.5	16.65	591.0	2.45
嘉兴市	851.00	3 862.1	22.03	352.1	2.42
湖州市	882.55	2 284.4	38.63	264.8	3.33
绍兴市	871.14	4 789.0	18.19	444.5	1.96
舟山市	661.62	1 241.2	53.30	97.3	6.80
台州市	942.65	3 898.7	24.18	600.2	1.57

8 财政、金融

8.1　一般公共预算收入

一般公共预算收入是指政府以社会治理者的身份筹集以税收为主体的收入，安排用于保障和改善民生、推动经济社会发展、维护国家安全、维持国家机构正常运转等方面的收入预算。

8.1.1　从数字看形势

2016 年长三角核心区一般公共预算收入总额为 16 160.08 亿元。其中，上海市为6406.13 亿元，占比为 39.64%；江苏地区为 5784.02 亿元，占比为 35.79%；浙江地区为 3969.93 亿元，占比为 24.57%，如表 8-1 所示。16 个城市中，上海市以 6460.13 亿元列第一位，舟山市以 120.32 亿元列最后一位。江苏地区 8 个城市中，苏州市一般公共预算收入最大，占比超过 10%。

表 8-1　2016 年长三角核心区 16 个城市一般公共预算收入及增长情况

城市	2016 年一般公共预算收入		2016 年比 2004 年增长倍数（倍）	2004～2016 年年均增长率（%）
	总额（亿元）	占比（%）		
上海市	6 406.13	39.64	4.72	15.64
南京市	1 142.60	7.07	5.73	17.21
无锡市	875.00	5.41	5.47	16.83
常州市	480.29	2.97	6.13	17.79
苏州市	1 730.04	10.71	6.88	18.77
南通市	590.18	3.65	10.22	22.32
扬州市	345.30	2.14	7.58	19.62
镇江市	293.01	1.81	7.16	19.12
泰州市	327.60	2.03	8.66	20.80
杭州市	1 402.38	8.68	6.10	17.75
宁波市	1 114.54	6.90	6.34	18.08

续表

城市	2016 年一般公共预算收入		2016 年比 2004 年增长倍数（倍）	2004～2016 年年均增长率（%）
	总额（亿元）	占比（%）		
嘉兴市	387.93	2.40	6.07	17.70
湖州市	211.18	1.31	5.55	16.96
绍兴市	390.30	2.42	5.14	16.33
舟山市	120.32	0.74	7.31	19.29
台州市	343.28	2.12	4.48	15.24
上海市	6 406.13	39.64	4.72	15.64
江苏地区	5 784.02	35.79	6.66	18.50
浙江地区	3 969.93	24.57	5.88	17.44
总计	16 160.08	100.00	5.59	17.02

　　图 8-1 显示了长三角核心区 16 个城市 2004 年、2010 年、2016 年一般公共预算收入情况。图中显示，各城市的一般公共预算收入都处于增长状态，未出现规模萎缩的城市。2016 年，上海市、苏州市、杭州市、南京市、宁波市列前五位。

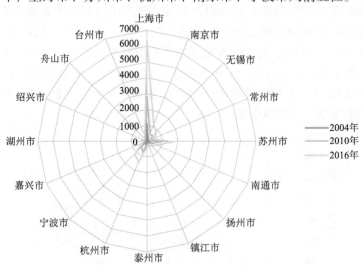

图 8-1　2004 年、2010 年、2016 年长三角核心区 16 个城市一般公共预算收入情况
图内数字表示一般公共预算收入，单位为亿元

　　2016 年，长三角核心区 16 个城市平均一般公共预算收入为 1010.01 亿元。其中，

上海市，江苏地区的南京市、苏州市和浙江地区的杭州市、宁波市 5 个城市高于平均水平，其余 11 个城市低于平均水平，如图 8-2 所示。高于平均水平的 5 个城市一般公共预算收入占长三角核心区的 72.99%。

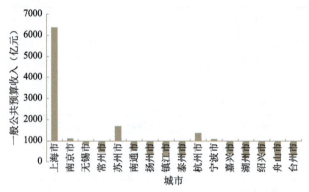

图 8-2　2016 年长三角核心区 16 个城市一般公共预算收入与平均值比较

8.1.2　从增速看发展

进入 2004 年，长三角核心区一般公共预算收入保持着较快的增长势头，总额由 2004 年的 2451.41 亿元增长到 2016 年的 16 160.08 亿元，按当年价格计算，增长了 5.59 倍，年均增长率为 17.02%，高于同期地区生产总值的增长速度。其中，上海市增长了 4.72 倍，年均增长率为 15.64%；江苏地区增长了 6.66 倍，年均增长率为 18.50%；浙江地区增长了 5.88 倍，年均增长率为 17.44%，如表 8-1 所示。上海市、江苏地区、浙江地区增长均较显著，如图 8-3 所示。

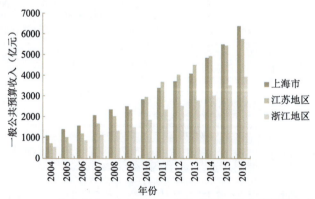

图 8-3　2004～2016 年上海市、江苏地区、浙江地区一般公共预算收入变化情况

2004 年以来，上海市、江苏地区、浙江地区一般公共预算收入维持着比较稳定的增长格局，未出现显著的波动。上海市一般公共预算收入稳居长三角核心区各城市首位，2004 年上海市一般公共预算收入总额远高于其他 15 个城市，是其他城市的 5.10～77.28 倍，但 2016 年是其他城市的 3.70～53.24 倍，差距在缩小。

8.1.3 从构成看特征

长三角核心区 16 个城市的经济规模存在显著差异，单纯的总量往往不能全面地反映经济的特征，如表 8-2 所示。因此，通过一般公共预算收入总额占地区生产总值比重和人均一般公共预算收入，从构成的角度来审视收入状况。表 8-3 表明，2016 年长三角核心区 16 个城市一般公共预算收入总额占地区生产总值比重和人均一般公共预算收入存在较显著的差异。一般公共预算收入总额最大的上海市，这两个指标均列第一位。一般公共预算收入总额最小的舟山市，这两个指标都处于中游位置。

表 8-2   2000～2016 年长三角核心区 16 个城市一般公共预算收入情况   （单位：亿元）

城市	2000 年	2001 年	2002 年	2003 年	2004 年	2005 年	2006 年	2007 年	2008 年
上海市	497.96	620.24	719.79	899.29	1119.72	1433.90	1600.37	2102.63	2382.34
南京市	92.57	108.48	115.60	136.48	169.88	237.86	211.07	330.19	386.56
无锡市	55.85	75.10	78.99	104.34	135.28	181.68	220.89	300.58	365.43
常州市	32.25	42.10	46.20	56.67	67.34	94.99	118.88	158.07	185.19
苏州市	80.39	108.81	123.74	170.50	219.57	316.78	400.23	541.82	668.91
南通市	28.45	35.29	38.73	48.81	52.59	71.99	92.53	127.70	159.59
扬州市	16.34	20.51	23.16	30.55	40.24	49.55	63.02	85.69	104.83
镇江市	17.40	21.10	23.01	28.60	35.90	47.14	60.12	80.26	85.66
泰州市	20.67	20.67	21.90	26.57	33.92	46.91	61.47	85.22	101.08
杭州市	69.19	104.28	118.32	150.39	197.45	250.46	301.39	391.62	455.35
宁波市	64.35	99.11	111.84	139.41	151.75	212.38	257.38	329.12	390.39
嘉兴市					54.88	66.79	81.55	105.24	126.87
湖州市	9.89	16.34	18.63	25.26	32.23	39.73	49.79	61.68	71.61
绍兴市	24.54	35.59	39.62	50.48	63.57	76.13	94.55	122.12	143.60

续表

城市	2000 年	2001 年	2002 年	2003 年	2004 年	2005 年	2006 年	2007 年	2008 年
舟山市	6.23	7.98	9.01	11.39	14.49	18.21	24.26	35.06	43.15
台州市	26.15	38.81	43.11	52.70	62.60	72.33	86.11	108.86	126.05

城市	2009 年	2010 年	2011 年	2012 年	2013 年	2014 年	2015 年	2016 年
上海市	2540.30	2873.58	3429.83	3743.71	4109.51	4871.76	5519.50	6406.13
南京市	434.51	518.80	635.00	733.00	831.31	903.49	1020.03	1142.60
无锡市	415.91	511.89	615.00	658.03	710.91	768.01	830.00	875.00
常州市	215.89	286.18	350.88	378.99	408.88	433.88	466.28	480.29
苏州市	745.18	900.55	1100.88	1204.33	1331.03	1443.82	1560.76	1730.04
南通市	198.99	290.81	373.69	419.72	485.88	550.00	625.64	590.18
扬州市	128.08	167.78	218.08	225.00	259.26	295.19	336.75	345.30
镇江市	101.57	138.10	202.90	215.48	254.52	277.76	302.85	293.01
泰州市	138.62	170.80	218.00	233.25	251.28	283.00	322.22	327.60
杭州市	520.79	671.34	785.15	859.99	945.20	1027.32	1233.88	1402.38
宁波市	432.77	530.93	657.55	725.50	792.81	860.61	1006.41	1114.54
嘉兴市	141.7	176.83	226.4	257.73	282.31	307.07	350.35	387.93
湖州市	80.01	80.01	191.31	138.55	154.66	167.84	191.31	211.18
绍兴市	160.43	193.23	239.69	265.76	293.07	317.27	362.89	390.30
舟山市	48.78	61.04	76.48	85.56	92.63	101.02	112.72	120.32
台州市	136.02	164.88	200.12	220.42	247.73	265.21	298.02	343.28

表 8-3　2016 年长三角核心区 16 个城市一般公共预算收入总额占地区生产总值比重和人均一般公共预算收入

城市	一般公共预算收入（亿元）	地区生产总值（亿元）	一般公共预算收入总额占地区生产总值比重（%）	总人口（万人）	人均一般公共预算收入（万元）
上海市	6 406.13	28 178.7	22.73	1 450.0	4.42
南京市	1 142.60	10 503.0	10.88	662.8	1.72
无锡市	875.00	9 210.0	9.50	486.2	1.80

城市	一般公共预算收入（亿元）	地区生产总值（亿元）	一般公共预算收入总额占地区生产总值比重（%）	总人口（万人）	人均一般公共预算收入（万元）
常州市	480.29	5 773.9	8.32	374.9	1.28
苏州市	1 730.04	15 475.1	11.18	678.2	2.55
南通市	590.18	6 768.2	8.72	766.7	0.77
扬州市	345.30	4 449.4	7.76	461.7	0.75
镇江市	293.01	3 833.8	7.64	272.0	1.08
泰州市	327.60	4 101.8	7.99	508.2	0.64
杭州市	1 402.38	11 313.7	12.40	736.0	1.91
宁波市	1 114.54	8 686.5	12.83	591.0	1.89
嘉兴市	387.93	3 862.1	10.04	352.1	1.10
湖州市	211.18	2 284.4	9.24	264.8	0.80
绍兴市	390.30	4 789.0	8.15	444.5	0.88
舟山市	120.32	1 241.2	9.69	97.3	1.24
台州市	343.28	3 898.7	8.80	600.2	0.57

8.2　一般公共预算支出

一般公共预算支出是指政府以社会治理者的身份安排用于保障和改善民生、推动经济社会发展、维护国家安全、维持国家机构正常运转等方面的支出。

8.2.1　从数字看形势

2016 年长三角核心区一般公共预算支出为 17511.1 亿元。其中，上海市为 6918.9亿元，占比为 39.51%；江苏地区为 6206.5 亿元，占比为 35.44%；浙江地区为 4385.7亿元，占比为 25.05%，如表 8-4 所示。16 个城市中，上海市以 6918.9 亿元列第一位，湖州市以 28.9 亿元列最后一位。江苏地区 8 个城市中，苏州市一般公共预算支出最大，占比为 9.23%。

表 8-4　2016 年长三角核心区 16 个城市一般公共预算支出及增长情况

城市	2016 年一般公共预算支出		2016 年比 2004 年增长倍数（倍）	2004~2016 年年均增长率（%）
	总额（亿元）	占比（%）		
上海市	6 918.9	39.51	5.27	16.54
南京市	1 173.8	6.70	5.12	16.30
无锡市	867.4	4.95	5.06	16.20
常州市	508.1	2.90	5.72	17.20
苏州市	1 617.1	9.23	5.94	17.52
南通市	749.2	4.28	8.90	21.06
扬州市	479.0	2.74	8.73	20.88
镇江市	362.9	2.07	8.62	20.76
泰州市	448.9	2.56	8.07	20.17
杭州市	1 404.3	8.02	6.18	17.85
宁波市	1 289.3	7.36	4.97	16.06
嘉兴市	442.2	2.53	6.40	18.16
湖州市	28.9	0.17	−0.21	−1.92
绍兴市	456.1	2.60	6.07	17.70
舟山市	250.5	1.43	7.66	19.71
台州市	514.4	2.94	5.50	16.88
上海市	6 918.9	39.51	5.27	16.54
江苏地区	6 206.5	35.44	6.25	17.95
浙江地区	4 385.7	25.05	5.45	16.80
总计	17 511.1	100.00	5.64	17.08

图 8-4 显示了长三角核心区 16 个城市 2004 年、2010 年、2016 年一般公共预算支出情况。图中显示，除湖州市外，其余 15 个城市的一般公共预算支出都处于增长状态。

2016 年，上海市、苏州市、杭州市、宁波市、南京市列前五位。

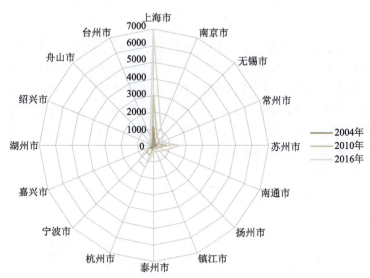

图 8-4　2004 年、2010 年、2016 年长三角核心区 16 个城市一般公共预算支出情况

图内数字表示一般公共预算支出，单位为亿元

　　2016 年，长三角核心区 16 个城市一般公共预算支出平均值为 1094.4 亿元。其中，上海市，江苏地区的南京市、苏州市和浙江地区的杭州市、宁波市 5 个城市高于平均水平，其余 11 个城市低于平均水平，如图 8-5 所示。高于平均水平的 5 个城市的一般公共预算支出占长三角核心区一般公共预算支出的 70.83%。

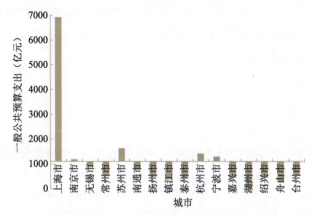

图 8-5　2016 年长三角核心区 16 个城市一般公共预算支出与平均值比较

8.2.2　从增速看发展

进入 2004 年，长三角核心区一般公共预算支出保持着较快的增长势头，总额由 2004 年的 2638.5 亿元增长到 2016 年的 17 511.1 亿元，按当年价格计算，增长了 5.64 倍，年均增长率为 17.08%，高于同期地区生产总值的增长速度。其中，上海市增长了 5.27 倍，年均增长率为 16.54%，江苏地区增长了 6.25 倍，年均增长率为 17.95%，浙江地区增长了 5.45 倍，年均增长率为 16.80%，如表 8-4 所示。上海市、江苏地区、浙江地区的增长均较显著，如图 8-6 所示。

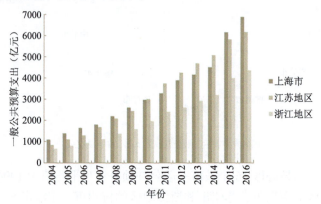

图 8-6　2004～2016 年上海市、江苏地区、浙江地区一般公共预算支出变化情况

2004 年以来，上海市、江苏地区、浙江地区一般公共预算支出维持着比较稳定的增长格局，未出现显著的波动。上海市一般公共预算支出稳居长三角核心区各城市首位，一般公共预算支出远高于其他 15 个城市。2016 年，上海市一般公共预算支出是列第二位的苏州市的 4.28 倍。

8.2.3　从构成看特征

长三角核心区 16 个城市的经济规模存在显著的差异，单纯的总量往往不能全面地反映经济的特征，如表 8-5 所示。因此，通过一般公共预算支出占地区生产总值比重和人均一般公共预算支出，从构成的角度来审视支出状况。表 8-6 表明，2016 年长三角核心区 16 个城市一般公共预算支出占地区生产总值比重和人均一般公共预算支出存在较显著的差异。一般公共预算支出最大的上海市，这两个指标均列第一位。而一般公共预算支出最小的湖州市，这两个指标都处于最后的位置。

表 8-5　2000~2016 年长三角核心区 16 个城市一般公共预算支出情况　（单位：亿元）

城市	2000 年	2001 年	2002 年	2003 年	2004 年	2005 年	2006 年	2007 年	2008 年
上海市	546.4	622.8	726.4	877.8	1102.6	1395.7	1660.3	1813.8	2201.9
南京市	97.7	113.4	133.1	155.3	191.7	231.4	262.5	342.9	404.7
无锡市	52.8	71.0	84.2	109.4	143.1	182.9	213.4	270.8	339.0
常州市	31.8	41.2	51.8	63.0	75.7	97.8	117.7	154.6	186.7
苏州市	78.1	110.4	136.4	183.6	233.1	335.3	386.2	496.9	622.4
南通市	34.0	42.7	50.6	62.0	75.6	89.6	112.6	147.1	196.2
扬州市	23.0	28.3	32.7	40.2	49.2	62.2	75.6	96.7	126.5
镇江市	20.2	24.4	28.7	36.7	37.7	52.2	65.1	81.0	96.6
泰州市	24.9	28.6	34.8	40.6	49.5	62.6	77.8	103.2	125.4
杭州市	73.4	104.9	141.0	163.6	195.6	238.3	275.5	335.7	419.7
宁波市	83.9	116.3	145.3	180.3	215.9	264.8	292.7	371.0	439.4
嘉兴市					59.7	73.5	86.3	107.4	135.9
湖州市					36.5	44.1	55.9	13.4	15.2
绍兴市	25.8	37.4	45.2	57.1	64.5	80.0	95.5	113.8	144.1
舟山市	11.5	15.8	20.0	23.1	28.9	31.9	40.8	56.5	76.8
台州市	33.2	42.9	55.6	68.9	79.2	88.1	104.0	126.9	153.8

城市	2009 年	2010 年	2011 年	2012 年	2013 年	2014 年	2015 年	2016 年
上海市	2617.7	2989.7	3302.9	3914.9	4184.0	4528.6	6191.6	6918.9
南京市	461.3	542.2	666.2	769.7	850.9	921.2	1045.6	1173.8
无锡市	405.6	488.7	592.7	648.6	711.5	748.1	821.9	867.4
常州市	218.7	281.4	361.8	391.2	417.9	434.9	485.3	508.1
苏州市	686.8	825.7	1002.6	1113.5	1212.7	1304.8	1527.2	1617.1
南通市	237.5	316.7	419.4	535.3	576.4	649.6	749.0	749.2
扬州市	159.0	201.7	264.4	284.8	319.3	367.7	442.8	479.0
镇江市	121.3	159.1	202.9	235.2	286.2	311.8	348.7	362.9
泰州市	172.9	215.7	262.0	300.9	343.8	371.2	429.9	448.9

续表

城市	2009 年	2010 年	2011 年	2012 年	2013 年	2014 年	2015 年	2016 年
杭州市	490.4	616.6	747.5	786.3	855.7	961.2	1205.5	1404.3
宁波市	506.1	600.7	750.7	828.4	939.9	1000.9	1252.6	1289.3
嘉兴市	161.1	199.1	240.6	260.7	303.4	334.9	424.1	442.2
湖州市	16.1	17.8	20.3	22.0	23.6	22.9	26.3	28.9
绍兴市	169.5	221.9	253.3	278.7	312.1	346.4	421.4	456.1
舟山市	82.7	105.0	148.1	155.2	189.8	188.2	239.7	250.5
台州市	176.0	222.8	265.5	287.9	329.0	371.5	457.2	514.4

表 8-6　2016 年长三角核心区 16 个城市一般公共预算支出占地区生产总值比重和人均一般公共预算支出

城市	一般公共预算支出（亿元）	地区生产总值（亿元）	一般公共预算支出占地区生产总值比重（%）	总人口（万人）	人均一般公共预算支出（亿元/万人）
上海市	6 918.9	28 178.7	24.55	1 450.0	4.77
南京市	1 173.8	10 503.0	11.18	662.8	1.77
无锡市	867.4	9 210.0	9.42	486.2	1.78
常州市	508.1	5 773.9	8.80	374.9	1.36
苏州市	1 617.1	15 475.1	10.45	678.2	2.38
南通市	749.2	6 768.2	11.07	766.7	0.98
扬州市	479.0	4 449.4	10.77	461.7	1.04
镇江市	362.9	3 833.8	9.47	272.0	1.33
泰州市	448.9	4 101.8	10.94	508.2	0.88
杭州市	1 404.3	11 313.7	12.41	736.0	1.91
宁波市	1 289.3	8 686.5	14.84	591.0	2.18
嘉兴市	442.2	3 862.1	11.45	352.1	1.26
湖州市	28.9	2 284.4	1.27	264.8	0.11
绍兴市	456.1	4 789.0	9.52	444.5	1.03
舟山市	250.5	1 241.2	20.18	97.3	2.57
台州市	514.4	3 898.7	13.19	600.2	0.86

8.3 金融机构存款余额

存款是指企业、机关、团体或居民将货币资金存入银行或其他信用机构保管并取得一定利息的一种信用活动形式。根据存款对象的不同，可划分为企业存款、财政存款、机关团体存款、基本建设存款、城镇储蓄存款、农村存款等科目。存款是银行信贷资金的主要来源。金融机构存款余额是指到年末所结余的存款总额。

8.3.1 从数字看形势

2016年长三角核心区金融机构存款余额为280556.8亿元。其中，上海市为103163.9亿元，占比为36.77%；江苏地区为102581.0亿元，占比为36.57%；浙江地区为74811.9亿元，占比为26.66%，如表8-7所示。16个城市中，上海市以103163.9亿元列第一位，舟山市以1807.8亿元列最后一位。上海市金融机构存款余额超过江苏地区8个城市的总和，也超过浙江地区7个城市的总和，杭州市占比超过11%，南京市和苏州市占比均超过9%。

表 8-7　2016 年长三角核心区 16 个城市金融机构存款余额及增长情况

城市	2016 年金融机构存款余额		2000 年金融机构存款余额（亿元）	2016 年比 2000 年增长倍数（倍）
	总额（亿元）	占比（%）		
上海市	103 163.9	36.77	9 349.8	10.03
南京市	27 633.6	9.85	1 964.0	13.07
无锡市	14 101.4	5.03	1 078.4	12.08
常州市	8 540.8	3.04	629.4	12.57
苏州市	25 864.3	9.22	1 477.0	16.51
南通市	11 097.7	3.96	773.4	13.35
扬州市	5 361.6	1.91	444.5	11.06
镇江市	4 706.0	1.68	337.2	12.96
泰州市	5 275.6	1.88	388.8	12.57

续表

城市	2016 年金融机构存款余额		2000 年金融机构存款余额（亿元）	2016 年比 2000 年增长倍数（倍）
	总额（亿元）	占比（%）		
杭州市	32 514.6	11.59	2 088.5	14.57
宁波市	16 196.0	5.77	1 172.9	12.81
嘉兴市	6 630.2	2.36	545.8	11.15
湖州市	3 476.8	1.24	268.9	11.93
绍兴市	7 263.3	2.59	655.7	10.08
舟山市	1 807.8	0.64	150.8	10.99
台州市	6 923.2	2.47	529.0	12.09
上海市	103 163.9	36.77	9 349.8	10.03
江苏地区	102 581.0	36.57	7 092.7	13.46
浙江地区	74 811.9	26.66	5 411.6	12.82
总计	280 556.8	100.00	21 854.1	11.84

图 8-7 显示了长三角核心区 16 个城市 2000 年、2010 年、2016 年金融机构存款余额情况。图中显示，各城市的金融机构存款余额都处于增长状态，未出现存款规模萎缩的城市。2016 年，上海市、杭州市、南京市、苏州市、宁波市、无锡市列前六位。

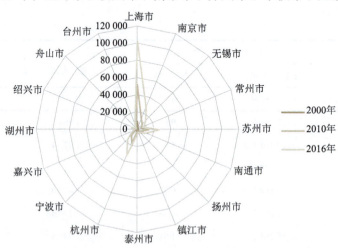

图 8-7　2000 年、2010 年、2016 年长三角核心区 16 个城市金融机构存款余额情况
图内数字表示金融机构存款余额，单位为亿元

2016 年，长三角核心区 16 个城市金融机构存款余额平均为 17 534.8 亿元。其中，上海市，江苏地区的南京市、苏州市和浙江地区的杭州市 4 个城市高于平均水平，其余 12 个城市低于平均水平，如图 8-8 所示。高于平均水平的 4 个城市的存款余额为 189 176.4 亿元，占长三角核心区金融机构存款余额的 67.43%。

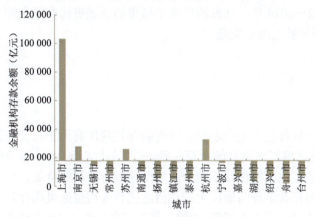

图 8-8　2016 年长三角核心区 16 个城市金融机构存款余额与平均值比较

8.3.2　从增速看发展

进入 2000 年，长三角核心区金融机构存款余额保持着较快的增长势头，存款余额总额由 2000 年的 21 854.1 亿元增长到 2016 年的 280 556.8 亿元，按当年价格计算，增长了 11.84 倍。其中，上海市增长了 10.03 倍，江苏地区增长了 13.46 倍，浙江地区增长了 12.82 倍，如表 8-7 所示。江苏地区和浙江地区的增长较显著，如图 8-9 所示。

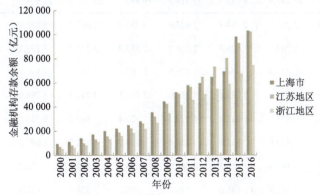

图 8-9　2000～2016 年上海市、江苏地区、浙江地区金融机构存款余额变化情况

2000 年以来，上海市、江苏地区、浙江地区金融机构存款余额维持着比较稳定的增长格局，未出现显著的波动。上海市金融机构存款余额稳居长三角核心区各城市首位，2000 年上海市金融机构存款余额远高于其他 15 个城市，是其他城市的 4.48～62.00 倍。但 2016 年是列第二位的杭州市的 3.17 倍，是列最后一位的舟山市的 57.07 倍，如表 8-7 所示。2012～2014 年，江苏地区 8 个城市的金融机构存款余额总额曾超过上海市，但 2015 年后又被上海市反超。

8.3.3　从构成看特征

银行存款是信贷资金的主要来源。适度的存款规模有助于社会资源的有效配置和高效利用，是促进区域经济发展的重要途径。长三角核心区 16 个城市的经济规模存在显著差异，单纯的存款规模往往不能全面地反映银行存款的特征，如表 8-8 所示。因此，通过金融机构存款余额与地区生产总值之比和人均金融机构存款余额，从构成的角度来审视存款状况。表 8-9 表明，2016 年长三角核心区 16 个城市金融机构存款余额与地区生产总值之比和人均金融机构存款余额存在较显著的差异。上海市金融机构存款余额是地区生产总值的 3.66 倍，差距最大；同时，上海市人均金融机构存款余额也最大，达到了 42.63 亿元/万人。扬州市金融机构存款余额与地区生产总值之比最小，泰州市人均金融机构存款余额最小。

表 8-8　2000～2016 年长三角核心区 16 个城市金融机构存款余额情况　（单位：亿元）

城市	2000 年	2001 年	2002 年	2003 年	2004 年	2005 年	2006 年	2007 年	2008 年
上海市	9 349.8	11 247.9	14 035.8	17 318.4	19 994.1	22 219.5	24 924.7	28 168.5	35 589.1
南京市	1 964.0	2 293.0	2 794.8	3 622.6	4 234.0	5 083.3	5 802.2	6 997.0	8 392.9
无锡市	1 078.4	1 269.1	1 626.8	2 156.9	2 585.2	3 222.4	3 772.1	4 276.6	5 321.8
常州市	629.4	735.3	904.7	1 170.6	1 362.2	1 649.6	1 974.1	2 263.8	2 819.5
苏州市	1 477.0	1 731.6	2 232.0	3 150.0	3 814.5	4 730.1	5 798.0	7 068.8	8 340.8
南通市	773.4	873.0	1 035.3	1 279.3	1 523.4	1 800.0	2 114.0	2 385.0	2 966.1
扬州市	444.5	497.8	592.8	721.0	839.7	952.7	1 085.3	1 253.8	1 551.9
镇江市	337.2	385.4	457.5	580.9	676.5	804.0	928.2	1 023.6	1 262.7
泰州市	388.8	431.5	488.6	596.3	701.2	824.9	953.9	1 127.0	1 402.1

续表

城市	2000 年	2001 年	2002 年	2003 年	2004 年	2005 年	2006 年	2007 年	2008 年
杭州市	2 088.5	2 631.0	3 373.2	4 652.7	5 707.2	6 748.7	7 683.0	9 311.0	11 333.4
宁波市	1 172.9	1 444.5	1 906.2	2 629.0	3 091.8	3 791.9	4 573.5	5 177.2	6 274.9
嘉兴市	545.8	627.6	763.4	1 028.0	1 166.0	1 341.8	1 583.3	1 796.1	2 186.3
湖州市	268.9	299.4	369.6	486.4	527.4	598.6	706.2	801.3	1 001.8
绍兴市	655.7	759.6	970.2	1 280.2	1 523.5	1 864.9	2 267.2	2 639.3	3 232.2
舟山市	150.8	172.2	211.0	259.4	310.0	363.5	452.0	562.0	731.0
台州市	529.0	629.0	811.8	1 056.2	1 164.1	1 369.4	1 650.0	1 921.3	2 353.4

城市	2009 年	2010 年	2011 年	2012 年	2013 年	2014 年	2015 年	2016 年
上海市	44 620.3	52 190.0	58 186.5	59 892.8	65 037.5	69 549.1	98 309.6	103 163.9
南京市	11 088.4	12 649.5	13 945.9	16 131.4	18 050.8	20 161.9	26 471.7	27 633.6
无锡市	7 216.7	8 545.1	9 372.7	10 293.4	11 205.8	11 849.0	12 710.5	14 101.4
常州市	3 765.9	4 550.5	4 902.2	5 604.9	6 348.1	6 758.6	7 438.7	8 540.8
苏州市	10 950.3	13 570.4	15 180.8	17 663.5	20 037.6	21 755.2	23 659.1	25 864.3
南通市	3 926.5	4 857.9	5 502.1	6 297.2	7 342.0	8 339.5	9 659.2	11 097.7
扬州市	2 067.1	2 430.6	2 818.3	3 310.8	3 836.9	4 269.8	4 719.4	5 361.6
镇江市	1 785.3	2 203.2	2 431.8	2 850.5	3 289.5	3 536.3	3 969.1	4 706.0
泰州市	1 885.4	2 320.3	2 593.0	3 032.6	3 544.4	3 955.8	4 441.7	5 275.6
杭州市	14 284.2	17 084.4	18 244.4	20 148.8	21 749.1	23 950.1	29 003.1	32 514.6
宁波市	8 241.4	9 755.5	10 659.3	11 980.5	12 740.5	13 307.4	15 400.2	16 196.0
嘉兴市	2 904.2	3 590.8	4 168.2	4 597.3	5 072.7	5 513.9	5 775.4	6 630.2
湖州市	1 397.7	1 805.6	2 102.1	2 285.7	2 577.9	2 756.1	3 034.6	3 476.8
绍兴市	4 139.5	4 948.3	5 510.1	5 923.6	6 365.5	6 554.2	6 821.0	7 263.3
舟山市	943.9	1 143.3	1 315.0	1 390.0	1 470.2	1 602.7	1 694.3	1 807.8
台州市	2 935.6	3 588.5	3 998.9	4 509.2	5 154.1	5 609.0	6 188.7	6 923.2

表 8-9　2016 年长三角核心区 16 个城市金融机构存款余额与地区生产总值之比和人均金融机构存款余额

城市	金融机构存款余额（亿元）	地区生产总值（亿元）	金融机构存款余额与地区生产总值之比	常住人口（万人）	人均金融机构存款余额（亿元/万人）
上海市	103 163.9	28 178.7	3.66	2 420	42.63
南京市	27 633.6	10 503.0	2.63	827	33.41
无锡市	14 101.4	9 210.0	1.53	653	21.59
常州市	8 540.8	5 773.9	1.48	471	18.13
苏州市	25 864.3	15 475.1	1.67	1 065	24.29
南通市	11 097.7	6 768.2	1.64	730	15.20
扬州市	5 361.6	4 449.4	1.21	449	11.94
镇江市	4 706.0	3 833.8	1.23	318	14.80
泰州市	5 275.6	4 101.8	1.29	465	11.35
杭州市	32 514.6	11 313.7	2.87	919	35.38
宁波市	16 196.0	8 686.5	1.86	788	20.55
嘉兴市	6 630.2	3 862.1	1.72	461	14.38
湖州市	3 476.8	2 284.4	1.52	298	11.67
绍兴市	7 263.3	4 789.0	1.52	499	14.56
舟山市	1 807.8	1 241.2	1.46	116	15.58
台州市	6 923.2	3 898.7	1.78	608	11.39

8.4　金融机构人民币贷款余额

　　贷款是指银行或其他信用机构按一定利率，为企业、个人等提供资金的一种信用活动形式。我国银行贷款分为流动资金贷款、固定资产贷款、城乡个体工商户贷款及农业贷款等科目。贷款的货币表现形式有人民币和外汇两种方式，外汇按美元计算。金融机构人民币贷款余额是指借款人尚未归还放款人的人民币贷款总额，它是反映金融机构人民币贷款规模的综合指标。

8.4.1 从数字看形势

　　2016 年长三角核心区金融机构人民币贷款余额为 200 027.28 亿元。其中，上海市为 59 982.25 亿元，占比为 29.99%；江苏地区为 77 476.54 亿元，占比为 38.73%；浙江地区为 62 568.49 亿元，占比为 31.28%，如表 8-10 所示。16 个城市中，上海市以 59 982.25 亿元列第一位，舟山市以 1484.01 亿元列最后一位。江苏地区 8 个城市的金融机构人民币贷款余额占比最大，其中苏州市和南京市占比均超过 10%。

表 8-10　2016 年长三角核心区 16 个城市金融机构人民币贷款余额及增长情况

城市	2016 年金融机构人民币贷款余额		2003 年金融机构人民币贷款余额（亿元）	2016 年比 2003 年增长倍数（倍）
	总额（亿元）	占比（%）		
上海市	59 982.25	29.99	13 168.05	3.55
南京市	21 681.28	10.84	3 375.00	5.42
无锡市	10 382.93	5.19	1 435.82	6.23
常州市	6 043.15	3.02	799.14	6.56
苏州市	21 924.44	10.96	2 359.28	8.29
南通市	6 835.46	3.42	726.87	8.40
扬州市	3 508.13	1.75	433.87	7.09
镇江市	3 444.36	1.72	425.07	7.10
泰州市	3 656.79	1.83	382.36	8.56
杭州市	25 464.83	12.73	3 818.70	5.67
宁波市	15 806.76	7.9	2 102.78	6.52
嘉兴市	5 185.23	2.59	757.83	5.84
湖州市	2 757.57	1.38	365.45	6.55
绍兴市	6 111.17	3.06	986.79	5.19
舟山市	1 484.01	0.74	190.12	6.81
台州市	5 758.92	2.88	490.92	10.73
上海市	59 982.25	29.99	13 168.05	3.56
江苏地区	77 476.54	38.73	9 937.41	6.80
浙江地区	62 568.49	31.28	8 712.59	6.18
总计	200 027.28	100.00	31 818.05	5.29

图 8-10 显示了长三角核心区 16 个城市 2003 年、2010 年、2016 年金融机构人民币贷款余额情况。图中显示，各城市的金融机构人民币贷款余额都处于增长状态，未出现贷款规模萎缩的城市。2016 年，上海市、杭州市、苏州市、南京市、宁波市、无锡市列前六位。

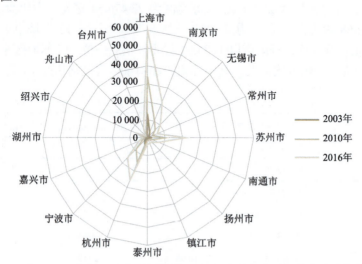

图 8-10　2003 年、2010 年、2016 年长三角核心区 16 个城市金融机构人民币贷款余额情况

图内数字表示金融机构人民币贷款余额，单位为亿元

2016 年，长三角核心区 16 个城市金融机构人民币贷款余额平均为 12 501.71 亿元。其中，上海市，江苏地区的苏州市、南京市和浙江地区的杭州市、宁波市 5 个城市高于平均水平，其余 11 个城市低于平均水平，如图 8-11 所示。高于平均水平的 5 个城市的金融机构人民币贷款余额为 144 859.56 亿元，占长三角核心区金融机构人民币贷款余额的 72.42%。

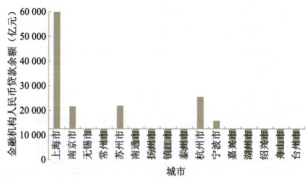

图 8-11　2016 年长三角核心区 16 个城市金融机构人民币贷款余额与平均值比较

8.4.2 从增速看发展

进入 2000 年，长三角核心区金融机构人民币贷款余额保持着较快的增长势头，贷款余额总额由 2003 年的 31 818.05 亿元增长到 2016 年的 200 027.28 亿元，按当年价格计算，增长了 5.29 倍。其中，上海市增长了 3.56 倍，江苏地区增长了 6.80 倍，浙江地区增长了 6.18 倍，如表 8-10 所示。江苏地区和浙江地区增长较显著，如图 8-12 所示。

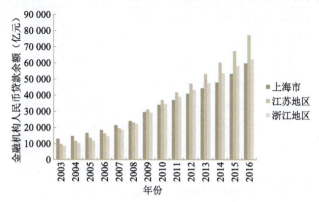

图 8-12 2003～2016 年上海市、江苏地区、浙江地区金融机构人民币贷款余额变化情况

2000 年以来，上海市、江苏地区、浙江地区金融机构人民币贷款余额维持着比较稳定的增长格局，未出现显著的波动。上海市金融机构人民币贷款余额稳居长三角核心区各城市首位，2003 年上海市金融机构人民币贷款余额远高于其他 15 个城市，是其他城市的 3.45～69.26 倍。但 2016 年是列第二位的杭州市的 2.36 倍，是列最后一位的舟山市的 40.42 倍，如表 8-10 所示。

8.4.3 从构成看特征

银行信贷已成为社会资金再分配的一条重要渠道。适度的贷款规模有助于社会资源的有效配置和高效利用，是促进区域经济发展的重要途径。长三角核心区 16 个城市的经济规模存在显著差异，单纯的贷款规模往往不能全面地反映银行信贷的特征，如表 8-11 所示。因此，通过金融机构人民币贷款余额与地区生产总值之比和人均金融机构人民币贷款余额，从构成的角度来审视信贷状况。表 8-12 表明，2016 年长三角核心区 16 个城市金融机构人民币贷款余额与地区生产总值之比和人均金融机构人民币贷款余额存在较显著的差异。杭州市金融机构人民币贷款余额是地区生产总值的 2.25 倍，差距最大；同时，杭州市人均金融机构人民币贷款余额也最大，达到了 27.71 亿元/万人。扬州市这两个指标都是最小的。

表 8-11　2000～2016 年长三角核心区 16 个城市金融机构人民币贷款余额情况 （单位：亿元）

城市	2000 年	2001 年	2002 年	2003 年	2004 年	2005 年	2006 年	2007 年	2008 年
上海市	7 254.26	8 543.02	10 550.94	13 168.05	14 972.01	16 798.12	18 603.92	21 709.95	24 166.12
南京市	1 704.65	1 960.00	2 451.00	3 375.00	4 062.00	4 452.57	5 098.14	6 046.05	7 171.69
无锡市	712.39	809.28	1 046.99	1 435.82	1 802.45	2 183.41	2 632.72	3 097.44	3 725.08
常州市	389.26	444.54	559.85	799.14	956.38	1 113.25	1 348.60	1 590.11	1 851.69
苏州市	970.60	1 059.82	1 490.96	2 359.28	2 915.74	3 478.34	4 429.71	5 343.87	6 301.81
南通市	394.34	433.42	526.90	726.87	880.70	1 024.45	1 233.25	1 497.96	1 750.60
扬州市			356.23	433.87	433.87	513.33	597.24	750.77	889.40
镇江市	252.13	281.76	328.03	425.07	489.26	560.50	668.03	789.02	920.98
泰州市	236.26		382.36	397.73	446.95	545.53	653.95	792.89
杭州市	1 686.64	2 087.70	2 752.38	3 818.70	4 800.04	5 545.30	6 603.86	8 430.68	10 069.05
宁波市	883.12	1 051.56	1 479.47	2 102.78	2 483.61	2 959.78	3 727.50	4 735.91	5 672.74
嘉兴市	378.69	429.21	521.87	757.83	877.36	960.51	1 144.71	1 351.54	1 603.84
湖州市	192.52	209.52	261.93	365.45	400.68	453.72	548.76	655.91	775.84
绍兴市	458.51	514.25	695.10	986.79	1 176.76	1 381.68	1 700.85	2 029.62	2 419.88
舟山市	98.25	112.36	139.98	190.12	235.20	284.70	373.25	484.35	635.43
台州市	259.65	266.99	364.20	490.92	569.35	641.18	827.15	1 052.71	1 239.22

城市	2009 年	2010 年	2011 年	2012 年	2013 年	2014 年	2015 年	2016 年
上海市	29 684.10	34 154.17	37 196.79	40 982.48	44 357.88	47 915.81	53 387.21	59 982.25
南京市	9 064.13	10 384.84	11 132.09	12 314.41	13 791.06	16 328.58	18 217.80	21 681.28
无锡市	5 263.42	6 160.60	6 883.44	7 467.03	8 108.14	8 669.62	9 332.27	10 382.93
常州市	2 513.97	3 011.67	3 406.35	3 832.80	4 318.32	4 789.74	5 418.85	6 043.15
苏州市	8 505.33	10 133.15	11 873.89	13 626.86	15 495.24	17 247.94	19 200.10	21 924.44
南通市	2 431.98	2 964.58	3 408.62	4 006.48	4 672.81	5 258.93	5 997.24	6 835.46
扬州市	1 212.75	1 486.06	1 718.03	2 006.50	2 341.85	2 732.42	3 095.77	3 508.13
镇江市	1 286.64	1 563.34	1 787.42	2 073.26	2 364.38	2 679.83	2 982.60	3 444.36

城市	2009 年	2010 年	2011 年	2012 年	2013 年	2014 年	2015 年	2016 年
泰州市	1 160.37	1 460.68	1 725.34	2 007.97	2 344.27	2 751.51	3 228.08	3 656.79
杭州市	13 113.30	15 078.73	16 573.74	18 090.80	19 350.46	21 316.83	23 327.95	25 464.83
宁波市	7 424.87	9 000.62	10 209.99	11 300.32	12 493.28	13 610.61	14 966.92	15 806.76
嘉兴市	2 170.58	2 615.92	3 038.69	3 419.53	3 860.03	4 393.16	4 718.35	5 185.23
湖州市	1 122.07	1 419.97	1 672.55	1 852.28	2 094.42	2 324.95	2 509.83	2 757.57
绍兴市	3 186.38	3 820.12	4 327.50	4 934.17	5 447.84	5 823.39	5 947.21	6 111.17
舟山市	828.96	980.77	1 120.04	1 237.42	1 304.37	1 416.03	1 458.38	1 484.01
台州市	1 560.38	1 932.49	2 274.02	2 587.37	2 959.60	4 912.64	5 429.60	5 758.92

表 8-12　2016 年长三角核心区 16 个城市金融机构人民币贷款余额与地区生产总值之比
和人均金融机构人民币贷款余额

城市	金融机构人民币贷款余额（亿元）	地区生产总值（亿元）	金融机构人民币贷款余额与地区生产总值之比	常住人口（万人）	人均金融机构人民币贷款余额（亿元/万人）
上海市	59 982.25	28 178.7	2.13	2 420	24.79
南京市	21 681.28	10 503.0	2.06	827	26.22
无锡市	10 382.93	9 210.0	1.13	653	15.90
常州市	6 043.15	5 773.9	1.05	471	12.83
苏州市	21 924.44	15 475.1	1.42	1 065	20.59
南通市	6 835.46	6 768.2	1.01	730	9.36
扬州市	3 508.13	4 449.4	0.79	449	7.81
镇江市	3 444.36	3 833.8	0.90	318	10.83
泰州市	3 656.79	4 101.8	0.89	465	7.86
杭州市	25 464.83	11 313.7	2.25	919	27.71
宁波市	15 806.76	8 686.5	1.82	788	20.06
嘉兴市	5 185.23	3 862.1	1.34	461	11.25
湖州市	2 757.57	2 284.4	1.21	298	9.25
绍兴市	6 111.17	4 789.0	1.28	499	12.25
舟山市	1 484.01	1 241.2	1.20	116	12.79
台州市	5 758.92	3 898.7	1.48	608	9.47

8.5 保费收入

保费是指投保人为取得保险保障，按保险合同约定向保险人支付的费用。对保险人而言，这部分费用就是保费收入，包括财产险、人身意外伤害险、健康险、寿险，是反映保险业发展状况的综合指标。

8.5.1 从数字看形势

2016 年长三角核心区完成保费收入为 5022.09 亿元。其中，上海市为 1529.26 亿元，占比为 30.45%；江苏地区为 2195.88 亿元，占比为 43.73%；浙江地区为 1296.95 亿元，占比为 25.82%，如表 8-13 所示。16 个城市中，上海市以 1529.26 亿元列第一位，舟山市以 29.27 亿元列最后一位。江苏地区 8 个城市的保费收入占长三角核心区比重最大，苏州市保费收入为 525.19 亿元，仅次于上海市。

表 8-13　2016 年长三角核心区 16 个城市保费收入及增长情况

城市	2016 年保费收入		2000 年保费收入（亿元）	2016 年比 2000 年增长倍数（倍）
	总额（亿元）	占比（%）		
上海市	1529.26	30.45	127.23	11.02
南京市	485.80	9.67	24.91	18.50
无锡市	316.68	6.31	19.89	14.92
常州市	224.89	4.48	12.10	16.59
苏州市	525.19	10.46	22.05	22.82
南通市	270.70	5.39	9.87	26.43
扬州市	148.36	2.95	8.12	17.27
镇江市	100.96	2.01	5.81	16.38
泰州市	123.30	2.46	5.66	20.78
杭州市	518.40	10.32	26.01	18.93
宁波市	257.60	5.13	17.90	13.39

续表

城市	2016 年保费收入		2000 年保费收入（亿元）	2016 年比 2000 年增长倍数（倍）
	总额（亿元）	占比（%）		
嘉兴市	137.73	2.74	8.81	14.63
湖州市	78.60	1.57	5.43	13.48
绍兴市	129.20	2.57	8.65	13.94
舟山市	29.27	0.58	2.49	10.76
台州市	146.15	2.91	9.24	14.82
上海市	1529.26	30.45	127.23	11.02
江苏地区	2195.88	43.73	108.41	19.26
浙江地区	1296.95	25.82	78.53	15.52
总计	5022.09	100.00	314.17	14.99

图 8-13 显示了长三角核心区 16 个城市 2000 年、2010 年、2016 年保费收入情况。图中显示，各城市的保费收入都处于增长状态，未出现保费收入萎缩的城市。2016 年，上海市、苏州市、杭州市、南京市、无锡市列前五位。

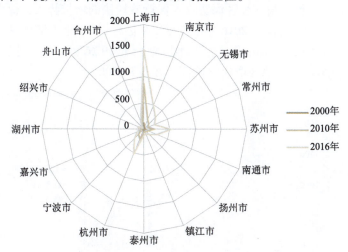

图 8-13　2000 年、2010 年、2016 年长三角核心区 16 个城市保费收入情况
图内数字表示保费收入，单位为亿元

2016 年，长三角核心区 16 个城市平均保费收入为 313.88 亿元。其中，上海市，

江苏地区的苏州市、南京市、无锡市和浙江地区的杭州市 5 个城市高于平均水平，其余 11 个城市低于平均水平，如图 8-14 所示。高于平均水平的 5 个城市的保费收入为 3375.33 亿元，占长三角核心区保费收入的 67.21%。

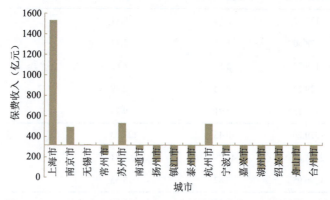

图 8-14　2016 年长三角核心区 16 个城市保费收入与平均值比较

8.5.2　从增速看发展

进入 2000 年，长三角核心区保费收入保持着较快的增长势头，保费收入总额由 2000 年的 314.17 亿元，增长到 2016 年的 5022.09 亿元，按当年价格计算，增长了 14.99 倍。其中，上海市增长了 11.02 倍，江苏地区增长了 19.26 倍，浙江地区增长了 15.52 倍，如表 8-13 所示。江苏地区增长较显著，如图 8-15 所示。

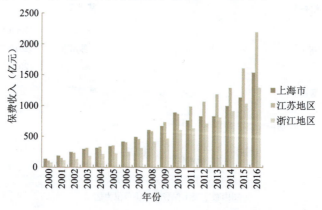

图 8-15　2000～2016 年上海市、江苏地区、浙江地区保费收入变化情况

2000 年以来，上海市、江苏地区、浙江地区保费收入维持着比较稳定的增长格局，未出现显著的波动。上海市保费收入总额稳居长三角核心区各城市首位，2000 年上海市保费收入总额远高于其他 15 个城市，是其他城市的 4.89～51.10 倍。但 2016 年是列第二位的苏州市的 2.91 倍，是列最后一位的舟山市的 52.25 倍，如表 8-13 所示。

8.5.3　从构成看特征

保费收入的增长，一方面折射出经济和保险业的发展，另一方面也反映出全社会保险意识的不断增强。长三角核心区 16 个城市的经济规模存在显著差异，单纯的保费收入总量往往不能全面地反映保险业发展的特征，如表 8-14 所示。因此，通过保费收入占地区生产总值比重和人均保费收入，从构成的角度来审视保险业发展状况。表 8-15 表明，2016 年长三角核心区 16 个城市保费收入占地区生产总值比重和人均保费收入存在较显著的差异。上海市保费收入占地区生产总值比重最高，人均保费收入也最高。舟山市保费收入占地区生产总值比重最低，台州市人均保费收入最低。

表 8-14　2000～2016 年长三角核心区 16 个城市保费收入情况　（单位：亿元）

城市	2000 年	2001 年	2002 年	2003 年	2004 年	2005 年	2006 年	2007 年	2008 年
上海市	127.23	180.25	237.61	289.93	307.11	333.62	407.04	482.64	600.06
南京市	24.91	36.69	54.77	69.47	71.33	75.28	89.96	98.29	127.17
无锡市	19.89	27.20	43.10	57.71	60.36	57.62	66.23	74.75	94.72
常州市	12.10	16.56	25.71	31.89	35.08	37.88	42.61	47.43	61.65
苏州市	22.05	29.66	47.03	64.16	71.48	75.34	83.93	96.15	125.96
南通市	9.87	12.76	21.03	32.57	33.92	36.56	43.07	55.10	66.66
扬州市	8.12	10.97	17.52	24.24	23.75	26.63	30.86	31.64	43.65
镇江市	5.81	7.86	12.05	17.06	18.12	19.90	21.65	25.94	32.85
泰州市	5.66	8.47	12.46	17.87	20.89	23.54	27.52	29.27	40.24
杭州市	26.01	39.79	33.14	66.60	72.33	72.53	83.97	104.11	146.21
宁波市	17.90	26.95	31.47	38.36	47.07	51.20	59.14	72.22	87.11
嘉兴市	8.81	12.42	18.63	22.39	24.77	26.57	30.75	35.69	47.74
湖州市	5.43	7.11	10.92	13.31	14.70	15.73	17.64	20.07	29.35

续表

城市	2000 年	2001 年	2002 年	2003 年	2004 年	2005 年	2006 年	2007 年	2008 年
绍兴市	8.65	12.81	19.26	20.74	22.72	24.77	19.49	35.19	41.18
舟山市	2.49	3.82	5.62	5.65	7.25	8.13	10.08	11.73	15.07
台州市	9.24	12.85	17.30	19.50	24.03	27.45	31.17	37.42	51.55

城市	2009 年	2010 年	2011 年	2012 年	2013 年	2014 年	2015 年	2016 年
上海市	665.03	883.86	753.11	820.64	821.43	986.75	1125.16	1529.26
南京市	175.42	191.30	194.08	235.74	264.34	248.32	368.04	485.80
无锡市	111.31	131.36	143.70	153.14	169.62	191.30	218.53	316.68
常州市	72.57	86.53	99.28	109.44	118.42	135.38	156.56	224.89
苏州市	148.28	192.95	209.52	237.42	269.80	311.77	368.28	525.19
南通市	84.91	84.91	138.43	130.67	142.92	154.00	179.30	270.70
扬州市	54.08	65.98	72.98	74.20	87.88	96.67	123.81	148.36
镇江市	40.76	54.04	57.92	57.85	61.79	69.72	80.05	100.96
泰州市	49.21	65.32	72.09	69.47	73.20	86.36	113.72	123.30
杭州市	159.69	202.94	211.10	247.92	279.23	320.41	374.38	518.40
宁波市	107.44	144.06	148.60	164.71	185.50	206.96	228.25	257.60
嘉兴市	51.73	65.48	70.09	74.71	84.07	96.67	108.55	137.73
湖州市	31.45	41.43	46.03	47.55	59.07	63.23	65.82	78.60
绍兴市	47.54	61.87	66.56	75.22	84.24	92.96	109.69	129.20
舟山市	16.43	19.00	19.95	21.33	21.71	22.97	24.51	29.27
台州市	57.51	72.92	75.88	84.40	96.28	112.39	127.45	146.15

表 8-15 2016 年长三角核心区 16 个城市保费收入占地区生产总值比重和人均保费收入

城市	保费收入（亿元）	地区生产总值（亿元）	保费收入占地区生产总值比重（%）	常住人口（万人）	人均保费收入（亿元/万人）
上海市	1 529.26	28 178.7	5.43	2 420	0.63
南京市	485.80	10 503.0	4.63	827	0.59
无锡市	316.68	9 210.0	3.44	653	0.48
常州市	224.89	5 773.9	3.89	471	0.48

城市	保费收入（亿元）	地区生产总值（亿元）	保费收入占地区生产总值比重（%）	常住人口（万人）	人均保费收入（亿元/万人）
苏州市	525.19	15 475.1	3.39	1 065	0.49
南通市	270.70	6 768.2	4.00	730	0.37
扬州市	148.36	4 449.4	3.33	449	0.33
镇江市	100.96	3 833.8	2.63	318	0.32
泰州市	123.30	4 101.8	3.01	465	0.27
杭州市	518.40	11 313.7	4.58	919	0.56
宁波市	257.60	8 686.5	2.97	788	0.33
嘉兴市	137.73	3 862.1	3.57	461	0.30
湖州市	78.60	2 284.4	3.44	298	0.26
绍兴市	129.20	4 789.0	2.70	499	0.26
舟山市	29.27	1 241.2	2.36	116	0.25
台州市	146.15	3 898.7	3.75	608	0.24

8.6　赔　付　额

赔付额是指保险人向被保险人或受益人赔款与给付的总额。其中，赔款是指保险人对保险事故造成的损失，根据合同约定向被保险人或受益人给予的经济补偿；给付是指人身保险合同中，保险人向被保险人或受益人给付保险金的总额，包括死伤医疗给付、满期给付和年金给付。赔付额是反映保险支出的一个重要指标。

8.6.1　从数字看形势

2016 年长三角核心区赔付额为 1617.13 亿元。其中，上海市赔付额为 528.77 亿元，占比为 32.70%；江苏地区为 658.90 亿元，占比为 40.74%；浙江地区为 429.46 亿元，占比为 26.56%，如表 8-16 所示。16 个城市中，上海市以 528.77 亿元列第一位，舟山市以 2.91 亿元列最后一位。江苏地区 8 个城市的赔付额占长三角核心区比重最大，但最高的南京市也只有 162.75 亿元，与上海市差距很大。

表 8-16　2016 年长三角核心区 16 个城市赔付额及增长情况

城市	2016 年赔付额		2007 年赔付额（亿元）	2016 年比 2007 年增长倍数（倍）
	总额（亿元）	占比（%）		
上海市	528.77	32.70	139.82	2.78
南京市	162.75	10.06	33.39	3.87
无锡市	80.20	4.96	26.94	1.98
常州市	39.05	2.41	17.07	1.29
苏州市	156.38	9.67	38.44	3.07
南通市	111.30	6.88	7.64	13.57
扬州市	23.31	1.44	3.75	5.22
镇江市	34.53	2.14	6.43	4.37
泰州市	51.38	3.18	7.57	5.79
杭州市	158.88	9.82	41.14	2.86
宁波市	115.30	7.13	26.28	3.39
嘉兴市	35.38	2.19	18.71	0.89
湖州市	21.71	1.34	9.72	1.23
绍兴市	41.90	2.59	12.30	2.41
舟山市	2.91	0.18	3.69	-0.21
台州市	53.38	3.3	14.19	2.76
上海市	528.77	32.70	139.82	2.78
江苏地区	658.90	40.74	141.23	3.67
浙江地区	429.46	26.56	126.03	2.41
总计	1617.13	100.00	407.09	2.97

　　图 8-16 显示了长三角核心区 16 个城市 2007 年、2010 年、2016 年赔付额情况。图中显示，除舟山市外，其他各城市的赔付额基本处于增长状态，只有个别年份出现回落。2016 年，上海市、南京市、杭州市、苏州市、宁波市、南通市列前六位。

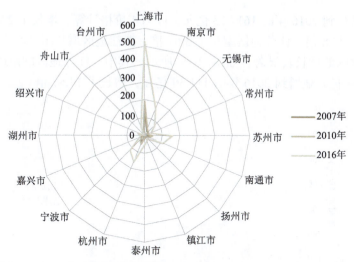

图 8-16　2007 年、2010 年、2016 年长三角核心区 16 个城市赔付额情况

图内数字表示赔付额，单位为亿元

2016 年，长三角核心区 16 个城市平均赔付额为 101.07 亿元。其中，上海市，江苏地区的南京市、苏州市、南通市和浙江地区的杭州市、宁波市 6 个城市高于平均水平，其余 10 个城市低于平均水平，如图 8-17 所示。高于平均水平的 6 个城市的赔付额为 1233.38 亿元，占长三角核心区赔付额的 76.27%。

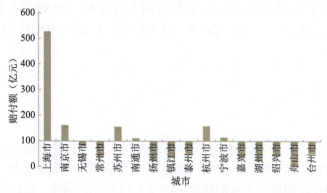

图 8-17　2016 年长三角核心区 16 个城市赔付额与平均值比较

8.6.2　从增速看发展

进入 2000 年，长三角核心区赔付额保持着较快的增长势头，赔付额由 2007 年的

407.09 亿元增长到 2016 年的 1617.13 亿元，按当年价格计算，增长了 2.97 倍。其中，上海市增长了 2.78 倍，江苏地区增长了 3.67 倍，浙江地区增长了 2.41 倍，如表 8-16 所示。江苏地区的增长较显著，如图 8-18 所示。其中，江苏地区的南通市赔付额从 2007 年的 7.64 亿元猛增到 2016 年的 111.30 亿元，增长了 13.57 倍。

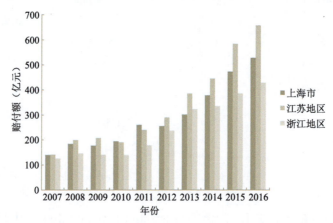

图 8-18　2007～2016 年上海市、江苏地区、浙江地区赔付额变化情况

　　2000 年以来，上海市、江苏地区、浙江地区赔付额维持着比较稳定的增长格局，未出现显著的波动。上海市赔付额稳居长三角核心区各城市首位，2007 年上海市赔付额远高于其他 15 个城市，是其他城市的 3.40～37.89 倍。2016 年上海市赔付额是列第二位的南京市的 3.25 倍，是列最后一位的舟山市的 181.71 倍，如表 8-16 所示。

8.6.3　从构成看特征

　　赔付额的增长，一方面折射出经济和保险业的发展，另一方面也反映出全社会保险意识的不断增强。长三角核心区 16 个城市的经济规模存在显著差异，单纯的赔付额往往不能全面地反映保险业发展的特征，如表 8-17 所示。因此，通过赔付额占地区生产总值比重和人均赔付额，从构成的角度来审视赔付状况。表 8-18 表明，2016 年长三角核心区 16 个城市赔付额占地区生产总值比重和人均赔付额存在较显著的差异。上海市赔付额占地区生产总值比重最高，人均赔付额也最高。赔付额最小的舟山市，这两个指标也都处于最后位置。

表 8-17　2000～2016 年长三角核心区 16 个城市赔付额情况　（单位：亿元）

城市	2000 年	2001 年	2002 年	2003 年	2004 年	2005 年	2006 年	2007 年	2008 年
上海市	36.44	38.82	49.97	61.97	70.86	87.46	91.31	139.82	184.09
南京市	3.80	4.23	5.32	7.40	9.30	11.60	28.34	33.39	31.89
无锡市	3.91	3.40	5.40	12.15	17.71	16.16	23.43	26.94	39.99
常州市	3.59	4.18	4.66	9.06	7.91	10.42	14.08	17.07	22.78
苏州市				13.87	19.06	20.85	34.94	38.44	55.44
南通市	3.07	3.84	4.50	2.84	3.48	4.84	6.50	7.64	21.75
扬州市								3.75	5.99
镇江市	1.45	1.42	2.20	4.68	4.62	4.70	6.99	6.43	9.25
泰州市		1.33	2.93	2.11	3.01	3.92	6.29	7.57	12.30
杭州市	5.38	5.70	10.73	16.11	16.03	17.65	22.06	41.14	47.80
宁波市	5.59	6.35	7.96	9.45	13.00	16.98	20.18	26.28	37.90
嘉兴市	1.93	2.26	2.70	3.46	6.52	5.89	6.35	18.71	11.25
湖州市	1.26	1.46	1.91	2.14	3.72	4.88	5.56	9.72	12.61
绍兴市	2.69	3.46	4.89	5.67	7.11	8.01	7.69	12.30	16.14
舟山市	0.93	0.88	1.11	1.34	2.38	2.34	2.43	3.69	2.17
台州市	2.79	3.48	4.02	5.26	12.75	10.15	9.32	14.19	18.34

城市	2009 年	2010 年	2011 年	2012 年	2013 年	2014 年	2015 年	2016 年
上海市	176.74	194.54	260.71	255.79	301.95	378.66	473.59	528.77
南京市	41.81	41.40	56.43	67.79	83.28	91.80	122.84	162.75
无锡市	39.09	30.61	44.22	50.07	68.58	73.74	132.01	80.20
常州市	22.60	19.76	16.57	21.17	25.93	29.38	37.95	39.05
苏州市	49.14	44.80	56.43	71.64	94.34	110.59	136.59	156.38
南通市	24.05	24.05	28.71	33.39	51.79	68.70	72.60	111.30
扬州市	7.40	7.96	9.17	14.34	15.79	17.10	18.74	23.31
镇江市	10.52	9.62	11.86	13.58	19.54	23.73	27.40	34.53
泰州市	13.07	12.43	16.91	18.31	26.75	31.04	37.26	51.38
杭州市	49.89	48.98	62.39	85.41	102.40	119.03	139.69	158.88

续表

城市	2009 年	2010 年	2011 年	2012 年	2013 年	2014 年	2015 年	2016 年
宁波市	36.30	36.29	48.19	64.27	103.91	94.67	106.60	115.30
嘉兴市	9.41	10.98	14.57	18.31	25.72	27.18	30.49	35.38
湖州市	8.82	7.47	11.20	15.00	23.16	21.55	23.90	21.71
绍兴市	13.41	15.93	18.24	24.65	30.46	33.51	37.14	41.90
舟山市	2.60	1.70	0.95	1.23	1.44	1.53	2.37	2.91
台州市	20.79	18.43	22.83	29.17	36.23	38.38	45.98	53.38

表 8-18　2016 年长三角核心区 16 个城市赔付额占地区生产总值比重和人均赔付额

城市	赔付额（亿元）	地区生产总值（亿元）	赔付额占地区生产总值比重（%）	常住人口（万人）	人均赔付额（亿元/万人）
上海市	528.77	28 178.7	1.88	2 420	0.22
南京市	162.75	10 503.0	1.55	827	0.20
无锡市	80.20	9 210.0	0.87	653	0.12
常州市	39.05	5 773.9	0.68	471	0.08
苏州市	156.38	15 475.1	1.01	1 065	0.15
南通市	111.30	6 768.2	1.64	730	0.15
扬州市	23.31	4 449.4	0.52	449	0.05
镇江市	34.53	3 833.8	0.90	318	0.11
泰州市	51.38	4 101.8	1.25	465	0.11
杭州市	158.88	11 313.7	1.40	919	0.17
宁波市	115.30	8 686.5	1.33	788	0.15
嘉兴市	35.38	3 862.1	0.92	461	0.08
湖州市	21.71	2 284.4	0.95	298	0.07
绍兴市	41.90	4 789.0	0.87	499	0.08
舟山市	2.91	1 241.2	0.23	116	0.03
台州市	53.38	3 898.7	1.37	608	0.09

9 科学技术和教育、卫生

9.1 授 权 专 利

专利是专利权的简称。授权专利是指对发明人的发明创造审查合格后，由专利部门依据《中华人民共和国专利法》授予，发明人和设计人对该项发明创造享有的专有权。授权专利包括发明、实用新型和外观设计。

9.1.1 从数字看形势

2016 年长三角核心区授权专利总数为 423 888 件。其中，上海市为 64 230 件，占比为 15.15%；江苏地区为 193 880 件，占比为 45.74%；浙江地区为 165 778 件，占比为 39.11%，如表 9-1 所示。16 个城市中，上海市以 64 230 件列第一位，舟山市以 1836件列最后一位。江苏地区 8 个城市的授权专利总数几乎占长三角核心区的一半，苏州市达 53 528 件，仅次于上海市。

表 9-1　2016 年长三角核心区 16 个城市授权专利及增长情况

城市	2016 年授权专利		2003 年授权专利数（件）	2016 年比 2003 年增长倍数（倍）
	总数（件）	占比（%）		
上海市	64 230	15.15	16 671	2.85
南京市	28 782	6.79	1 552	17.55
无锡市	29 865	7.05	1 351	21.11
常州市	17 790	4.19	922	18.30
苏州市	53 528	12.63	2 593	19.64
南通市	24 337	5.74	486	49.08
扬州市	13 253	3.13	714	17.56
镇江市	13 836	3.26	422	31.79
泰州市	12 489	2.95	409	29.54
杭州市	41 052	9.68	2 350	16.47
宁波市	40 792	9.62	3 414	10.95

续表

城市	2016 年授权专利		2003 年授权专利数（件）	2016 年比 2003 年增长倍数（倍）
	总数（件）	占比（%）		
嘉兴市	19 957	4.71	529	36.73
湖州市	13 695	3.23	212	63.60
绍兴市	28 371	6.69	797	34.60
舟山市	1 836	0.43	85	20.60
台州市	20 075	4.74	1 795	10.18
上海市	64 230	15.15	16 671	2.85
江苏地区	193 880	45.74	8 449	21.95
浙江地区	165 778	39.11	9 182	17.05
总计	423 888	100.00	34 302	11.36

图 9-1 显示了长三角核心区 16 个城市 2003 年、2010 年、2016 年授权专利情况。图中显示，各城市的授权专利都处于增长状态，未出现规模萎缩的城市。2016 年，上海市、苏州市、杭州市、宁波市、无锡市、南京市列前六位。

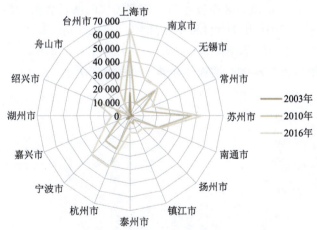

图 9-1　2003 年、2010 年、2016 年长三角核心区 16 个城市授权专利情况
图内数字表示授权专利数，单位为件

2016 年，长三角核心区 16 个城市平均授权专利数为 26 493 件。其中，上海市，江苏地区的苏州市、无锡市、南京市和浙江地区的杭州市、宁波市、绍兴市 7 个城市

高于平均水平，其余 9 个城市低于平均水平，如图 9-2 所示。高于平均水平的 7 个城市的授权专利数合计为 286 620 件，占长三角核心区授权专利总数的 67.62%。

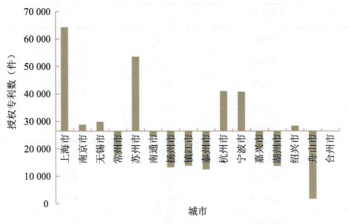

图 9-2　2016 年长三角核心区 16 个城市授权专利与平均值比较

9.1.2　从增速看发展

进入 2000 年，长三角核心区授权专利保持着较快的增长势头，授权专利数由 2003 年的 34 302 件增长到 2016 年的 423 888 件，增长了 11.36 倍。其中，上海市增长了 2.85 倍，江苏地区增长了 21.95 倍，浙江地区增长了 17.05 倍。上海市基数较大，增长受限；江苏地区和浙江地区基数不大，增长较显著，如图 9-3 所示。

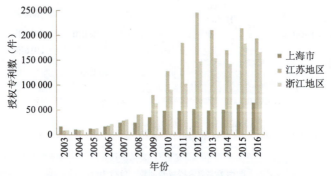

图 9-3　2003～2016 年上海市、江苏地区、浙江地区授权专利变化情况

2000 年以来，上海市、江苏地区、浙江地区授权专利维持着波动式发展的趋势。

上海市授权专利数在 2008 年以前一直居长三角核心区各城市首位，2000 年上海市授权专利数远高于其他 15 个城市，是其他城市的 2.11～122.73 倍。但 2009 年苏州市授权专利数已经超过上海市，且 2011～2015 年一直高于上海市，但 2016 年被上海市反超。2016 年上海市是授权专利数最少的舟山市的 34.98 倍，如表 9-1 所示。

9.1.3　从构成看特征

专利权是发明创造人或其权利受让人对特定的发明创造在一定期限内依法享有的独占实施权，是知识产权的一种。授权专利数能够在一定程度上反映单位和地区的竞争力与创新力。长三角核心区 16 个城市的经济规模、人口规模存在显著差异，单纯的授权专利数往往不能全面地反映专利特征，如表 9-2 所示。因此，可以通过每万人平均授权专利数来审视专利状况。表 9-3 表明，2016 年长三角核心区 16 个城市每万人平均授权专利数存在较显著的差异。苏州市最高，达 78.9 件。宁波市、绍兴市、无锡市也较高，分别达 69.0 件、63.8 件、61.4 件。最低的是舟山市，只有 18.9 件。上海市、南京市、杭州市分别为 44.3 件、43.4 件、55.8 件。江苏地区 8 个城市平均为 45.9 件，浙江地区 7 个城市平均为 49.9 件。

表 9-2　2000～2016 年长三角核心区 16 个城市授权专利情况　（单位：件）

城市	2000 年	2001 年	2002 年	2003 年	2004 年	2005 年	2006 年	2007 年	2008 年
上海市	4 050	5 371	6 659	16 671	10 625	12 603	16 602	24 481	24 468
南京市	1 131			1 552	1 761	2 166	2 847	3 778	4 816
无锡市	903	766	937	1 351	1 371	2 095	2 922	4 530	5 028
常州市	731	639	816	922	1 175	1 240	1 553	2 202	2 536
苏州市	1 922	1 749	2 324	2 593	2 783	3 315	4 855	9 157	18 270
南通市	391	478	422	486	612	792	1 709	3 756	4 102
扬州市	289	226	380	714	733	895	2 573	1 577	2 003
镇江市	167	197	295	422	615	729	1 070	2 022	2 581
泰州市	208	268	308	409	488	634	677	1 440	1 522
杭州市	1 337	1 342	1 527	2 350	2 831	4 072	5 742	7 563	9 831
宁波市	1 662	2 148	2 780	3 414	3 559	3 985	6 056	8 845	9 882

续表

城市	2000 年	2001 年	2002 年	2003 年	2004 年	2005 年	2006 年	2007 年	2008 年
嘉兴市	367	348	417	529	516	1 464	2 340	2 523	3 163
湖州市	148	130	190	212	474	482	1 389	1 771	2 318
绍兴市	332	567	584	797	946	957	2 601	5 163	11 192
舟山市	33	46	55	85	55	70	143	191	228
台州市	772	962	1 223	1 795	1 698	2 136	3 365	4 589	4 811

城市	2009 年	2010 年	2011 年	2012 年	2013 年	2014 年	2015 年	2016 年
上海市	34 913	48 215	47 960	51 508	48 680	50 488	60 623	64 230
南京市	6 591	9 150	12 404	18 561	19 484	22 844	28 104	28 782
无锡市	9 364	26 448	34 077	51 442	39 828	27 937	34 776	29 865
常州市	4 857	9 093	11 390	15 379	18 207	18 152	21 585	17 790
苏州市	39 288	46 109	77 281	98 430	81 666	54 709	62 200	53 528
南通市	10 722	22 644	31 335	36 245	22 086	12 391	25 970	24 337
扬州市	2 524	3 790	5 344	8 091	11 416	11 843	13 948	13 253
镇江市	4 064	6 562	7 404	9 235	9 809	12 707	14 136	13 836
泰州市	2 785	4 198	5 300	8 414	8 309	9 118	13 383	12 489
杭州市	15 507	26 483	29 249	40 651	41 518	33 548	46 245	41 052
宁波市	15 837	25 971	37 342	59 175	58 406	43 286	46 088	40 792
嘉兴市	5 234	9 283	9 528	12 008	14 942	17 456	18 789	19 957
湖州市	5 165	6 630	7 646	9 870	9 870	12 679	16 653	13 695
绍兴市	13 423	11 670	8 922	12 360	15 123	17 356	33 030	28 371
舟山市	257	376	618	1 096	1 656	2 088	2 856	1 836
台州市	8 145	10 558	9 653	12 182	12 673	16 134	19 717	20 075

表 9-3　2016 年长三角核心区 16 个城市每万人平均授权专利数

城市	授权专利数（件）	总人口（万人）	每万人平均授权专利数（件）
上海市	64 230	1 450.0	44.3
南京市	28 782	662.8	43.4

城市	授权专利数（件）	总人口（万人）	每万人平均授权专利数（件）
无锡市	29 865	486.2	61.4
常州市	17 790	374.9	47.5
苏州市	53 528	678.2	78.9
南通市	24 337	766.7	31.7
扬州市	13 253	461.7	28.7
镇江市	13 836	272.0	50.9
泰州市	12 489	508.2	24.6
杭州市	41 052	736.0	55.8
宁波市	40 792	591.0	69.0
嘉兴市	19 957	352.1	56.7
湖州市	13 695	264.8	51.7
绍兴市	28 371	444.5	63.8
舟山市	1 836	97.3	18.9
台州市	20 075	600.2	33.4

9.2 普通高等学校本专科招生

普通高等学校是指按照国家规定的设置标准和审批程序批准举办，通过国家统一招生考试，招收高中毕业生为主要培养对象，实施高等学历教育的全日制大学、独立设置的学院和高等专科学校、高等职业学校和其他机构。这些学校当年招收的本科及专科学生数量，即普通高等学校本专科招生情况。

9.2.1 从数字看形势

2016 年长三角核心区普通高等学校本专科招生为 844 924 人。其中，上海市为 142 730 人，占比为 16.89%；江苏地区为 461 358 人，占比为 54.60%；浙江地区为 240 836 人，占比为 28.50%，如表 9-4 所示。16 个城市中，南京市以 223 230 人列第一位，上海市仅次于南京市，湖州市以 7301 人列最后一位。江苏地区 8 个城市的普通高等学校本专科招生数占长三角核心区一半以上。普通高等学校本专科招生数超过 10 万人的还有杭州市，为 121 614 人。普通高等学校本专科招生数不到 1 万人的还有舟山市，为 7819 人。

表 9-4 2016 年长三角核心区 16 个城市普通高等学校本专科招生及增长情况

城市	2016 年普通高等学校本专科招生		2006 年普通高等学校本专科招生数	2016 年比 2006 年增长百分比（%）
	总数（人）	占比（%）		
上海市	142 730	16.89	140 448	1.62
南京市	223 230	26.42	138 344	61.36
无锡市	34 462	4.08	26 368	30.70
常州市	38 942	4.61	28 307	37.57
苏州市	67 413	7.98	36 642	83.98
南通市	31 641	3.74	19 869	59.25
扬州市	20 684	2.45	20 381	1.49
镇江市	25 760	3.05	19 191	34.23
泰州市	19 226	2.28	9 237	108.14
杭州市	121 614	14.39	103 885	17.07
宁波市	42 872	5.07	40 507	5.84
嘉兴市	20 398	2.41	5 493	271.35
湖州市	7 301	0.86	6 222	17.34
绍兴市	30 196	3.57	15 302	97.33
舟山市	7 819	0.93	6 334	23.44
台州市	10 636	1.26	7 709	37.97
上海市	142 730	16.89	140 448	1.62
江苏地区	461 358	54.60	298 339	54.64
浙江地区	240 836	28.50	185 452	29.86
总计	844 924	100.00	624 239	35.35

图 9-4 显示了长三角核心区 16 个城市 2006 年、2010 年、2016 年普通高等学校本专科招生情况。图中显示，各城市的普通高等学校本专科招生数都处于增长状态，未出现招生规模萎缩的城市。2016 年，南京市、上海市、杭州市、苏州市、宁波市、常州市列前六位。

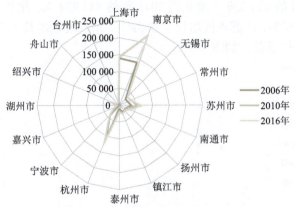

图 9-4　2006 年、2010 年、2016 年长三角核心区 16 个城市普通高等学校本专科招生情况
图内数字表示普通高等学校本专科招生数，单位为人

2016 年，长三角核心区 16 个城市平均普通高等学校本专科招生数为 52 808 人。其中，上海市，江苏地区的南京市、苏州市和浙江地区的杭州市 4 个城市高于平均水平，其余 12 个城市低于平均水平，如图 9-5 所示。高于平均水平的 4 个城市的普通高等学校本专科招生数为 554 987 人，占长三角核心区普通高等学校本专科招生总数的 65.68%。

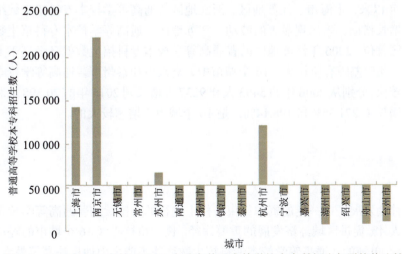

图 9-5　2016 年长三角核心区 16 个城市普通高等学校本专科招生与平均值比较

9.2.2　从增速看发展

进入 2000 年，长三角核心区的普通高等学校本专科招生数保持着一定的增长势头，总数由 2006 年的 624 239 人增长到 2016 年的 844 924 人，增长了 35.35%。其中，上海市只增长了 1.62%，江苏地区增长了 54.64%，浙江地区增长了 29.86%，江苏地区和浙江地区的增长较显著，如图 9-6 所示。

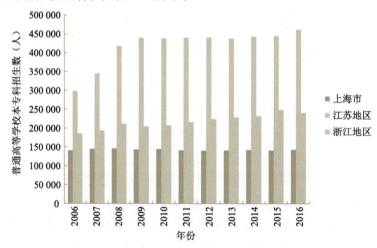

图 9-6　2006～2016 年上海市、江苏地区、浙江地区普通高等学校本专科招生变化情况

2000 年以来，上海市、江苏地区、浙江地区普通高等学校本专科招生数维持着比较稳定的增长格局，未出现显著的波动。江苏地区普通高等学校本专科招生数稳居长三角核心区首位，2006 年江苏地区的普通高等学校本专科招生数就已经高于上海市和浙江地区，此后差距有所拉大。16 个城市中，嘉兴市和泰州市普通高等学校本专科招生数增长较快，分别从 2006 年的 5493 人和 9237 人增长到 2016 年的 20 398 人和 19 226人，分别增长了 271.35%和 108.14%，是 16 个城市中增速较大的。

9.2.3　从构成看特征

经济社会发展是在一定的资源约束条件下进行的，持续的普通高等学校本专科招生是集聚人才、促进区域经济发展的重要途径。长三角核心区 16 个城市的经济规模存在显著差异,单纯的普通高等学校本专科招生数往往不能全面地反映高等教育的特征,如表 9-5 所示。因此，通过普通高等学校本专科招生数占常住人口比重，从构成的角度来审视高等教育状况。表 9-6 表明，2016 年长三角核心区 16 个城市本专科招生数占常住人口比重存在较显著的差异。南京市普通高等学校本专科招生数占常住人口比重最大，杭州市列第二位。比重最小的是台州市，只有 0.17%。

表 9-5　2000～2016 年长三角核心区 16 个城市普通高等学校本专科招生情况（单位：人）

城市	2000 年	2001 年	2002 年	2003 年	2004 年	2005 年	2006 年	2007 年	2008 年
上海市	81 328	98 579	109 184	120 269	130 579	131 804	140 448	144 577	145 774
南京市	69 175	91 459	95 314	107 617	129 405	144 407	138 344	154 028	207 081
无锡市	10 336	13 270	12 935	17 385	22 572	26 146	26 368	33 148	35 696
常州市	7 309	11 251	13 616	20 167	28 011	30 788	28 307	32 327	40 598
苏州市	17 457	20 328	22 720	25 449	29 448	35 541	36 642	44 644	52 764
南通市	6 968	11 631	12 294	13 170	15 968	19 120	19 869	22 138	23 230
扬州市		11 011	12 771	13 786	14 872	18 889	20 381	22 665	22 447
镇江市	10 100	14 062	12 203	12 913	15 223	18 199	19 191	23 205	24 333
泰州市		2 562	3 300	3 532	5 443	8 300	9 237	12 230	11 791
杭州市	46 070	63 001	74 656	85 865	96 810	101 374	103 885	110 371	114 714
宁波市	12 952	19 277	26 124	30 571	33 799	37 549	40 507	39 849	42 804
嘉兴市	2 219	2 655	3 539	3 255	4 207	4 927	5 493	6 231	7 572
湖州市	2 227	3 312	4 100	4 147	5 175	5 462	6 222	6 968	7 688
绍兴市	2 943	4 165	6 656	7 812	9 366	11 634	15 302	14 808	22 110
舟山市	1 690	1 624	2 417	2 109	4 151	4 818	6 334	7 172	7 267
台州市	2 309	3 375	4 803	5 048	5 818	6 957	7 709	8 627	9 486

城市	2009 年	2010 年	2011 年	2012 年	2013 年	2014 年	2015 年	2016 年
上海市	143 497	144 649	141 136	139 841	140 879	141 931	140 709	142 730
南京市	222 475	225 655	228 053	224 258	218 890	217 533	218 837	223 230
无锡市	35 465	35 025	33 793	35 313	36 243	36 049	36 648	34 462
常州市	40 372	39 875	39 577	40 118	40 562	38 842	39 116	38 942
苏州市	56 481	53 119	55 576	56 414	58 649	59 556	56 342	67 413
南通市	25 093	21 679	22 201	23 681	23 062	27 759	29 319	31 641
扬州市	22 391	22 518	23 143	20 639	22 115	22 560	22 296	20 684

城市	2009 年	2010 年	2011 年	2012 年	2013 年	2014 年	2015 年	2016 年
镇江市	24 145	24 925	21 883	24 554	24 554	23 720	24 126	25 760
泰州市	13 236	15 524	15 637	15 773	13 441	17 195	17 815	19 226
杭州市	114 568	113 529	117 892	121 331	123 046	122 099	139 002	121 614
宁波市	41 681	41 833	42 595	44 001	41 534	41 209	42 971	42 872
嘉兴市	8 110	11 740	13 497	14 454	15 887	20 449	15 627	20 398
湖州市	7 070	7 088	7 591	7 869	7 617	7 740	7 816	7 301
绍兴市	17 335	16 906	17 706	19 558	23 543	23 885	24 982	30 196
舟山市	6 511	6 618	7 173	7 258	6 804	6 737	7 521	7 819
台州市	9 738	9 469	9 657	9 602	10 099	10 100	10 430	10 636

表 9-6　　2016 年长三角核心区 16 个城市普通高等学校本专科招生数占常住人口比重

城市	普通高等学校本专科招生数（人）	常住人口（万人）	比重（%）
上海市	142 730	2 420	0.59
南京市	223 230	827	2.70
无锡市	34 462	653	0.53
常州市	38 942	471	0.83
苏州市	67 413	1 065	0.63
南通市	31 641	730	0.43
扬州市	20 684	449	0.46
镇江市	25 760	318	0.81
泰州市	19 226	465	0.41
杭州市	121 614	919	1.32
宁波市	42 872	788	0.54
嘉兴市	20 398	461	0.44
湖州市	7 301	298	0.25
绍兴市	30 196	499	0.61
舟山市	7 819	116	0.67
台州市	10 636	608	0.17

9.3 卫生机构

卫生机构是指从卫生行政部门取得医疗机构执业许可证，或从民政、工商行政、机构编制管理部门取得法人单位登记证书，为社会提供医疗保障、疾病控制、卫生监督服务或从事医学科研和教育等工作的单位。

9.3.1 从数字看形势

2016 年长三角核心区共有卫生机构为 40 413 个。其中，上海市为 5011 个，占比为 12.40%；江苏地区为 16 990 个，占比为 42.04%；浙江地区为 18 412 个，占比为 45.56%，如表 9-7 所示。16 个城市中，上海市以 5011 个列第一位，杭州市（4691 个）、宁波市（4115 个）分列第二、第三位；舟山市（697 个）列最后一位。江苏地区 8 个城市中，苏州市卫生机构数为 3175 个，列第一位；镇江市卫生机构数为 976 个，列最后一位。

表 9-7　2016 年长三角核心区 16 个城市卫生机构及增长情况

城市	2016 年卫生机构数		2000 年卫生机构数（个）	2016 年比 2000 年增长百分比（%）
	数量（个）	占比（%）		
上海市	5 011	12.40	4 400	13.89
南京市	2 383	5.90	1 269	87.79
无锡市	2 308	5.71	1 479	56.05
常州市	1 267	3.14	782	62.02
苏州市	3 175	7.86	1 319	140.71
南通市	3 131	7.75	1 855	68.79
扬州市	1 787	4.42	756	136.38
镇江市	976	2.42	723	34.99
泰州市	1 963	4.86	669	193.42
杭州市	4 691	11.61	1 599	193.37
宁波市	4 115	10.18	929	342.95

续表

城市	2016 年卫生机构数		2000 年卫生机构数（个）	2016 年比 2000 年增长百分比（%）
	数量（个）	占比（%）		
嘉兴市	1 447	3.58	491	194.70
湖州市	1 391	3.44	392	254.85
绍兴市	2 531	6.26	670	277.76
舟山市	697	1.72	293	137.88
台州市	3 540	8.76	645	448.84
上海市	5 011	12.40	4 400	13.89
江苏地区	16 990	42.04	8 852	91.93
浙江地区	18 412	45.56	5 019	266.85
总计	40 413	100.00	18 271	121.19

图 9-7 显示了长三角核心区 16 个城市 2000 年、2008 年、2016 年卫生机构情况。图中显示，除上海市在 2008 年出现回落外，其他城市的卫生机构数都处于持续增长状态。2016 年，上海市、杭州市、宁波市、台州市、苏州市、南通市列前六位。

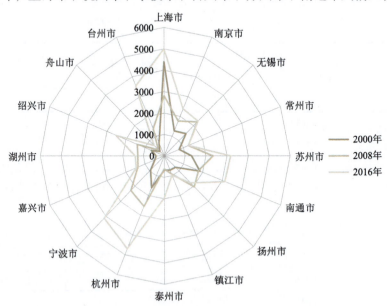

图 9-7　2000 年、2008 年、2016 年长三角核心区 16 个城市卫生机构情况

图内数字表示卫生机构数，单位为个

9.3.2 从增速看发展

进入 2000 年，长三角核心区卫生机构数总体上呈现出不断增长的势头，总数由 2000 年的 18 271 个增长到 2016 年的 40 413 个，增长了 121.19%。其中，上海市仅增长了 13.89%，江苏地区增长了 91.93%，浙江地区增长了 266.85%，江苏地区和浙江地区增长较显著，如图 9-8 所示。

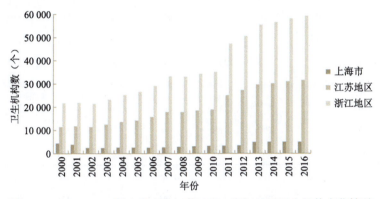

图 9-8　2000～2016 年上海市、江苏地区、浙江地区卫生机构变化情况

分市来看，江苏地区卫生机构数增长幅度较大的为泰州市、苏州市、扬州市 3 个城市，2016 年比 2000 年分别增长了 193.42%、140.71%、136.38%。浙江地区七个城市的卫生机构数均实现了较大幅度的增长，杭州市、宁波市、嘉兴市、湖州市、绍兴市、舟山市、台州市 2016 年比 2000 年分别增长了 193.37%、342.95%、194.70%、254.85%、277.76%、137.88%、448.84%。

9.3.3 从人均看特征

长三角核心区 16 个城市的经济规模存在显著差异，单纯的卫生机构数往往不能全面地反映卫生机构的状况，如表 9-8 所示。因此，通过每万人拥有卫生机构数来审视卫生机构状况，该指标能够反映出各地的卫生机构数与人口的匹配状况。表 9-9 显示，2016 年长三角核心区 16 个城市每万人拥有卫生机构数为 3.65 个。其中，舟山市（6.01 个）、台州市（5.82 个）、宁波市（5.22 个）、杭州市（5.10 个）、绍兴市（5.07 个）、湖州市（4.67 个）列前六位。上海市每万人拥有卫生机构数最低，只有 2.07 个；江苏地区常州市最低，只有 2.69 个。

表 9-8　2000～2016 年长三角核心区 16 个城市卫生机构情况　（单位：个）

城市	2000 年	2001 年	2002 年	2003 年	2004 年	2005 年	2006 年	2007 年	2008 年
上海市	4400	3813	2422	2319	2577	2527	2519	2646	2809
南京市	1269	1257	1335	1329	1513	1612	2085	2241	1770
无锡市	1479	1480	1326	1387	1643	1815	2176	2110	2255
常州市	782	769	620	625	611	1269	1180	1173	1261
苏州市	1319	1254	1463	1450	1715	1945	2285	2314	2344
南通市	1855	1682	1448	1358	1674	1810	1931	3601	1784
扬州市	756	743	872	890	1140	1208	1351	2100	2043
镇江市	723	720	797	879	940	920	968	910	911
泰州市	669	666	661	630	600	626	664	684	616
杭州市	1599	1496	1817	1901	1985	2196	2570	2607	2544
宁波市	929	921	1263	1297	1555	1667	1854	2270	2276
嘉兴市	491	473	662	696	744	746	715	1445	1365
湖州市	392	385	364	704	718	819	1069	1288	1262
绍兴市	670	1148	1001	990	1039	1087	1378	1400	1400
舟山市	293	315	323	348	376	395	375	407	397
台州市	645	664	932	1097	1223	1285	1243	1401	1379

城市	2009 年	2010 年	2011 年	2012 年	2013 年	2014 年	2015 年	2016 年
上海市	3013	3270	3358	3465	4929	4987	5016	5011
南京市	1764	2211	2268	2305	2315	2383	2337	2383
无锡市	1981	1997	1938	1951	2027	2155	2243	2308
常州市	1089	1103	1101	1128	1123	1182	1196	1267
苏州市	2524	2675	2858	2992	3007	3063	3121	3175
南通市	1816	1667	1664	3254	3187	3262	3147	3131
扬州市	2046	2028	1982	1903	1815	1782	1780	1787
镇江市	874	877	868	906	897	937	943	976

续表

城市	2009 年	2010 年	2011 年	2012 年	2013 年	2014 年	2015 年	2016 年
泰州市	597	654	1998	2017	1995	1978	1953	1963
杭州市	2687	2819	2958	3017	4139	4198	4428	4691
宁波市	2359	2377	4221	4035	4032	4077	4069	4115
嘉兴市	1370	1376	1364	1343	1340	1374	1411	1447
湖州市	1284	1321	1359	1349	1335	1359	1377	1391
绍兴市	1486	1453	1515	2635	2559	2499	2520	2531
舟山市	385	406	666	618	632	668	708	697
台州市	1394	1380	3061	3101	3096	3260	3455	3540

表 9-9　2016 年长三角核心区 16 个城市每万人拥有卫生机构数

城市	卫生机构数（个）	常住人口（万人）	每万人拥有卫生机构数（个）
上海市	5011	2420	2.07
南京市	2383	827	2.88
无锡市	2308	653	3.53
常州市	1267	471	2.69
苏州市	3175	1065	2.98
南通市	3131	730	4.29
扬州市	1787	449	3.98
镇江市	976	318	3.07
泰州市	1963	465	4.23
杭州市	4691	919	5.10
宁波市	4115	788	5.22
嘉兴市	1447	461	3.14
湖州市	1391	298	4.67
绍兴市	2531	499	5.07
舟山市	697	116	6.01
台州市	3540	608	5.82

9.4 卫生技术人员

卫生技术人员是指卫生事业机构支付工资的全部职工中现任职务为卫生技术工作的专业人员，包括执业医师、执业助理医师、注册护士、药剂人员、检验人员和其他卫生技术人员。

9.4.1 从数字看形势

2016 年长三角核心区卫生技术人员为 811440 人。其中，上海市为 178200 人，占比为 21.96%；江苏地区为 336012 人，占比为 41.41%；浙江地区为 297228 人，占比为 36.63%，如表 9-10 所示。16 个城市中，上海市以 178200 人列第一位，舟山市以 8872 人列最后一位。16 个城市中，卫生技术人员除了上海市超过 10 万人以外，杭州市以 101194 人列第二位。

表 9-10　2016 年长三角核心区 16 个城市卫生技术人员总数及增长情况

城市	2016 年卫生技术人员		2016 年比 2000 年增长倍数（倍）	2000～2016 年年均增长率（%）
	总数（人）	占比（%）		
上海市	178 200	21.96	0.66	3.23
南京市	70 687	8.71	1.00	4.44
无锡市	47 549	5.86	1.24	5.16
常州市	31 194	3.84	0.86	3.97
苏州市	72 166	8.89	1.90	6.88
南通市	43 570	5.37	0.67	3.26
扬州市	25 273	3.11	0.55	2.76
镇江市	19 449	2.40	0.81	3.76
泰州市	26 124	3.22	0.53	2.68
杭州市	101 194	12.47	1.85	6.77
宁波市	59 351	7.31	2.10	7.33

续表

城市	2016 年卫生技术人员		2016 年比 2000 年增长倍数（倍）	2000～2016 年年均增长率（%）
	总数（人）	占比（%）		
嘉兴市	31 131	3.84	1.92	6.93
湖州市	21 407	2.64	1.48	5.84
绍兴市	34 685	4.27	2.07	7.27
舟山市	8 872	1.09	1.08	4.69
台州市	40 588	5.00	1.73	6.49
上海市	178 200	21.96	0.66	3.23
江苏地区	336 012	41.41	0.99	4.41
浙江地区	297 228	36.63	1.85	6.76
总计	811 440	100.00	1.14	4.86

图 9-9 显示了长三角核心区 16 个城市 2000 年、2010 年、2016 年卫生技术人员情况。图中显示，各城市的卫生技术人员都处于增长状态，未出现规模萎缩的城市。2016年，上海市、杭州市、苏州市、南京市、宁波市、无锡市列前六位。

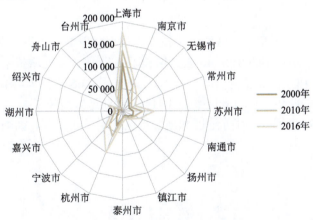

图 9-9 2000 年、2010 年、2016 年长三角核心区 16 个城市卫生技术人员情况
图内数字表示卫生技术人员数，单位为人

2016 年，长三角核心区 16 个城市平均卫生技术人员为 50 715 人。其中，上海市，江苏地区的南京市、苏州市和浙江地区的杭州市、宁波市 5 个城市高于平均水平，其

余 11 个城市低于平均水平，如图 9-10 所示。高于平均水平的 5 个城市的卫生技术人员数占长三角核心区卫生技术人员总数的 59.35%。

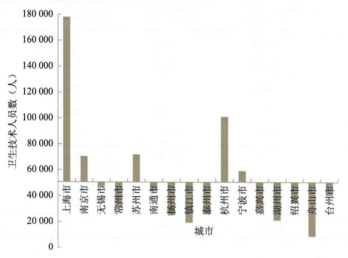

图 9-10　2016 年长三角核心区 16 个城市卫生技术人员与平均值比较

9.4.2　从增速看发展

进入 2000 年，长三角核心区的卫生技术人员保持着增长势头，总数由 2000 年的 379 876 人增长到 2016 年的 811 440 人，增长了 1.14 倍，年均增长率为 4.86%，低于同期地区生产总值的增长速度。其中，上海市增长了 0.66 倍，年均增长率为 3.23%；江苏地区增长了 0.99 倍，年均增长率为 4.41%；浙江地区增长了 1.85 倍，年均增长率为 6.76%，如表 9-10 所示。江苏地区和浙江地区的增长较显著，如图 9-11 所示。

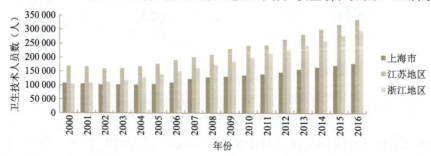

图 9-11　2000～2016 年上海市、江苏地区、浙江地区卫生技术人员变化情况

2000 年以来，上海市、江苏地区、浙江地区卫生技术人员维持着比较稳定的增长格局，未出现显著的波动。上海市卫生技术人员数稳居长三角核心区各城市首位，2000年上海市卫生技术人员数远高于其他 15 个城市，是卫生技术人员数最小的舟山市的25.14 倍。到 2016 年，上海市仍是舟山市的 20.09 倍，如表 9-10 所示。

9.4.3　从构成看特征

　　经济社会发展是在一定的资源约束条件下进行的，卫生技术人员在促进区域内人员健康方面起着积极、重要的作用。长三角核心区 16 个城市的卫生技术人员存在显著差异，单纯的卫生技术人员数往往不能全面地反映经济的特征，如表 9-11 所示。因此，通过卫生技术人员占总人口比重，从构成的角度来审视发展状况。表 9-12 表明，2016年长三角核心区 16 个城市卫生技术人员占总人口比重存在较显著的差异。杭州市卫生技术人员占总人口比重最大，泰州市卫生技术人员占总人口比重最小。

表 9-11　2000～2016 年长三角核心区 16 个城市卫生技术人员情况　（单位：人）

城市	2000 年	2001 年	2002 年	2003 年	2004 年	2005 年	2006 年	2007 年	2008 年
上海市	107 131	105 069	101 563	102 211	101 661	103 479	109 009	122 413	127 687
南京市	35 270	34 640	32 035	32 002	32 857	34 000	36 935	40 897	42 337
无锡市	21 261	21 274	19 373	20 381	22 288	23 188	25 783	24 826	27 856
常州市	16 731	16 743	15 242	15 597	15 707	17 859	18 414	18 091	19 795
苏州市	24 881	24 706	24 535	27 805	29 069	32 049	36 951	38 091	40 336
南通市	26 066	25 566	24 005	23 796	24 005	24 428	25 679	27 452	28 010
扬州市	16 347	16 235	15 043	15 247	14 788	15 269	16 509	20 589	21 489
镇江市	10 773	11 928	11 878	10 504	13 203	13 485	13 892	13 738	14 253
泰州市	17 118	15 735	16 719	15 955	16 301	16 769	16 368	17 124	17 018
杭州市	35 487	36 643	37 193	39 019	39 816	42 353	45 375	49 780	52 379
宁波市	19 128	19 566	20 124	21 473	25 059	29 137	32 475	35 301	36 918
嘉兴市	10 662	10 931	11 549	11 729	13 496	14 280	15 311	16 635	19 640
湖州市	8 634	8 747	8 620	9 617	9 737	10 859	12 019	12 703	13 949
绍兴市	11 284	11 946	13 202	14 041	15 953	16 776	18 013	18 460	19 295

续表

城市	2000 年	2001 年	2002 年	2003 年	2004 年	2005 年	2006 年	2007 年	2008 年
舟山市	4 262	4 528	4 268	4 462	4 599	4 610	4 965	5 396	5 583
台州市	14 841	15 692	16 276	17 780	18 484	20 806	21 372	22 868	24 488

城市	2009 年	2010 年	2011 年	2012 年	2013 年	2014 年	2015 年	2016 年
上海市	130 891	135 411	139 063	146 148	156 365	164 027	170 189	178 200
南京市	56 100	60 044	50 041	53 967	58 032	62 068	65 139	70 687
无锡市	28 571	29 233	31 735	35 105	38 940	41 563	44 707	47 549
常州市	20 244	21 921	22 877	25 274	26 733	28 090	29 616	31 194
苏州市	43 232	46 507	50 866	57 168	61 051	64 281	68 179	72 166
南通市	29 586	30 645	31 880	34 749	36 515	39 481	41 067	43 570
扬州市	22 409	22 826	23 272	21 087	22 464	23 338	26 419	25 273
镇江市	13 449	13 204	14 225	16 402	17 666	18 373	18 985	19 449
泰州市	17 482	17 972	18 970	21 053	21 794	22 965	24 215	26 124
杭州市	56 270	61 117	65 869	71 618	78 340	85 614	93 036	101 194
宁波市	40 020	43 094	46 652	49 188	51 510	54 109	56 624	59 351
嘉兴市	21 176	22 580	23 729	25 286	26 439	28 036	29 620	31 131
湖州市	15 199	15 973	16 240	17 738	18 216	19 027	20 556	21 407
绍兴市	20 899	22 155	23 931	25 722	27 854	29 176	31 658	34 685
舟山市	5 782	6 172	6 832	7 047	7 679	8 101	8 602	8 872
台州市	25 798	26 765	29 890	31 643	32 851	34 836	37 841	40 588

表 9-12　2016 年长三角核心区 16 个城市卫生技术人员占总人口的比重

城市	卫生技术人员（人）	总人口（万人）	卫生技术人员占总人口比重（%）
上海市	178 200	1 450.0	1.23
南京市	70 687	662.8	1.07
无锡市	47 549	486.2	0.98
常州市	31 194	374.9	0.83
苏州市	72 166	678.2	1.06
南通市	43 570	766.7	0.57

续表

城市	卫生技术人员（人）	总人口（万人）	卫生技术人员占总人口比重（%）
扬州市	25 273	461.7	0.55
镇江市	19 449	272.0	0.72
泰州市	26 124	508.2	0.51
杭州市	101 194	736.0	1.37
宁波市	59 351	591.0	1.00
嘉兴市	31 131	352.1	0.88
湖州市	21 407	264.8	0.81
绍兴市	34 685	444.5	0.78
舟山市	8 872	97.3	0.91
台州市	40 588	600.2	0.68

后 记

从着手准备撰写本报告开始，近一年的忙碌实在是一种修行，如今终得正果。在我们撰写本报告的过程中，首先，需要明确目的，根据阅读对象的使用习惯，构建报告的框架体系；其次，对统计数据进行再编排和再整理，取舍之间更是对区域经济运行状况的再理解。

通过报告的撰写，我们进一步认识到，统计数据的价值并不仅仅体现在数据本身的精准性上，更重要的是能够从时间序列上记录一个区域的经济社会变迁过程，并且能够从资源、要素的角度去理解和诠释，为探寻经济增长和社会发展规律提供一条值得依托的途径。黑格尔说："方法不是外在的形式，而是内容的灵魂。"

本报告所希望表述的也并不是统计数据本身，而是长江三角洲城市群近二十年的经济社会发展历程。当然本报告仅仅是开始，长江三角洲经济社会发展数据库的开发还远没能够展现出其应有的价值。

本报告只是长江三角洲经济社会发展数据库的一次有益的应用尝试，作为工具类书籍，本报告没有观点和结论，尽量将长江三角洲经济社会发展的数据原滋原味地展现在阅读者面前，但同时考虑到大多数阅读者的目的和习惯，报告的设计编排将尽可能地使其使用方便有效。需要特别说明的是，报告的数据计算没有考虑因"四舍五入"而引起的加总后小数点后第二位数值不平的问题。

在报告的形成过程中，南京大学长江三角洲经济社会发展研究中心办公室的侯炜源老师、潘丽老师付出了大量辛勤劳动，在中心兼职的全洛平同学等也做出了积极的贡献，在此一并向他们表示衷心的感谢。

值此报告付印之际，我们还要向在报告编排中做出设计贡献的统计专家、研究学者表示诚挚的谢意，他们所拥有的丰富信息和精彩创意，为这本独树一帜的报告增色不少。但是，由于时间与技术方面的因素，我们不能与所有的专家学者及有关机构一一联系，所有引用也不能与作者一一核实，在此一并表示诚挚的谢意。报告中若有不足和欠妥之处唯求海涵，并不吝赐教。

编写小组全体成员

2018 年 8 月